Contraste insuffisant
NF Z 43-120-14

MÉLANGES INÉDITS

DE

MONTESQUIEU

PUBLIÉS PAR

Le Baron de MONTESQUIEU

BORDEAUX
G. GOUNOUILHOU, IMPRIMEUR-ÉDITEUR

PARIS
J. ROUAM & Cie, LIBRAIRES-ÉDITEURS
14, rue du Helder, 14

M.DCCC.XCII

R254 706

4° Z
862

MÉLANGES INÉDITS

DE

MONTESQUIEU

Tous droits de reproduction et de traduction réservés.

MÉLANGES INÉDITS

DE

MONTESQUIEU

PUBLIÉS PAR

Le Baron de Montesquieu

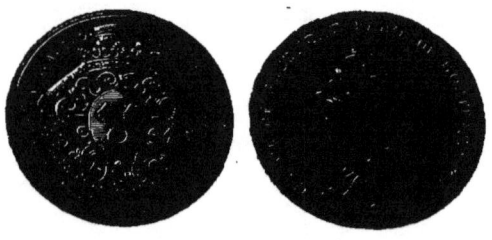

BORDEAUX
G. GOUNOUILHOU, IMPRIMEUR-ÉDITEUR

PARIS
J. ROUAM & C⁰, LIBRAIRES-ÉDITEURS
14, rue du Helder, 14

M.DCCC.XCII.

AVANT-PROPOS

Voici la première partie des œuvres inédites de Montesquieu conservées dans les archives du château de La Brède.

Elle est précédée d'une histoire générale des manuscrits que nous avons résolu de mettre successivement en lumière, avec le soin que commande une pareille entreprise.

A la suite de cette histoire, on trouvera une préface spéciale à ce volume, préface qui indiquera la nature des ouvrages qui paraissent aujourd'hui, et le système de publication adopté pour eux.

Mais, avant tout, au nom de ma famille, et au mien en particulier, je tiens à remercier ici de leur concours M. Barckhausen, professeur à la Faculté de droit de Bordeaux, M. Dezeimeris, membre correspondant de l'Institut, et M. Céleste, conservateur de la Bibliothèque de Bordeaux. Tous trois font partie de la Commission de publication de la Société des Bibliophiles de Guyenne; c'est assez dire avec quels soins minutieux cette œuvre a été préparée. Nous leur exprimons, encore une fois, toute notre reconnaissance du concours si précieux, si consciencieux et si désintéressé qu'ils nous ont prêté pour mener à bien cette importante publication des manuscrits inédits de notre aïeul.

L'Introduction, placée à la suite de cet avant-propos, est due à M. R. Céleste. La Préface a été faite par M. H. Barckhausen, qui a collaboré avec M. R. Dezeimeris à la rédaction des notes explicatives des ouvrages et à la correction des épreuves.

INTRODUCTION

HISTOIRE DES MANUSCRITS INÉDITS DE MONTESQUIEU

INTRODUCTION

HISTOIRE DES MANUSCRITS INÉDITS
DE MONTESQUIEU

Les manuscrits inédits conservés dans le château de La Brède ont souvent excité, depuis la mort de leur auteur, la curiosité bien naturelle des nombreux admirateurs de Montesquieu. Autour de ces ouvrages, entrevus par quelques privilégiés, s'est formée une légende, que l'imagination d'écrivains imparfaitement renseignés a accréditée depuis longtemps. Nous entreprenons d'en exposer ici l'histoire vraie, à l'aide de documents d'une authenticité incontestable.

Montesquieu a exprimé, dans le troisième volume de ses *Pensées* inédites, le désir de publier les pages qu'il espérait terminer, afin d'en former un complément de l'*Esprit des Lois*. C'est en ces termes touchants qu'il a formulé cette intention suprême :

« J'avois conçu le dessein de donner plus d'étendue et plus de profondeur à quelques endroits de cet ouvrage. J'en suis devenu incapable. Mes lectures ont affoibli mes yeux, et il me semble que ce qui me reste encore de lumière n'est que l'aurore du jour où ils se fermeront pour jamais[1].

» Je touche presque au moment où je dois commencer et finir, au moment qui dévoile et dérobe tout, au moment mêlé d'amertume et de joie, au moment où je perdrai jusqu'à mes faiblesses mêmes.

» Pourquoi m'occuperois-je encore de quelques écrits frivoles? Je cherche l'immortalité, et elle est dans moi-même. Mon âme, agrandissez-vous, précipitez-vous dans l'immensité, rentrez dans le grand Être!

» Dans l'état déplorable où je me trouve, il ne m'a pas été possible de mettre à cet ouvrage la dernière main, et je l'aurois brûlé mille fois, si je n'avois pensé qu'il étoit beau de se rendre utile aux hommes, jusqu'aux derniers soupirs mêmes.

» Dieu immortel, le genre humain est votre plus digne ouvrage, l'aimer c'est vous aimer, et, en finissant ma vie, je vous consacre cet amour! »

Quels étaient les écrits auxquels Montesquieu renonçait à mettre la dernière main? Après avoir terminé ses études, il avait traité divers sujets de littérature, de science et de politique. Plus tard, il inséra, dans ses publications, quelques pages de ces premiers mémoires et composa peu à peu son œuvre capitale. Quand il eut publié l'*Esprit des Lois*, il reprit les

---

1. Ce paragraphe est reproduit, en termes à peu près semblables, dans les *Pensées* déjà publiées de Montesquieu : « J'avais conçu le dessein de donner plus d'étendue et de profondeur à quelques endroits de mon *Esprit;* j'en suis devenu incapable, etc... » — Voyez *Œuvres complètes* de Montesquieu (édition d'Éd. Laboulaye), tome VII, page 157 : *Pensées diverses*.

traités dont une partie n'avait pu y être utilisée, les modifia et les compléta à l'aide des matériaux qu'il avait amassés dans ses recherches.

Il rédigea encore d'autres œuvres pendant le cours de ses publications, et postérieurement. Il écrivit, par exemple, le récit de ses voyages en Hongrie, en Allemagne, en Italie et en Hollande. Mais il ne crut pas devoir le faire imprimer, parce qu'il existait encore trop de personnes dont il parlait librement dans ce récit.

Lorsque la mort le surprit, le 10 février 1755, il n'avait encore mis au jour, comme il l'eût désiré, aucune des œuvres diverses que ses descendants commencent à faire paraître aujourd'hui.

Jean-Baptiste de Secondat, fils de Montesquieu, hérita des manuscrits de son père. L'étude des sciences l'absorbait. Il avait déjà fait imprimer quelques-uns de ses écrits propres, sur l'histoire naturelle. Après 1755, il fit paraître diverses études, notamment sur le chêne, la résistance des bois, les arbres forestiers de la Guyenne, les champignons, la maladie pestilentielle des bœufs en 1774, la culture de la vigne et les vins de Guyenne, etc. Mais il surveilla aussi, en 1758, l'édition des œuvres de Montesquieu, donnée par Richer, et y fit faire quelques changements à l'aide des papiers qu'il possédait.

Cela n'empêcha point Alessandro Verri[1] de se faire

---

1. E. Bouvy, bibliothécaire de la Bibliothèque universitaire de Bordeaux : *Paris et la Société philosophique en 1766*, d'après la correspondance d'un voyageur italien. (*Annales de la Faculté des Lettres de Bordeaux*. Paris, Leroux, 1891, in-8º.)

l'écho d'accusations injustes, et d'écrire, en 1766, à son frère Pietro, l'ami de Beccaria: « Nous avons parlé maintes fois des œuvres inédites de Montesquieu. Je vous dis donc que ses *Essais* existent. S'ils ne sortent point, ce n'est pas qu'ils soient écrits avec trop de liberté : son fils est assez indigne d'un tel père pour se montrer jaloux de sa gloire et pour ensevelir dans l'obscurité une œuvre qui pourrait l'accroître. Voilà ce que m'a dit le baron d'Holbach. » Le baron, ajoute l'auteur auquel nous empruntons cette citation, ne ménageait pas son monde. Ceux qui n'eurent pas l'avantage de lui plaire, Voltaire tout le premier, ne furent pas mieux traités que l'héritier du président à mortier au Parlement de Bordeaux.

Secondat ne méritait point les reproches qu'on lui adressait. Loin d'être jaloux de la gloire de son père, il en était l'admirateur passionné. Un motif tout opposé à celui qu'alléguait le baron d'Holbach l'empêcha seul de publier les œuvres inédites qu'il conservait pieusement.

Désirant faire imprimer ces manuscrits, il consulta François Latapie, savant éclairé, mais timide, qui pensa que le succès de l'*Esprit des Lois* ferait paraître sans intérêt les autres productions de leur auteur. Au vœu exprimé par le fils de Montesquieu, Latapie répondit :

« Je serois bien heureux, Monsieur, si je pouvois vous être de quelque secours dans le choix que vous vous proposez de faire des manuscrits de monsieur votre père, les plus dignes de fixer l'attention du public. Votre confiance me flatte autant qu'elle m'honore, et me fait regretter plus que jamais que ma mauvaise fortune m'exile encore quelques années des lieux que vous habitez. Il eût été délicieux pour moi de parcourir avec vous, jusqu'aux productions les plus informes de ce grand génie, qui vous a donné le jour. J'aurois cru être avec lui, l'entendre parler, et j'aime tout ce qui le rappelle à mon imagination. Mais ce plaisir même m'eût inspiré beaucoup de méfiance de mes jugements : tout ce qui intéresse des amis n'intéresse pas également le public, toujours très sévère sur ce qu'on lui présente d'un homme célèbre, parce qu'il le juge d'après lui-même, d'après le point de perfection où il a porté ses premiers ouvrages. J'en ai vu un exemple frappant dans l'effet qu'a produit à Paris et à Londres le recueil de quelques lettres de M. de Montesquieu, publié par l'abbé de Guasco. Quoiqu'on n'ait pu douter que celui qui les avoit écrites ne fût à mille lieues de croire qu'elles seroient publiées, on a voulu absolument y trouver l'auteur des *Lettres Persanes*, et, si quelque éditeur s'avisoit de faire imprimer jusqu'à son livre de recette et de dépense, on se figureroit que l'auteur de l'*Esprit des Lois* a dû le composer autrement qu'un autre. Aussi suis-je bien persuadé, Monsieur, que vous serez très difficile dans le choix des œuvres posthumes de monsieur votre père, parce que, sa réputation étant parvenue à son comble, ce sera faire beaucoup que de la soutenir. »

A la vérité, le temps n'était pas encore venu de faire une publication semblable. Les contemporains de Montesquieu vivaient encore, et ce n'était pas sans raison que son fils appréhendait de trouver en eux des juges sévères. Alors on n'appréciait pas « le premier jet de l'artiste »[1]; les œuvres posthumes n'étaient pas considérées comme les témoins précieux de l'évolution des idées d'un écrivain de génie.

Secondat se contenta donc de publier, en 1783, une seule des œuvres inédites : *Arsace et Isménie*. Latapie approuvant ses craintes, il n'osa faire paraître le reste.

Son fils Charles-Louis, baron de Montesquieu[2], colonel au 22ᵉ régiment d'infanterie, émigra en novembre 1791. Aussi son père, jugé suspect par les terroristes de Bordeaux, fut-il mis en prison le

---

1. *Œuvres* de Montesquieu (édition d'Éd. Laboulaye), tome VII, Préface, page II : « Nous vivons en un temps où, par un amour outré de la simplicité, on préfère le premier jet de l'artiste au tableau le plus achevé. A ce titre, les *Pensées* et les *Lettres* de Montesquieu se recommandent au lecteur et sont de nature à éveiller un intérêt nouveau pour un écrivain qu'on cite plus souvent qu'on ne le lit. »

2. Charles-Louis Secondat de La Brède, baron de Montesquieu, né le 22 novembre 1749, à Bordeaux, fut, d'abord, sous-lieutenant dans Royal-Champagne (cavalerie) le 1ᵉʳ juin 1772. Réformé en 1776; capitaine attaché au régiment Dauphin le 21 avril 1777; capitaine au régiment Royal-Piémont le 29 avril 1779; attaché, en 1780, au corps d'armée commandé par le comte de Rochambeau, en Amérique, pendant la guerre de l'Indépendance ; nommé par Washington chevalier de l'ordre de Cincinnatus : il commanda les troupes embarquées sur la frégate l'*Emeraude*, qui ramenait en France l'état-major de l'expédition. Chevalier de Saint-Louis le 25 juillet 1786, il fut ensuite : mestre de camp en 2ᵉ dans Bourbonnais le 11 novembre 1782; mestre de camp des grenadiers royaux de l'Orléanais; puis, colonel de Cambrésis-(infanterie) le 27 avril 1788. Démissionnaire en novembre 1791, il reprit le service, en qualité de capitaine-commandant d'une compagnie noble, dans la légion de M. de Montmorency-Laval, à l'armée des Princes. Sous la Restauration, il fut nommé, le 4 février 1815, lieutenant général, pour tenir rang du 22 juin 1814.

3 janvier 1794, et ses biens furent-ils séquestrés. Par bonheur, le Comité de surveillance de la Ville ne trouva rien de suspect dans sa maison, et le remit en liberté vingt-huit jours après.

J.-B. de Secondat n'en était pas moins dépouillé de ses propriétés, et sans ressources. Il adressa, le 28 novembre 1794, une pétition au représentant du peuple Ysabeau, et demanda la levée du séquestre qui causait sa gêne.

Le lendemain, Ysabeau ordonna la remise de ses biens, en considération des services rendus à la France par son père, « l'immortel Montesquieu ».

Après la Terreur, J.-B. de Secondat, ignorant en quel lieu son fils s'était retiré, pria le président des États-Unis de faire faire des recherches sur le sort de Charles-Louis. Il mourut le 17 juin 1795, avant d'avoir reçu aucune nouvelle. Ses biens, ne pouvant revenir à un émigré, furent de nouveau mis sous séquestre.

Darcet, médecin et chimiste, futur sénateur et membre de l'Institut, avait, dans sa jeunesse, été précepteur de J.-B. de Secondat; puis, il était allé à Paris avec Montesquieu, devenu son ami, après avoir été son protecteur.

Un libraire, connaissant les relations de Darcet avec la famille de Secondat, le pria de s'enquérir du sort des manuscrits inédits qu'elle devait posséder. Ce libraire allait publier une édition de Montesquieu et désirait y joindre les ouvrages conservés à La Brède. Darcet écrivit à Latapie, dont il espérait obtenir les renseignements demandés, et reçut en réponse une lettre datée de Lignan, dans l'Entre-deux-Mers, le 18 fructidor an III (4 septembre 1795). Les renseignements contenus dans cette lettre [1] en rendent la publication utile et intéressante.

« Je conçois, cher concitoyen, tout l'intérêt que vous prenez à une édition soignée et aussi complète que possible des œuvres d'un grand homme, dont le génie, après avoir été quelques momens méconnu dans sa patrie (et c'est un titre de plus à sa gloire), n'en est aujourd'hui que mieux senti et plus respecté. Didot, en illustrant ses presses (qui n'ont en vérité que trop souvent gémi sur des rhapsodies, et embellies encore par de superbes gravures), fait ici une excellente spéculation, et qui deviendroit unique, sans doute, si les manuscrits précieux que vous demandez pour lui pouvoient être communiqués. Mais, hélas! la mort de M. de Secondat mettra pour longtemps, je le crains, des obstacles presqu'invincibles à cette communication. La veuve, que j'ai fort pressée là-dessus, répond qu'à l'époque du Terrorisme son mari fit transporter hors de chez lui les manuscrits de son père, avec beaucoup d'autres papiers, et qu'elle ne sait où. Voilà ce qu'elle dit, et le fait est qu'elle ne prend à tout ceci qu'un intérêt fort médiocre. Son neveu, le Montesquieu d'Agen, à qui toutes les affaires de cette succession ont été confiées, fait aussi la même réponse. Or, on

---

[1]. Lettre (non signée) adressée à Darcet, conservée à la Bibliothèque nationale : Manuscrits. Nouvelles acquisitions françaises n° 6203, f° 45. — Communiquée par M. Paul Bonnefon, bibliothécaire à la Bibliothèque de l'Arsenal.

ne peut s'adresser ailleurs. Il est malheureux que mon dernier séjour à Paris ait justement eu lieu pendant la maladie de M. de Secondat, qui expira le lendemain de mon arrivée à Bordeaux. Lorsque je pris congé de lui, il me tira à l'écart et me dit qu'il auroit, à mon retour, bien des choses et des papiers à me confier. Je lui répondis que je le devinois, et qu'en effet il étoit important que certain dépôt de succession fût précieusement conservé et ne passât pas à des mains barbares. En un mot, je regrette infiniment que ces manuscrits soient actuellement aussi aventurés: car ils sont en grand nombre, et il y en a de précieux. Je crois être, dans ce moment, le seul homme qui les connoisse, et en détail : car le petit-fils de Montesquieu, actuellement absent, ne les a jamais lus. Voici ce que ma mémoire me fournit bien distinctement:

» 1° Relation des voyages en Italie, Hongrie, Allemagne, etc., en deux volumes in-folio. L'auteur y a particulièrement considéré les gouvernemens, quelques singularités de la législation ; et on y trouve quelquefois des anecdotes intéressantes qui ont trait au voyageur.

» 2° Deux gros volumes in-4° intitulés : *Mes Pensées*. Ils sont entièrement de la main de Montesquieu. Ces pensées roulent sur tous les sujets. Tantôt, c'est une idée ou singulière ou profonde, dont il a même quelquefois fait usage dans l'*Esprit des Lois*. Tantôt, c'est une anecdote qu'il vouloit ne pas oublier. Tantôt, un bruit plaisant ou satyrique contre des courtisans, des femmes célèbres, des auteurs qu'il connoissoit — et qui ne connoissoit-il pas ? Ce recueil, qui commence vers 1740, ne finit que six mois avant sa mort. C'est de tous les manuscrits celui qui auroit exigé le plus de goût et de prudence dans l'extrait à publier.

» 3° Un deuxième volume des *Lettres Persanes* faisant suite aux lettres connexes. Ce second volume, au reste, auroit été assez mince, car il n'auroit guères compris qu'une quarantaine de lettres.

» 4° Un petit traité intitulé : *Le Prince*, non en forme de roman comme *Arsace*, mais presque tout en maximes.

» 5° Un recueil de lettres *ultro citroque*. On sent que les siennes, qui sont moins nombreuses, n'existent qu'en brouillon. Quant aux réponses en original, il y en a du roi de Prusse, du roi de Pologne, de cardinaux, de ministres, de savans jurisconsultes, de gens de lettres, de femmes, etc.

» 6° Un recueil de plusieurs gros volumes in-4° intitulé : *Matériaux de l'« Esprit des Loix »*. Des publicistes, hommes de génie, auroient pu en tirer grand parti pour l'explication de certains passages que l'extrême concision de Montesquieu et sa disposition habituelle à sauter à pieds joints les intermédiaires ont rendus assez obscurs. Quelquefois, un chapitre de quelques lignes, tel que celui qui a pour titre : *Idée du Despotisme* (et tant d'autres), trouveroit ici son développement, son commentaire, ses preuves, soit dans le chapitre lui-même de plusieurs pages, tel que l'auteur l'avoit d'abord dicté, soit dans les extraits de divers auteurs, qui s'y rapportoient, et qui se trouvent accolés au chapitre. C'est dans ce recueil que se trouvent aussi les diverses lettres, réponses, questions relatives à l'*Esprit des Lois*. Car cet ouvrage paroît avoir été assez peu entendu lorsqu'il parut, et ce recueil prouve que les objections fourmilloient.

» Je regrette que l'immense correspondance qui a existé pendant plus de trente ans entre Montesquieu et son ami le président Barbot ait été livrée aux flammes par la fanatique sœur de ce dernier, dirigée par un tartufe de moine qui ne la quittoit pas, le Père François, récollet. Le président Barbot m'en avoit fait lire une partie, et je vous jure que rien n'étoit plus intéressant. C'étoit tout-à-fait dans le goût des lettres de Cicéron à Atticus : le même naturel, la même confiance, la même liberté politique et religieuse. Il y a plus : c'est qu'elles auroient aussi exigé un petit commentaire, car il y avoit une foule de demi-mots, de noms supposés, etc.

» Voilà, mon cher Docteur, tout ce dont je me souviens là-dessus. Je suis entré dans ces détails, d'abord, parce qu'ils vous intéresseront plus que tout autre, et, ensuite, parce que moi seul je peux vous les donner.

» Quant à ce petit recueil de *Pensées* qui ont été publiées il y a cinq ans, dans divers journaux, par Cérutti, qui les tenoit de Hérault-Séchelles, il y en a qui sont bien réellement de Montesquieu; d'autres, qui ont été étrangement défigurées; d'autres, qui ne sont sûrement que des éditeurs. Du moins, tel est mon jugement d'après ce que j'en ai lu. Mon avis seroit donc que Didot ne les publiât qu'après un choix fait de main sûre, celle de Garat par exemple, l'homme de l'Europe, peut-être, qui a le plus médité Montesquieu.

» Ma femme, très sensible à votre souvenir, me charge de vous exprimer ses regrets de n'être point à portée de jouir quelquefois de la société d'un savant aussi aimable (c'est son expression) et aussi communicatif que vous l'êtes. Tous deux nous vous prions de faire des complimens aux citoyen et citoyenne Lebreton. Joie et santé à vous tous.

» Comme vous devinez qui vous écrit, vous lui pardonnerez de ne point signer. L'important étoit la réponse. Nous sommes à la campagne, *multas ob causas*, dont la principale est de ne point mourir de faim. Le quintal de farine vaut 900 livres. Ici, du moins, nous avons du bled, du vin, du bois, des œufs et du lait, et, avec cela, on peut regretter moins l'azote et l'hydrogène de vos grandes villes.

» J'oubliois de dire qu'il existe encore parmi les manuscrits beaucoup de fragmens épars de cette précieuse et malheureuse *Histoire de Louis XI*, dont Montesquieu brûla le brouillon, et son imbécille de secrétaire Damours, la copie au net. »

Presque au moment où Latapie écrivait cette lettre, la fille de Montesquieu, Marie-Josèphe-Denise, remerciait le libraire-éditeur Plassan de la nouvelle édition des œuvres de son père dont il annonçait l'apparition, et à laquelle elle s'empressa de souscrire.

Le 1er octobre 1795, Plassan lui répondit, en lui

donnant des détails sur la beauté de cette publication, et en ajoutant :

« Nous aurions désiré pouvoir recueillir tous les manuscrits de ce génie sublime. MM. Grégoire et Latapie s'occupent de cette recherche. Vous auriez pu, Madame, y concourir probablement avec le plus grand succès. On assure qu'il existe encore : 1° Un voyage en Hongrie et Italie; 2° deux volumes intitulés : *Mes Pensées*; 3° une suite aux *Lettres Persanes*; 4° un recueil de matériaux de l'*Esprit des Lois* en six volumes; 5° un manuscrit intitulé : *Le Prince*. Seroit-il possible que tout cela fût perdu ? Je n'ose le penser. Votre juste tendresse pour la mémoire de l'auteur immortel de l'*Esprit des Lois* aura sans doute l'heureux pouvoir de rendre à la société un si précieux héritage. Nous serions flattés de le joindre à l'édition que nous lui destinons. Le premier volume paroîtra en frimaire prochain; les autres trois, tous les trois mois. »

Le 10 février et le 2 mars 1796, Plassan, Régent-Bernard et Grégoire, éditeurs des *Œuvres* de Montesquieu, présentaient au Corps législatif les beaux volumes in-4° qu'ils venaient de publier; mais ils n'avaient pas reçu communication des manuscrits inédits de Montesquieu que possédaient ses descendants.

C'étaient des amis de la famille qui gardaient alors les manuscrits, que J.-B. de Secondat leur avait confiés avant de mourir. Propriétaires à Saucats du domaine de Laguloup, situé non loin du château de La Brède, Joachim Laîné, le futur ministre de

Louis XVIII, et son frère Honorat, avaient reçu le précieux dépôt, qu'ils ne devaient remettre qu'entre les mains du baron de Montesquieu. Ils ne pouvaient donc en disposer sans son autorisation. Mais le futur ministre pensait que ces papiers devaient être publiés un jour. Il avait même, en écrivant à l'ancien avocat général Servan, parlé des manuscrits inédits, et excité l'enthousiasme du magistrat, qui lui répondait aussitôt :

« Daignez, Monsieur, me servir d'interprète auprès de cette famille respectable, et veuillez présenter aux descendans de Montesquieu, de la part d'un homme obscur, mais vrai, les hommages qu'on prodigue ordinairement à la puissance, et que je ne crois dus qu'à la bienfaisance et au génie.

» Ce que vous m'apprenez, Monsieur, des malheurs de cette illustre famille augmente mon horreur pour l'injustice et la barbarie de ses persécuteurs. Sommes-nous donc dans le XVIIIe siècle ? et qu'auroient fait de plus les Goths et les Vandales ? Ah ! sans doute, les maisons habitées par Montesquieu, les forêts où il a recueilli ses idées, sont des propriétés nationales ! Mais, c'est pour les protéger, c'est pour les conserver, au nom de la Nation, aux enfans de ce grand homme. »

L'ancien avocat général Servan, qui connaissait depuis longtemps l'*Esprit des Lois,* en admirait, après la Révolution, la profondeur et la force, mieux qu'il n'avait su le faire antérieurement.

« Je vous l'avouerai, Monsieur, écrit-il à Laîné, (car votre lettre m'inspire une vraie confiance) je n'ai point toujours estimé Montesquieu à sa juste valeur, et beaucoup de doutes et même de censures osoient se mêler à mon admiration pour son beau génie. Je croyois voir dans l'*Esprit des Lois* plus d'éclairs que de lumières. Mais, depuis la Révolution, j'ai découvert cette lumière, qui a su éclairer les vrais principes du gouvernement et marquer leurs justes différences. C'est lui et lui seul qui a décrit la vie des états, leur santé, leurs maladies et leurs remèdes, mieux qu'Hippocrate et Boërhaave n'ont décrit celles des individus. Enfin, Monsieur, je me suis pleinement convaincu, par mon propre exemple et par l'expérience inouïe du temps actuel, que l'*Esprit des Lois* est l'ouvrage dont on a le plus parlé, qu'on a le plus vanté et le plus censuré, et qu'on a le moins compris et le moins étudié. C'est au flambeau du temps qu'un tel ouvrage doit être lu, et Montesquieu lui-même a semblé l'avoir emprunté d'avance pour l'écrire.

» Excusez, Monsieur, un enthousiasme d'autant plus sincère qu'il a été fort tardif. J'ai attendu d'avoir soixante ans pour admirer Montesquieu, comme les jeunes admirent, c'est-à-dire avec passion. Jugez après cela, Monsieur, si la nouvelle que vous me donnez de la conservation de plusieurs de ses manuscrits m'est précieuse.

» J'ai beaucoup entendu parler des découvertes de Cook, dans un autre hémisphère. Mais je vous avoue que la découverte de quatre pages de Montesquieu, où je puis trouver une mine de pensées utiles et généreuses, m'intéresse et me touche plus que celle de l'Amérique, où l'on n'a trouvé que de l'or et la v.....

» Si l'édition de ces manuscrits, Monsieur, est confiée à une main qui sait écrire, comme la vôtre, l'éditeur sera digne de l'ouvrage. Ce que j'ose vous demander, Monsieur, comme une sorte de prix de mes sentiments, c'est d'être un des premiers avertis de la publication de ces ouvrages. Si l'on fait quelque part et avec quelqu'un la conversation après la mort, je serai bientôt à portée de donner à Montesquieu des nouvelles de ses œuvres posthumes. Mais je ne lui raconterai point les malheurs de sa famille et les crimes de ses compatriotes. Il ne les croiroit pas. »

Sous la Terreur, le nom de Montesquieu avait déjà sauvé les biens de son fils. Il allait les sauver encore en faveur de ses deux petits-fils : Charles-Louis, fils de Jean-Baptiste de Secondat, et Joseph-Cyrille, fils de Godefroy de Secondat et de Josèphe-Denise.

L'intéressante correspondance de ces deux petits-fils fait connaître, pour une période de trente ans, le sort des manuscrits inédits de leur aïeul.

La première lettre, adressée par Charles-Louis à son cousin, est datée de Bridge-Hall, 26 juillet 1796. Il l'y remercie de tous les soins qu'il a donnés à son malheureux père, et de ceux qu'il donne à sa mère. La crainte de compromettre les personnes auxquelles il aurait pu écrire a causé son silence; il n'avait pas songé à s'adresser au général Washington, pour faire donner des nouvelles à sa famille, dont il ne savait rien depuis plus de quinze mois. Il rend grâce des mesures prises pour sauvegarder ses biens, qu'il déclare vouloir laisser à la famille de Joseph-Cyrille. Marié, en 1795, à Mary-Anne Mac Geoghegan-O'Neill, il résidait près de Cantorbéry, à Bridge-Hall, et jouissait d'une grande fortune; mais il n'avait point d'enfants.

Le désir de Charles-Louis n'était pas facile à satisfaire. D'après les lois révolutionnaires, il ne pouvait posséder de propriété en France, et, ses biens devant être vendus au profit de la Nation, il n'avait pas le droit de les transmettre. Joseph-Cyrille ne parvint à en empêcher la vente qu'avec l'aide des admirateurs de Montesquieu.

Le séquestre mis sur la succession de J.-B. de Secondat n'était pas encore levé, lorsque, le 9 novembre 1798, les administrateurs du Domaine national firent le partage entre la Nation et les héritiers naturels du fils de Montesquieu.

Pour obtenir la remise de ses biens, Charles-Louis aurait dû se faire rayer de la liste des émigrés. Mais il ne voulait se rendre en France que lorsque la paix serait conclue avec l'Angleterre. Il engagea, en attendant, son cousin à se faire mettre en possession, en son lieu et place.

A ce sujet, il écrivit à Darcet, le 15 décembre 1800, en ces termes :

« J'ai appris avec grand plaisir, mon cher Darcet, que le temps n'avoit pas diminué l'intérêt que vous preniez à moi, et je puis vous assurer que cet intérêt est bien réciproque, car j'ai toujours demandé de vos nouvelles avec empressement, toutes les fois que l'occasion s'en est présentée.

» On m'a dit qu'attaché à la mémoire de mon grand-père, vous aviez désiré d'user de l'influence que vous avez, pour faire rendre à son petit-fils l'héritage qui devoit naturellement lui revenir. Mais, décidé à ne rentrer en France qu'à la paix, je sens qu'il y a de grands obstacles à vaincre.

» Il existe en France un autre petit-fils de Montesquieu. Celui-ci n'a jamais quitté le territoire de la République. Il est digne, par sa probité et par ses vertus, du nom qu'il porte. Il a des enfans, et il s'en faut de beaucoup qu'il soit riche. Ne seroit-il pas possible de le mettre en possession, au moins provisoirement, de l'héritage de son grand-père, auquel il étoit appelé par les lois, ainsi que par le désir de ce grand homme, en cas que je mourusse sans enfans.

» Pourquoi le Premier Consul ne saisiroit-il pas une occasion unique de faire un acte de justice dont l'honneur rejailliroit en entier sur lui ? et pourquoi négligeroit-il d'ajouter à la renommée de ses victoires celle qu'une pareille action lui donneroit parmi tous les savans et tous les gens de lettres de l'Europe ?

» Adieu, mon cher Darcet, adressez, je vous prie, votre réponse à mon cousin, que j'aime comme mon frère, et ne doutez pas de l'amitié bien sincère que je conserverai toujours pour vous.

» MONTESQUIEU [1]. »

---

[1]. Bibliothèque nationale : Nouvelles acquisitions françaises n° 6203, f° 47. — Lettre communiquée par M. Paul Bonnefon, bibliothécaire à la Bibliothèque de l'Arsenal.

Le 16 janvier 1801, il communiqua à son cousin les propositions du libraire Bernard, l'un des éditeurs des *Œuvres* de Montesquieu publiées en 1796, qui désirait continuer cette publication à l'aide des manuscrits inédits.

Charles-Louis compléta sa précédente lettre le 20 janvier 1801 :

« Vous avez dû recevoir, mon cher ami, les instructions que je vous ai fait passer relativement à ma radiation. Je ne pourrai jamais me décider à venir en France avant la paix.

» J'ai écrit au libraire Bernard que, si l'on faisoit ce que je demandois pour vous, je consentirois à l'impression des manuscrits, comme un témoignage de ma reconnaissance. Je vous le répète encore : faites-vous mettre en possession, si vous le pouvez ; c'est tout ce que je désire. Garret vous dira quelles sont mes intentions à votre égard. Sauvez, en même temps, tout ce que vous pourrez de la fortune de ma mère, et faites entrer cette clause, s'il est possible, dans le consentement à l'impression des manuscrits ; car (je vous le répète) je n'ai aucune envie de rentrer avant la paix générale.

» Arrangez cela avec notre ami Darcet. Je lui ai écrit deux fois à ce sujet. Mes lettres sont claires, précises, et ne peuvent donner mauvaise opinion de moi à ceux qui les liront, quelle que puisse être leur façon de penser.

» J'aime à agir avec droiture, et je ne fais pas assez de cas des biens passagers de ce monde pour les acheter plus cher qu'ils ne valent. J'ai été élevé par votre oncle (J.-B. de Secondat), vrai philosophe de l'ancienne école, de celle de Zénon, d'Epictète et de Marc-Aurèle. Un vieux soldat, parvenu comme moi par des voies honorables, et jamais par l'intrigue, est plus entêté qu'un autre homme. Je vous aime véritablement. Je désire de vous conserver, s'il m'est possible, la fortune de notre ayeul. Il a connu, senti et défini mieux que personne ce mot *honneur*, qu'on trouve peut-être à présent dans les dictionnaires. Je ferai tout pour vous. Mais je ne ferai rien que d'après ces bases.

» Adieu, mon ami. Embrassez bien tendrement de ma part ma pauvre mère. Je l'aime de tout mon cœur. Mille amitiés à votre femme et à vos enfans.

» MONTESQUIEU. »

Cette lettre était à peine arrivée à son adresse que Marie-Thérèse-Catherine de Mons, veuve de J.-B. de Secondat, mourut le 16 février 1801. Le séquestre fut aussitôt apposé sur les biens provenant de sa succession, et la demande de mainlevée, faite par les héritiers collatéraux, fut repoussée par un arrêté des Consuls, malgré l'avis favorable donné par le préfet de la Gironde, Thibaudeau. Le 16 mars 1801, les intéressés reçurent communication de cette décision.

On allait donc procéder à la vente des biens. Mais la Société des Sciences, Belles-Lettres et Arts de Bordeaux intervint officiellement, le même jour, afin d'empêcher cette vente et celle de la bibliothèque de Montesquieu. Le 16 avril 1801, le nouveau préfet du département, M. Dubois, répondit à la compagnie, qu'il prenait sur lui de surseoir, pendant un mois, à l'exécution de l'arrêté des Consuls.

Mme Nairac, femme d'un député, informa alors Charles-Louis que, s'il consentait à l'impression des manuscrits de son grand-père, l'éditeur Bernard ferait les démarches nécessaires pour le faire effacer de la liste des émigrés et lui faire rendre ses biens. Le petit-fils de Montesquieu répondit à Bernard qu'aux conditions indiquées, il lui remettrait les manuscrits gratis. Il écrivit même à son cousin pour lui annoncer cette nouvelle, et pour le remercier d'avoir fait usage des pouvoirs qu'il lui avait donnés dans le but d'obtenir sa radiation.

Cependant, le maire de la municipalité du troisième arrondissement de Bordeaux, Letellier fils, ordonna, le 20 mars 1801, d'apposer de nouveau le séquestre sur les biens provenant de la succession de la veuve de Secondat et décida que les objets faisant partie de la bibliothèque, ou susceptibles d'être conservés, seraient transportés au Muséum de Bordeaux.

A cette nouvelle, Charles-Louis comprit que les affaires ne marchaient pas comme il le souhaitait, et engagea son cousin à accepter le partage avec la Nation, en confiant les manuscrits de Montesquieu à l'éditeur Bernard.

Faisons observer ici qu'il n'a jamais été question de donner ces papiers au Gouvernement en échange des biens séquestrés. Il ne s'agissait que d'une affaire particulière, traitée avec un éditeur. Celui-ci comptait sur ses relations politiques pour obtenir un résultat favorable aux descendants de Montesquieu, mais non moins utile à ses intérêts, par le privilège qu'on lui conférerait pour la publication des manuscrits.

Le 23 juillet 1801, Joseph-Cyrille prévint le préfet de la Gironde que le directeur de la régie des Domaines ordonnait à ses agents de faire procéder à la vente des propriétés provenant de la succession de J.-B. de Secondat et de son épouse. Par l'entremise du consul Lebrun, un nouveau sursis fut accordé.

Dès que la paix avec l'Angleterre fut conclue, Charles-Louis se prépara à revenir en France pour entreprendre les démarches que lui seul pouvait faire. J. Laîné le recommanda à l'avance aux personnes qui pouvaient lui être utiles dans ses diverses étapes. Il écrivit, par exemple, le 5 août 1801, à M. Albert, homme de loi à Angoulême, le prévenant que le petit-fils de Montesquieu se rendait à Paris pour conserver « un héritage, honneur de la Gironde et de la France ». Deux jours après, il adressait une lettre semblable à M. Fromentin, de Poitiers.

Quant à Charles-Louis, avant d'entreprendre son voyage de retour, il demanda au Premier Consul, par requête en date du 30 octobre 1801, sa radiation de la liste des émigrés :

« Citoyen Consul,

» Admirateur du génie de Montesquieu, vous permettez à son petit-fils de s'adresser directement à vous pour demander son élimination ; et celui que ses victoires a rendu redoutable à l'Europe est, au sein de la paix, le protecteur des sciences, qu'il a toujours cultivées.

» J'ai donc lieu d'espérer que vous accueillerez ma demande et me ferez mettre en possession de l'héritage de mon aïeul.

» Avide de tous les genres de gloire, la générosité doit être aussi votre partage.

» MONTESQUIEU. »

Prêt à partir, le baron n'attendait plus à Londres qu'un passeport pour rentrer en France conformément à la loi. Il écrivit au troisième consul Lebrun, à M. Nairac, député de la Gironde, et à J. Laîné, les remerciant des services qu'ils lui rendaient en cette circonstance.

En effet, le 5 décembre 1801, il put annoncer de Paris, à Joseph-Cyrille, l'heureux résultat de ses démarches :

« J'ai été admis hier à l'audience du Premier Consul. Il m'a fait sentir que le nom de Montesquieu avoit levé tous les obstacles, et je ne puis que me louer de la manière dont il m'a parlé. »

Dans une autre lettre, revenant sur cette entrevue, Charles-Louis écrivait :

« Si le Premier Consul a prononcé ma radiation de la liste des émigrés, c'est à notre grand-père, c'est à son génie, que le Premier Consul a voulu payer, en quelque sorte, ce tribut. »

Nulle part on ne trouve aucune trace de propositions d'échange des manuscrits inédits contre les propriétés sous séquestre. Le nom de Montesquieu avait suffi.

Au lendemain de la Révolution que l'illustre écrivain avait prévue dans sa sagesse, Servan n'était pas le seul admirateur de l'*Esprit des Lois*. En 1802, le 27 mai, le Gouvernement donnait à une rue de Paris le nom de Montesquieu. Les papiers inédits n'en restaient pas moins entre les mains des descendants de leur glorieux auteur.

La correspondance des deux petits-fils de Montesquieu atteste la noblesse des sentiments qui les animaient. L'un et l'autre firent assaut de délicatesse et de générosité. Charles-Louis, n'ayant point d'enfant, voulait laisser tous ses biens, de son vivant, à son cousin. Joseph-Cyrille le pressait, au contraire, de prendre possession de l'hérédité de J.-B. de Secondat. Mais Charles ne pouvait quitter définitivement l'Angleterre : sa femme l'y retenait, et la gestion des propriétés qu'il y possédait depuis son mariage ne lui permettait pas de s'occuper de l'administration de ses biens en France. Il décida donc que ces biens reviendraient aux petits-enfants de Josèphe-Denise, mais que les revenus seraient, de son vivant, partagés entre lui et Joseph-Cyrille, chargé d'administrer le tout.

Charles-Louis reconnaissait ainsi le dévouement de son cousin, qui avait pris soin de son père et de sa mère pendant les plus mauvais jours de la Révolution, et qui avait sauvé par ses démarches leur héritage, que leur fils émigré aurait perdu. Il obéissait, de plus, à un vœu de l'illustre aïeul dont le nom seul lui avait fait restituer son patrimoine.

Remis en possession de ses biens, le baron de Montesquieu profita de la paix pour les transmettre

« solidement » (suivant son expression) à Joseph-Cyrille, afin que son retour en Angleterre ne pût nuire à ce dernier. Il partit ensuite, emportant quelques-uns des manuscrits de son grand-père à Bridge-Hall. Un passage d'une de ses lettres semble indiquer qu'il voulait en préparer la publication :

« J'aurois besoin, écrivait-il le 22 avril 1803, de la dernière édition des *Œuvres* de Montesquieu, pour rédiger, s'il est possible, quelques fragments que j'ai avec moi. Envoyez-moi cette nouvelle édition que vous avez. »

Joseph-Cyrille avait pour son cousin une vive affection ; il ne cessait de l'engager à revenir habiter La Brède. De son côté, Charles-Louis lui exprimait le plaisir qu'il aurait de se rendre à ses vœux, mais ajoutait dans sa lettre :

« J'ai de fortes raisons pour me tenir à l'écart. Je répondrai toujours de ma conduite. Mais qui peut me répondre de l'étourderie de quelqu'un de mes compagnons d'infortune ? Qui peut me répondre que je ne serai pas enveloppé dans une mesure générale, quoique certainement je fusse et eusse été le citoyen le plus paisible de la République française ? Une seule dénonciation suffit. Il suffit d'avoir un seul ennemi. Je connois trop le caractère inconsidéré de ceux qui sont rentrés pour compter sur la sagesse de tous, et je suis bien décidé à faire tout mon possible pour n'en être pas la victime. »

Il se décida à revenir en France, sous la première Restauration. Préoccupé de l'avenir du fils de Joseph-Cyrille, qu'il avait mis en pension en Angleterre, chez le docteur Collins, il voulut reprendre le service actif dans l'armée, afin de faciliter l'avancement de son jeune cousin Prosper, qui se destinait à la carrière des armes. Ses démarches aboutirent; car, le 22 février 1815, il recevait la lettre suivante :

« Monsieur le Baron,

» Il m'est agréable de vous annoncer que le Roi, par décision du 4 de ce mois, vous a accordé le grade de lieutenant général, pour tenir rang du 22 juin 1814.

» Vous êtes autorisé à porter les marques distinctives de ce grade. Je donne des ordres pour que le brevet vous en soit promptement expédié.

» Recevez, etc.

» *Le Ministre de la guerre,*
» MARÉCHAL DUC DE DALMATIE. »

Parti de Londres le 19 février 1815, Charles-Louis arriva à Paris le 23 février, fit expédier son brevet de lieutenant général et se trouva à Bordeaux le 4 mars. Seize jours après, Bonaparte était en France. Charles-Louis offrit ses services au comte de Damas et resta à Bordeaux, où sa présence fut jugée utile. Quand la cause des Bourbons sembla perdue, il partit pour Pauillac, prit passage sur un vaisseau hollandais et débarqua à Portsmouth le 23 avril 1815.

Après les Cent Jours, on lui offrit une mission diplomatique en Angleterre : il devait remplacer son ami le duc de La Châtre. Mais, par suite des intrigues de Talleyrand, un autre obtint cette mission. Elle lui aurait procuré la pairie, qu'il espérait transmettre à Prosper de Montesquieu. Sa correspondance montre combien peu il tenait aux honneurs pour lui-même. Son âge, sa position de fortune et, par-dessus tout, sa femme (qui ne voulait pas habiter la France, comme cela eût été nécessaire) lui firent renoncer à des titres qu'il n'aurait acceptés que dans l'espoir d'être utile au fils de Joseph-Cyrille.

Le 15 janvier 1818, les deux petits-fils de Montesquieu se retrouvèrent ensemble à La Brède. Mais Charles-Louis emporta bientôt en Angleterre le reste des papiers inédits qui lui appartenaient. Il correspondait souvent avec son jeune cousin Prosper, le seul héritier du nom. Il lui écrivit une dernière lettre, le 30 juin 1824, pour l'informer qu'il était malade et le prier de venir le voir. Il mourut à Bridge-Hall, le 19 juillet suivant, âgé de soixante-quinze ans.

Par son testament du 4 février 1822, Charles-Louis disposait de tout ce qu'il possédait en Angleterre en faveur de son épouse et du fils de Joseph-Cyrille. Il y recommandait que tous les manuscrits fussent recueillis avec soin et envoyés à Prosper de Montesquieu, son filleul. Ces manuscrits devaient rester, trois ans encore, à l'étranger, avant de revenir au château de La Brède.

A la suite du partage de la succession, ils avaient été remis, à Londres, entre les mains d'un dépositaire.

Le 16 août 1825, J. Laîné, l'ancien ministre, écrivit à Joseph-Cyrille, en l'engageant à envoyer son fils Prosper en Angleterre, afin de régler la succession de son cousin. Il lui recommandait de veiller avec soin aux manuscrits, et de s'enquérir de leur sort. « Quant aux manuscrits eux-mêmes, ajoutait-il, que le respectable petit-fils a cru devoir conserver, c'est avec respect pour une double mémoire que je les examinerai, si ce grand honneur m'est confié. »

L'affaire n'était pas encore réglée, lorsque Joseph-Cyrille de Secondat, baron de Montesquieu, mourut à Bordeaux, le 19 mars 1826, à l'âge de soixante-dix-huit ans.

Mais M. d'Haussez, préfet de la Gironde, avait sollicité, à la requête de Prosper, l'intervention du ministre des affaires étrangères pour faire revenir en France les manuscrits de Montesquieu, restés chez le dépositaire de Londres, depuis la mort de Charles-Louis. Le 15 janvier 1827, il reçut la réponse suivante :

« Monsieur,

» J'ai reçu la lettre que vous m'avez fait l'honneur de m'écrire le 18 du mois dernier, relativement à plusieurs manuscrits de Montesquieu qui sont déposés à Londres, et que les héritiers désireraient faire venir en France par l'intermédiaire de M. le prince de Polignac, afin d'éviter les visites des douanes anglaises et françaises.

» Je viens d'en prévenir M. l'ambassadeur de France à Londres et, en l'autorisant à recevoir ces manuscrits, je l'invite à me les envoyer directement.

» J'aurai soin, Monsieur, de vous les transmettre aussitôt qu'ils me seront parvenus.

» Recevez, Monsieur, etc.

» B^{on} DE DAMAS. »

Le Préfet de la Gironde s'empressa de communiquer au baron de Montesquieu cette bonne nouvelle, en lui assurant qu'il lui transmettrait les précieux papiers dès qu'il les recevrait.

Les manuscrits une fois rentrés au château de La Brède, le baron écrivit à J. Laîné, le 1er juin 1828 :

« Quand il vous conviendra, Monsieur, de parcourir les manuscrits dans vos moments de repos..., je les ferai porter chez vous. »

Le baron de Montesquieu était alors âgé de trente et un ans. J. Laîné, qui avait le double de son âge, s'était activement occupé des affaires de la famille pendant et après la Révolution. Quand il avait des loisirs, l'ancien ministre de Louis XVIII se reposait à Saucats, dans sa propriété de Laguloup; mais il habitait Paris d'ordinaire.

Le 8 septembre 1828, une nouvelle lettre, sur le même sujet, était adressée à Honorat Laîné, frère de l'ancien ministre :

« Je n'ai pas, y disait M. de Montesquieu, envoyé à monsieur votre frère les manuscrits de La Brède, craignant qu'un aussi grand nombre ne l'incommodât. Je l'aurais fait. Mais, le lui ayant offert, il me répondit qu'il les visiterait à Saucats. J'ai craint une indiscrétion en les lui faisant parvenir. Je désirerais, cependant, qu'avec l'ensemble il pût ramasser assez de matériaux pour faire une nouvelle édition, ou un petit ouvrage séparé, si c'était jugé plus convenable. »

Les exigences de la vie publique n'avaient pas permis à J. Laîné de se livrer à un examen attentif des manuscrits du château de La Brède, lorsque M. de Montesquieu lui écrivit encore d'Agen :

« Puisque M. Aimé Martin veut bien se charger d'examiner les manuscrits, et que vous avez la complaisance de vous charger du transport à Paris, j'attendrai, Monsieur, que nous soyons assez heureux pour vous avoir à Saucats. »

Les manuscrits furent-ils envoyés alors à Paris ? Cela est vraisemblable. Une partie dut être emportée par J. Laîné, qui écrivait le 1er juin 1831 : « Dans peu de jours, Monsieur, j'irai vous demander à lire les manuscrits; *les autres sont près de moi,* et nous en causerons un jour sérieusement. »

Suivant le désir de la famille de Montesquieu, J. Laîné méditait d'entreprendre la publication des manuscrits inédits dont il avait autrefois entretenu Servan. A quelque temps de là, Aimé Martin lui rappelait ainsi ses projets :

« Je voudrais bien vous voir reprendre vos études sur Montesquieu. Ce travail-là, loin de vous fatiguer, vous serait une agréable distraction. Il vous rendrait la santé, sinon la gaieté, et le public profiterait de tous les trésors de votre expérience et de votre science. Quel bonheur pour vous! Quelles journées d'enchantement! Là, à côté du château de Montesquieu, je rêve son commentateur. Vous iriez de temps à autre demander quelques inspirations à cette chambre qui garde son souvenir, à ces jambages de cheminée qui gardent son empreinte, à cette forêt dont il a vu les arbres, à ses manuscrits que vous possédez, et qui vous rendent ses pensées à l'heure même de leur inspiration. Oh! vous pouvez être bien heureux, et ce qui me plaît, c'est que ce bonheur ne dépend que de vous ! »

Laîné lut les manuscrits. Quelques-uns portent en marge des notes qu'il y a mises d'une main discrète. Il semble avoir voulu grouper par genre et dans l'ordre alphabétique, les *Pensées* de Montesquieu. Il ne put achever ce travail : les charges de sa vie politique et la maladie l'en empêchèrent. Il mourut en décembre 1835.

Le baron de Montesquieu désirait, cependant, que la publication entreprise par Laîné fût achevée. Aimé Martin se chargeant de ce soin, le frère de l'ancien ministre lui confia les manuscrits inédits.

Au moment où cette communication fut faite, Honorat Laîné écrivit sur une feuille que l'on conserve encore : « Le 30 juin 1836, il a été remis à M. Aimé Martin : *Réflexions sur la Monarchie en Europe,* imprimé, comme épreuve, par Montesquieu, et deux vieux manuscrits sur les richesses en Espagne, par Montesquieu. » Puis, au-dessous de cette mention, il ajouta : « Je garde les *Extraits* de Montesquieu. »

Un an après, il réclamait avec insistance à Aimé Martin les papiers qu'il lui avait confiés. Mais l'emprunteur était malade. Il répondit qu'il achèverait son travail, aussitôt qu'il serait rétabli, et renverrait les manuscrits, dont il n'aurait plus besoin.

Aimé Martin et Honorat Laîné moururent avant d'avoir pu remettre dans les archives du château de La Brède les papiers qu'ils avaient reçus, et dont quelques-uns s'égarèrent.

VI

La perte d'une partie des trésors qu'il conservait causa de tels regrets au baron de Montesquieu qu'il n'osa plus exposer, entre des mains étrangères, les précieux manuscrits de La Brède. Il ne renouvela pas la tentative de publication qu'il avait voulu faire avec J. Laîné et Aimé Martin. Il se contenta d'enrichir la bibliothèque du Président et de rechercher les documents qui intéressaient celui-ci, laissant à ses fils le soin de faire paraître les œuvres inédites de leur illustre aïeul.

Avant de s'occuper de cette publication, MM. de Montesquieu s'efforcèrent de réparer les pertes que de fâcheuses circonstances avaient occasionnées. Ils augmentèrent peu à peu la collection des papiers du Président, en y joignant toutes les lettres ou pièces diverses qu'ils purent acquérir.

C'est ainsi que le petit volume des *Réflexions sur la Monarchie universelle en Europe*, acheté après la mort d'Aimé Martin, par Téchener, et resté dans la bibliothèque de ce libraire de 1847 à 1886, a été acquis par M. le baron de Montesquieu. Le manuscrit sur les *Richesses d'Espagne*, qui dut aller à Paris avec les *Réflexions*, n'a pas été retrouvé; heureusement la substance en est en partie reproduite dans les écrits connus de l'auteur. Enfin, les héritiers de J. Laîné, sur la demande de M. de Montesquieu, lui ont remis un volume de *Pensées* et quelques dossiers des matériaux de l'*Esprit des Lois*, volume et dossiers qu'ils ont pu découvrir avant de quitter Saucats, parmi les papiers de l'ancien ministre.

Le 18 janvier 1889, les descendants de Montesquieu

célébraient, au château de La Brède, le deuxième centenaire de la naissance de leur grand ancêtre. Le projet de publication de ses manuscrits fut, ce jour-là, discuté et adopté en principe. Il ne restait qu'à régler la manière dont se ferait cette publication.

MM. de Montesquieu ont résolu de l'entreprendre avec le concours de la Société des Bibliophiles de Guyenne, dont ils sont membres.

Deux opuscules, intitulés, l'un : *Réflexions sur la Monarchie universelle en Europe,* et l'autre : *De la Considération et de la Réputation,* ont été publiés en 1891. Une partie de ces deux écrits ayant été imprimée déjà, on a dû les isoler du reste de la publication, composée d'œuvres entièrement inédites.

Dans le présent volume, M. le baron de Montesquieu met en lumière douze ouvrages de son aïeul.

Viendra, ensuite, l'important récit des voyages du Président, en Hongrie, en Italie, en Allemagne et en Hollande, édité par les soins de M. Albert de Montesquieu.

MM. Gaston, Gérard et Godefroy feront paraître, plus tard, les trois recueils de *Pensées* (où se trouvent, entre autres, deux cents pages consacrées à l'histoire de France) et la *Correspondance* de Montesquieu (comprenant un grand nombre de ses lettres et une quantité plus grande de lettres à lui adressées).

La publication de ces œuvres inconnues de l'auteur de l'*Esprit des Lois,* quoiqu'il n'ait pas mis la dernière main à toutes, ne laissera pas d'être utile aux hommes qui sauront les lire et les comprendre.

N'est-elle pas bonne à rappeler en tout temps cette pensée prise au hasard dans l'une d'elles: « Je le redirai toujours, c'est la modération qui gouverne les hommes, et non pas les excès? »

Montesquieu avait voulu conserver ses manuscrits pour le bien du genre humain. Inédits, ils ne pouvaient remplir le but qu'il se proposait. Ils seront, à l'avenir, profitables à tous, grâce à la publication que ses descendants ont bien voulu confier à la Société des Bibliophiles de Guyenne.

PRÉFACE

ET

DESCRIPTION DES MANUSCRITS

PUBLIÉS DANS CE VOLUME

PRÉFACE

Nous réunissons dans ce volume douze opuscules de Montesquieu, en y joignant la critique faite du troisième par un ami de l'auteur. Ces douze opuscules diffèrent singulièrement par le fond et par la forme. Quelques-uns sont visiblement achevés. D'autres, au contraire, et non les moins curieux (il nous semble), ne se présentent qu'à l'état d'ébauches ou de simples matériaux, débris d'ouvrages plus étendus, dont le Président avait détaché et utilisé ailleurs certaines parties, et dont il comptait recomposer le reste. Aux discours académiques et aux traités scientifiques, se mêlent, dans notre recueil, des œuvres de pure imagination, tels que conte, dialogue ou lettres, et des mémoires d'affaires sur des questions d'intérêt particulier ou général. Les sujets de ces divers morceaux touchent à la littérature, à la morale, à la philosophie, à la politique, à l'histoire, à l'administration et à l'économie politique. Mais, dans tous ou presque tous, on retrouve les préoccupations et la méthode connues de Montesquieu, ainsi que ses idées fondamentales, exprimées parfois avec plus de liberté que dans ses œuvres classiques.

Les lecteurs familiers avec les *Lettres persanes*, les *Considérations sur les... Romains* et l'*Esprit des Lois*, feront sans peine des rapprochements qui s'imposent. Nous leur laisserons même le plaisir de relever ce qu'il y a de nouveau dans le Montesquieu que nous font connaître les mémoires *Sur la Constitution* et *Sur les Dettes de l'État*.

Il nous suffira, quant à nous, de décrire ici les manuscrits que nous publions, en cherchant à fixer autant que possible l'époque où furent rédigées les œuvres qu'ils nous ont conservées.

Si nous avions eu les éléments nécessaires pour dater les douze opuscules, nous les aurions rangés tous dans l'ordre chronologique. Mais ces éléments nous manquent. Aussi adoptons-nous un certain ordre des matières, ordre que nous allons suivre, sans prétendre à une rigueur absolue. De la littérature, nous passerons aux théories abstraites, et, des théories, aux considérations historiques et pratiques. On ne s'étonnera point, en lisant le *Discours sur Cicéron*, que cette œuvre de jeunesse soit placée au nombre et en tête des œuvres littéraires.

Les manuscrits dont nous disposons sont, les uns, de la main de Montesquieu, les autres, de la main de secrétaires ou de copistes. Nous les avons reproduits également mot pour mot. A peine nous sommes-nous permis de corriger ou d'intercaler dans le texte quelques particules omises ou défigurées par une distraction évidente de l'écrivain. L'important pour le lecteur est d'avoir du Montesquieu authentique. Nous aimons mieux, pour notre part, encourir le reproche de respect servile que celui d'outrecuidance.

Toutefois, quant à l'orthographe, souvent incorrecte et parfois fantasque, de nos manuscrits, nous n'avons pas cru devoir la conserver. Elle eût inutilement dérouté le public. Nous signalerons seulement que l'illustre président au Parlement de Bordeaux gasconnait en écrivant, comme en parlant. Il mettait, par exemple : *hureux,* au lieu de : *heureux,* ou : *otter,* au lieu de : *ôter.* Au point de vue de ses habitudes de langage, le manuscrit des *Remarques sur certaines Objections* présente même un intérêt tout spécial. Le secrétaire auquel fut dicté ce travail (qui n'est qu'une sorte de monologue) semble avoir noté fidèlement les intonations de l'auteur. C'est ainsi qu'il écrit *dès* (avec un accent) et *du* pour *de.* Comme les phonographes modernes, il enregistrait mécaniquement les sons qu'il percevait. A titre de curiosité, nous avons donné les *Remarques,* en en conservant les fautes les plus caractéristiques.

Un dernier mot sur les notes.

Tous les renvois, les observations et les variantes que l'on trouvera au bas du texte sont de Montesquieu lui-même. Nous rejetons à la fin du volume, mais avant l'*Index*, des remarques que d'autres ont insérées sur les manuscrits, aussi bien que les commentaires dont nous accompagnons cette édition. Il est des proses que l'on ne mélange point.

DESCRIPTION DES MANUSCRITS

PUBLIÉS

DANS CE VOLUME

I

DISCOURS SUR CICÉRON

Le manuscrit est formé d'un cahier non cousu de trois feuilles doubles. Il a vingt-deux centimètres et demi de haut sur dix-huit de large. La 12º ou dernière page est restée en blanc, et il n'y a que quatre lignes sur la 11º.

Les pages ne sont pas numérotées. Celles qui sont pleines ont jusqu'à vingt-six lignes. A gauche et à droite, de petites marges ont été ménagées par l'écrivain. Les notes sont insérées dans les marges de gauche.

L'écriture, très régulière, menue et ronde, est celle d'un copiste, et non celle de l'auteur. On remarque, cependant, cinq corrections qui paraissent être de la main de Montesquieu. Le dernier alinéa se distingue du reste par des caractères plus gros, plus penchés et plus pâles.

A la page 5 du manuscrit, un alinéa tout entier a été biffé.

Montesquieu nous apprend lui-même que le *Discours sur Cicéron* est une œuvre de sa jeunesse. Son admiration pour le grand orateur romain diminua plus tard. Pour s'en convaincre, il suffit de lire le chapitre XII des *Considérations sur les... Romains*, où il compare de nouveau Cicéron à Caton, mais en le plaçant au-dessous de ce dernier.

II

ÉLOGE DE LA SINCÉRITÉ

Le manuscrit est formé d'un cahier non cousu de quatre feuilles doubles. Il a vingt-deux centimètres et demi de haut sur dix-huit de large. Les trois dernières pages sont restées en blanc.

Aucune des pages n'est numérotée. Celles qui sont pleines ont jusqu'à vingt-sept lignes. Une marge de quatre centimètres et demi a été ménagée du côté du pli des feuilles. Les notes y sont insérées.

L'écriture est celle du *Discours sur Cicéron*. On remarque dans le manuscrit très peu de corrections de mots; mais quatre passages ont été biffés. Pour ne pas interrompre la suite des idées, nous en rétablissons un dans le texte; il en est un autre que nous citerons dans une de nos notes.

Ce dernier passage nous apprend que Montesquieu avait rédigé l'*Éloge de la Sincérité* « par le choix d'une illustre Académie ». Or nous savons par ailleurs qu'un jeune avocat de Bordeaux, Bernard Roborel de Climens, lut à l'Académie de cette ville un travail sur le même sujet, le 14 décembre 1717[1]. Ce sujet aurait-il été mis alors comme au concours par la savante compagnie ?

III

HISTOIRE VÉRITABLE

Le manuscrit est formé de cinq cahiers. Le premier se compose de seize, le second de vingt et une, le troisième de vingt-trois, le quatrième de trois, et le dernier de vingt-deux feuilles doubles. Au commencement du quatrième (qui est intercalé dans le troisième), est fixé, avec de la cire noire, un morceau de papier sur lequel on lit deux variantes. Les cinq cahiers sont rattachés les uns aux autres par un fil double. Il ont trente-huit centimètres de

---

[1]. *Papiers de François de La Montaigne*, conservés à la Bibliothèque de la ville de Bordeaux.

haut sur vingt-cinq centimètres de large. La seconde moitié de tous les cinq est restée en blanc. Il en est de même de la page 16 du dernier cahier.

Chaque cahier a une série particulière de numéros; mais les pages impaires seules sont cotées. Les pages pleines ont de dix-huit à vingt lignes, fort courtes d'ailleurs. En effet, la moitié de chaque feuille est restée en blanc, du côté du pli, et forme marge. On y lit des corrections, des variantes et des notes.

L'écriture est assez grosse, distincte et courante. C'est celle d'un copiste. Montesquieu n'a ajouté, de sa main, que quelques mots ou quelques phrases dans les marges et sur le morceau de papier qui est fixé à la page 1 du quatrième cahier.

Les cinq cahiers correspondent aux cinq parties de l'ouvrage. Le quatrième est intitulé, par erreur ou pour une autre cause : « *Troisième partie* ».

Au commencement de chacun des autres cahiers était écrite une même note, qui a été biffée soigneusement. Mais, à la première page du manuscrit tout entier, on lit encore les observations que voici :

« Montesquieu était fort jeune lorsqu'il écrivit cet ouvrage; il ne le trouva pas digne d'être imprimé. »

« Il n'y a qu'une seule petite feuille, cachetée dans l'intérieur, qui soit de sa main. Ceci est dans la troisième partie. »

Bien que le manuscrit soit généralement très propre, on y remarque des corrections importantes et des alinéas complètement biffés. Le préambule est récrit d'un bout à l'autre, entre les lignes. Il y a deux commencements pour la première partie, la deuxième et la quatrième.

Comme il était question du « Mississipi » dans la première rédaction de l'*Histoire véritable*, elle devait être postérieure au système de Law. Mais, comme elle a été soumise à J.-J. Bel, conseiller au Parlement de Bordeaux, mort le 15 août 1738, elle était sûrement antérieure à cette date. La différence de ton qu'on relève entre les premières parties et la dernière, nous permet aussi de croire que Montesquieu composa la fin de l'ouvrage alors que son génie subissait la transformation par laquelle l'auteur des *Lettres persanes* devint celui de l'*Esprit des Lois*. Le philosophe grec — Aristote ne l'eût pas renié — qui, dans l'*Histoire véritable*, parcourt divers pays, se fixe quelque temps en Égypte et y acquiert de la réputation, n'aurait-il pas été reçu, le 26 février 1730, membre de la Société royale de Londres?

S'il en est ainsi, on devine, à deux ou trois ans près, quand fut terminée la première rédaction du *Métempsycosiste*.

La *Critique*, qui est jointe au manuscrit de l'*Histoire véritable*, est anonyme. Nous en ignorerions l'auteur, si M. R. Céleste n'avait pas reconnu l'écriture très particulière de J.-J. Bél, membre (comme Montesquieu) du Parlement et de l'Académie de Bordeaux. Directeur de cette dernière compagnie en 1737, Bel signa des procès-verbaux qui sont parvenus jusqu'à nous. C'est évidemment la même main qui a tracé les caractères apposés au bas de ces comptes rendus académiques, et qui a écrit, sur le *Métempsycosiste*, des observations si curieuses. En les lisant, on se demande si elles honorent davantage l'esprit distingué qui les a faites ou l'homme de génie auquel ses amis donnaient des conseils avec une liberté si entière, et qui savait en profiter.

IV

DIALOGUE DE XANTIPPE ET DE XÉNOCRATE

Le manuscrit se compose de cinq feuilles doubles, rattachées entre elles par une épingle. Il a trente et un centimètres de haut sur vingt de large. Les trois dernières pages sont restées en blanc.

Les dix-sept premières sont numérotées, mais irrégulièrement. Les pages pleines ont jusqu'à seize lignes. Une marge de cinq centimètres a été ménagée du côté du pli des feuilles.

L'écriture est de grosseur moyenne. Les lettres sont penchées et allongées. L'encre est assez pâle. C'est Montesquieu lui-même qui a tracé, d'une main rapide, ces lignes qui montent de gauche à droite. De lui sont également les corrections et les observations, écrites au crayon ou à l'encre, qu'on déchiffre, non sans peine, au-dessus ou au-dessous de quelques passages.

V

ESSAI SUR LES CAUSES

La partie principale du manuscrit est formée de sept cahiers non cousus et de neuf morceaux de papiers où se trouvent des notes. Les cahiers sont composés de feuilles doubles, en nombre variable (de trois à six); au total, on en compte trente et une. Les morceaux de papier sont intercalés simplement entre les pages ou fixés aux feuilles par des épingles.

A cet ensemble, qui constitue le corps de l'ouvrage, s'ajoutent quatre feuilles simples et une double. Trois de ces feuilles (dont les pages portent les numéros 37 à 44) sont réunies par une épingle. Une autre épingle rattache à la feuille qui les suit un alinéa rédigé après coup. Ce sont là les débris d'une première rédaction de l'*Essai sur les Causes*. Montesquieu, qui ne perdait rien, comptait en tirer profit.

Le manuscrit a vingt-cinq centimètres de haut sur dix-neuf de large. La première feuille servant de titre, le verso en est resté en blanc. Il en est de même des trois dernières pages du septième et dernier cahier.

A la suite du titre viennent cent dix-neuf pages écrites et cotées. Les feuilles de la rédaction primitive ont conservé les numéros qu'ils y avaient. Les pages pleines ont généralement de dix à douze lignes; quelquefois plus. Des marges de cinq centimètres sont ménagées du côté du pli des feuilles. On y lit des additions, des corrections et des notes.

L'écriture de l'*Essai* est de grosseur moyenne et très nette. C'est celle d'un copiste. Mais la plupart des corrections et des notes sont de la main de Montesquieu.

Les quatre premiers cahiers du manuscrit contiennent la première partie de l'ouvrage; les trois autres, la seconde. Au commencement de l'ouvrage surtout, des séries d'alinéas ont été biffées. L'auteur en a transporté le texte, plus ou moins remanié, dans certains chapitres de l'*Esprit des Lois*.

Ces emprunts suffisent évidemment pour prouver que l'*Essai sur les Causes* est antérieur et bien antérieur à 1748, c'est-à-dire à la publication du chef-d'œuvre de Montesquieu.

VI

DE LA POLITIQUE

Le manuscrit est formé d'un cahier de onze feuilles doubles, retenues ensemble par une épingle, et de trois morceaux de papier intercalés entre les pages et contenant des remarques détachées

Les feuilles ont dix-neuf centimètres de haut sur douze et demi de large. Les dix dernières sont restées en blanc.

Sur les vingt-quatre pages écrites. Les quinze premières seulement sont numérotées. Les pages pleines ont jusqu'à dix-neuf lignes. Des marges de trois centimètres environ ont été ménagées du côté du pli des feuilles, et ont reçu quelques notes.

L'écriture (ainsi que l'indique une observation mise au haut de la première page) est celle de Montesquieu lui-même. Plus ferme au commencement, elle se relâche vers la fin. Les ratures sont assez rares. Toutefois, un alinéa tout entier a été biffé à la page 11. Le texte en a, d'ailleurs, été reporté simplement à la suite d'un alinéa de la page qui vient après.

Montesquieu semble avoir écrit ce petit traité sous l'impression des événements de la Régence. Il ne voit Richelieu lui-même qu'à travers d'Argenson, Law et Le Blanc, dont il connaissait les faiblesses. Les jugements qu'il porte sont d'un moraliste plutôt que d'un écrivain politique. L'ouvrage appartient à sa première manière. On ne se tromperait guère en le datant de 1722 ou 1723.

VII

RÉFLEXIONS SUR LE CARACTÈRE
DE QUELQUES PRINCES

Le manuscrit est formé d'un cahier de vingt feuilles : les unes doubles; les autres simples, mais munies d'un onglet. Toutes les vingt sont rattachées entre elles au moyen de deux lies. Un morceau de papier, où se trouve un alinéa additionnel, est fixé à la page 28 par une épingle. Les feuilles ont vingt-quatre centimètres et demi de haut sur dix-sept de large. Il n'y a qu'une note sur la dernière page.

Les pages sont numérotées de 1 à 68. Celles qui sont pleines ont de sept à seize lignes. Des marges de cinq centimètres sont ménagées du côté du pli des feuilles et ont reçu quelques notes et des observations de l'auteur.

Le manuscrit est de la main de Montesquieu lui-même, comme le constate une note du commencement. On n'y remarque pas beaucoup de ratures. Cependant la page 45 est biffée tout entière. Nous n'avons pas, du reste, le premier jet de l'auteur, au moins pour toutes les parties. On distingue sur l'onglet de la page 11, par exemple, des bouts de lignes appartenant à une rédaction antérieure.

Il suffit de rapprocher le jugement porté sur Richelieu dans les *Réflexions* de celui qui se trouve dans le traité *De la Politique*[1], pour reconnaître que les deux ouvrages appartiennent à des époques très différentes de la vie de Montesquieu. Après ses voyages à l'étranger, l'écrivain politique prit, en lui, le dessus sur le moraliste, sans qu'il renonçât à ces analyses psychologiques qui donnent à ses théories une solidité incomparable. C'est alors qu'il dut rédiger ses *Réflexions*, où l'on rencontre plus d'une idée générale, reproduite dans l'*Esprit des Lois*[2], quelquefois avec une ampleur et un éclat moindres.

VIII

LETTRES DE XÉNOCRATE A PHÉRÈS

Le manuscrit est formé d'un cahier de six feuilles doubles, rattachées les unes aux autres au moyen de deux rubans blancs. Il a vingt-quatre centimètres et demi de haut sur dix-huit et demi de large. La seconde page et les douze dernières sont restées en blanc, ou plutôt ne portent que des numéros surchargés.

La première feuille sert de couverture et de titre. Les dix pages suivantes sont écrites et numérotées. Celles qui sont pleines ont jusqu'à vingt-trois lignes. Une marge de trois centimètres et demi y est ménagée du côté du pli des feuilles.

L'écriture est très nette et légèrement penchée. C'est celle d'un secrétaire. Les lignes descendent un peu de gauche à droite. Sur la couverture, on lit, outre le titre : *Lettres de Xénocrate à Phérès*, ces mots : *Bonne copie*. A peine relève-t-on dans le texte sept à huit corrections de détail.

Les *Lettres de Xénocrate* ont dû être composées au moment de la mort du Régent. Il serait probablement excessif d'induire

---

1. Voyez ci-dessous les pages 163 et 182.
2. Comparez les *Réflexions* sur Henry III avec l'*Esprit des Lois*, XII, xxviii, XXIV, v, et XXV, x.

de certains passages que les quatre premières ont été rédigées un peu avant, et la cinquième, aussitôt après. Nous jugeons, du moins, périlleux de tirer une conséquence si précise de ce qui peut n'être qu'un artifice de composition.

IX

REMARQUES SUR CERTAINES OBJECTIONS

Le manuscrit est formé de deux cahiers non cousus : l'un de trois, l'autre de sept feuilles doubles. Il a vingt-trois centimètres de haut sur vingt et un centimètres et demi de large. La seconde page et les neuf dernières sont restées en blanc.

La première feuille sert de couverture et de titre. Les vingt-neuf pages suivantes sont écrites et numérotées. Celles qui sont pleines ont de vingt à vingt-quatre lignes. Une marge de quatre centimètres et demi a été ménagée du côté du pli des feuilles. Les notes, sauf une, y sont insérées.

L'écriture est de grosseur moyenne, un peu penchée et lourde. C'est celle d'un secrétaire. Aux pages 3, 12 et 22, il a laissé des blancs, destinés, sans doute, à des additions qui n'ont pas été faites. Dans un autre blanc, réservé à la page 10, Montesquieu a écrit lui-même une note de six lignes. Plusieurs passages du manuscrit sont biffés simplement, tandis que d'autres sont surchargés.

Ajoutons que le titre exact des *Remarques* est : *Remarques sur dès* (sic) *certaines Objections que m'a faites un Homme qui m'a traduit mes* Romains *en Angleterre*. Ce titre est précédé, sur la couverture, du mot : « Relire. » Il y est suivi d'une note biffée : « De la main de Montesquieu. »

Il nous semble que le sérieux, la probité scientifique de Montesquieu éclatent dans cet examen des objections qu'un inconnu lui avait faites. L'ouvrage ne peut être antérieur à 1751. C'est à cette date, en effet, que parut, à Édimbourg, la traduction anglaise des *Romains,* dont il y est question. Les passages de l'*Esprit des Lois* que l'auteur crut devoir modifier sont, d'ailleurs, imprimés sans changements dans les éditions publiées du vivant de l'auteur, au moins dans celles que nous avons pu nous procurer et consulter à loisir.

X

MÉMOIRE SUR LA CONSTITUTION

Le manuscrit est formé d'un cahier cousu de dix feuilles doubles et d'une feuille simple intercalée au commencement. La feuille simple est un billet (d'un M. de Brou [1]), au verso duquel Montesquieu a rédigé une page de son mémoire. Le manuscrit a vingt-cinq centimètres de haut sur dix-huit et demi de large. Quatre pages de la fin sont restées en blanc. Sur la dernière, on lit une note et une variante biffée.

Les pages des feuilles doubles portent les numéros 1 à 15. Celles qui sont pleines ont de dix-huit à vingt-trois lignes. La 15ᵉ page n'a qu'une ligne. Des marges de quatre centimètres et demi sont ménagées du côté du pli des feuilles.

Le *Mémoire* est, en partie, de la main de l'auteur, et, en partie, de celle du secrétaire auquel il dicta les *Remarques sur certaines Objections*. On y voit des ratures nombreuses.

Bien qu'il soit adressé au « Roi », le *Mémoire sur la Constitution* fut peut-être rédigé sous la Régence. On sait que Philippe d'Orléans voulut mettre un terme à l'agitation religieuse qu'avait fait naître la bulle *Unigenitus*. Le 7 octobre 1717, il édicta une déclaration semblable à celle que Montesquieu réclame dans l'écrit dont nous cherchons la date. Si le *Mémoire* était postérieur à 1717, l'auteur aurait mentionné, sans doute, une mesure antérieure et identique, prise dans le même dessein. Nous serions donc disposés à croire que l'ouvrage que nous publions précéda la déclaration du 7 octobre, s'il n'en donna point l'idée.

Cependant, il pourrait avoir été rédigé bien plus tard, à l'époque des refus de sacrements. Le manuscrit, qui a tout l'air d'un brouillon, est écrit, en partie, de la main du secrétaire auquel Montesquieu avait recours vers 1751. Tels passages qu'on trouvera à la page 228 et à la page 233 s'expliqueraient mieux dans cette hypothèse.

Il ne serait pas impossible — et l'aspect du manuscrit porterait à le croire — que Montesquieu eût repris vers 1752, et approprié à des circonstances nouvelles, un mémoire rédigé vers 1717.

---

[1]. Ce M. de Brou serait-il Paul-Esprit Feydeau de Brou, garde des sceaux en 1762?

XI

MÉMOIRE SUR LES DETTES DE L'ÉTAT

Le manuscrit est formé d'un cahier cousu de cinq feuilles doubles. Il a vingt et un centimètres de haut sur seize et demi de large. Les quatre dernières pages sont restées en blanc.

Pas de pagination. Les pages pleines ont jusqu'à vingt-trois lignes. Une marge de quatre centimètres a été ménagée du côté du pli des feuilles.

L'écriture est celle du *Discours sur Cicéron*. Trois lignes biffées à la page 1 ont été reportées plus bas. Les trois ou quatre autres ratures du manuscrit sont insignifiantes.

Le *Mémoire sur les Dettes* n'a vraiment pour titre que le mot *Mémoire*. Mais il est conservé dans une chemise sur laquelle on lit : « Deux Mémoires : — l'un, sur les Dettes de l'État ; — l'autre, sur l'Arrachement des Vignes. »

Cet ouvrage, où l'on parle d'une « taxe des gens d'affaires que l'on médite », doit être contemporain de l'édit de mars 1716 « portant établissement d'une Chambre de Justice » destinée à réprimer les abus, les délits et les crimes commis dans les finances de l'État, ou à l'occasion des deniers publics.

XII

MÉMOIRE CONTRE L'ARRÊT DU CONSEIL
DU 27 AVRIL 1725.

Le manuscrit est formé d'un cahier non cousu de quatre feuilles doubles. Il a vingt-sept centimètres et demi de haut sur dix-sept et demi de large. Les deux dernières pages sont restées en blanc.

Pas de pagination. Les pages pleines ont jusqu'à vingt-cinq lignes. Une marge de quatre centimètres a été ménagée du côté du pli des feuilles.

L'écriture est celle du *Discours sur Cicéron*. Cependant, les deux dernières lignes du titre et trois corrections du texte sont de la main de Montesquieu lui-même.

Nous avons déjà dit que le *Mémoire contre l'Arrêt du Conseil* est conservé dans une chemise où se trouve également le *Mémoire sur les Dettes*.

Le *Mémoire contre l'Arrêt du Conseil* a été rédigé entre le 24 décembre 1726, date à laquelle l'auteur fit l'achat de terres dont il y est question, et le 27 avril 1727, jour où le contrôleur général écrivit à l'intendant de Bordeaux pour lui demander son avis sur l'affaire[1].

---

1. Voyez ci-dessous, à la page 273 et aux pages suivantes, les actes qui nous fournissent les renseignements dont nous nous servons ici.

DISCOURS

SUR

CICÉRON

DISCOURS SUR CICÉRON

Cicéron[1] est, de tous les anciens, celui qui a eu le plus de mérite personnel, et à qui j'aimerois mieux ressembler; il n'y en a aucun qui ait soutenu de plus beaux et de plus grands caractères, qui ait
5 plus aimé la gloire, qui s'en soit fait une plus solide, et qui y ait été par des routes moins battues.

La lecture de ses ouvrages n'élève pas moins le cœur que l'esprit : son éloquence est toute grande, toute majestueuse, toute héroïque. Il faut le voir
10 triompher de Catilina; il faut le voir s'élever contre Antoine; il faut le voir enfin pleurer les déplorables restes d'une liberté mourante. Soit qu'il raconte ses actions, soit qu'il rapporte celles des grands hommes qui ont combattu pour la République, il s'enivre de sa
15 gloire et de la leur. La hardiesse de ses expressions fait entrer dans la vivacité de ses sentiments. Je sens qu'il m'entraîne dans ses transports et m'enlève dans ses mouvements. Quels portraits que ceux qu'il fait

1. J'ai fait ce discours dans ma jeunesse. Il pourra devenir bon, si je lui ôte l'air de panégyrique. Il faut, outre cela, donner un plus long détail des ouvrages de Cicéron, voir les lettres surtout, et entrer plus avant dans les causes de la ruine de la République et dans les caractères de César, de Pompée, d'Antoine.

des Brutus, des Cassius, des Catons! Quel feu, quelle vivacité, quelle rapidité, quel torrent d'éloquence! Pour moi, je ne sais à qui j'aimerois mieux ressembler, ou au héros, ou au panégyriste.

S'il relève quelquefois ses talents avec trop de faste, il ne fait que m'exprimer ce qu'il m'avoit déjà fait sentir; il me prévient sur des louanges qui lui sont dues. Je ne suis point fâché d'être averti que ce n'est pas un simple orateur qui parle, mais le libérateur de la patrie et le défenseur de la liberté.

Il ne mérite pas moins le titre de philosophe que d'orateur romain. On peut dire même qu'il s'est plus signalé dans le Lycée que sur la tribune : il est original dans ses livres de philosophie, mais il a eu plusieurs rivaux de son éloquence.

Il est le premier, chez les Romains, qui ait tiré la philosophie des mains des savants, et l'ait dégagée des embarras d'une langue étrangère. Il la rendit commune à tous les hommes, comme la raison, et, dans les applaudissements qu'il en reçut, les gens de lettres se trouvèrent d'accord avec le peuple. Je ne puis assez admirer la profondeur de ses raisonnements dans un temps où les sages ne se distinguoient que par la bizarrerie de leur vêtement. Je voudrois seulement qu'il fût venu dans un siècle plus éclairé, et qu'il eût pu employer à découvrir des vérités ces heureux talents, qui ne lui ont servi qu'à détruire des erreurs. Il faut avouer qu'il laissa un vide affreux dans la philosophie : il détruisit tout ce qui avoit été imaginé jusqu'alors; il fallut recommencer, et imaginer de nouveau; le genre humain rentra, pour ainsi dire, dans l'enfance, et il fut remis aux premiers principes.

Quel plaisir de le voir, dans son livre *De la Nature des Dieux*, faire passer en revue toutes les sectes, confondre tous les philosophes, et marquer chaque préjugé de quelque flétrissure! Tantôt il combat contre ces monstres; tantôt il se joue de la philosophie. Les champions qu'il introduit se détruisent eux-mêmes; celui-là est confondu par celui-ci, qui se trouve battu à son tour. Tous ces systêmes s'évanouissent les uns devant les autres, et il ne reste, dans l'esprit du lecteur, que du mépris pour les philosophes et de l'admiration pour le critique.

Avec quelle satisfaction ne le voit-on pas, dans son livre *De la Divination*, affranchir l'esprit des Romains du joug ridicule des aruspices et des règles de cet art, qui étoit l'opprobre de la théologie payenne, qui fut établi dans le commencement, par la politique des magistrats, chez des peuples grossiers, et affoibli, par la même politique, lorsqu'ils devinrent plus éclairés.

Tantôt il nous dévoile les charmes de l'amitié et nous en fait sentir tous les délices; tantôt il nous fait voir les avantages d'un âge que la raison éclaire, et qui nous sauve de la violence des passions.

Tantôt, formant nos mœurs et nous montrant l'étendue de nos devoirs, il nous apprend ce que c'est que l'honnête et ce que c'est que l'utile; ce que nous devons à la société, ce que nous devons à nous-mêmes; ce que nous devons faire en qualité de pères de familles ou en qualité de citoyens.

Ses mœurs étoient plus austères que son esprit. Il se comporta dans son gouvernement de Cilicie avec le désintéressement des Cincinnatus, des Camilles, des Catons. Mais sa vertu, qui n'avoit rien de farouche, ne l'empêchoit point de jouir de la politesse de son siècle. On remarque, dans ses ouvrages de morale, un air de gaieté et un certain contentement d'esprit que les philosophes médiocres ne connoissent point. Il ne donne point de préceptes; mais il les fait sentir. Il n'excite pas à la vertu; mais il y attire. Qu'on lise ses ouvrages, et on sera dégoûté pour toujours de Sénèque et de ses semblables, gens plus malades que ceux qu'ils veulent guérir, plus désespérés que ceux qu'ils consolent, plus tyrannisés des passions que ceux qu'ils en veulent affranchir.

Quelques personnes, accoutumées à mesurer tous les héros sur celui de Quinte Curce, se sont fait de Cicéron une idée bien fausse; ils l'ont regardé, comme un homme foible et timide, et lui ont fait un reproche qu'Antoine, son plus grand ennemi, ne lui a jamais fait. Il évitoit le péril, parce qu'il le connoissoit; mais il ne le connoissoit plus, lorsqu'il ne pouvoit plus l'éviter. Ce grand homme subordonna toujours toutes ses passions, sa crainte et son courage, à la sagesse et à la raison. J'ose même le dire : il n'y a peut-être point d'homme, chez les Romains, qui ait donné de plus grands exemples de force et de courage.

N'est-il pas vrai que déclamer la *Seconde Philippique* devant Antoine, c'étoit courir à une mort certaine? c'étoit faire un généreux sacrifice de sa vie en faveur de sa gloire offensée? Admirons donc le courage et la hardiesse de l'orateur encore plus que son éloquence. Considérons Antoine, le plus puissant d'entre les hommes, Antoine, le maître du monde, Antoine, qui osoit tout et qui pouvoit tout ce qu'il osoit, dans un Sénat qui étoit entouré de ses soldats, et où il étoit plutôt roi que consul; considérons le, dis-je, couvert de confusion et d'ignominie, foudroyé, anéanti, obligé d'entendre ce qu'il y a de plus humiliant de la bouche d'un homme à qui il auroit pu ôter mille vies.

Aussi, ce ne fut pas seulement à la tête d'une armée qu'il eut besoin de sa fermeté et de son courage; les traverses qu'il eut à souffrir, dans des temps si difficiles pour les gens de bien, lui rendirent la mort toujours présente. Tous les ennemis de la République furent les siens; les Verrès, les Clodius, les Catilinas, les Césars, les Antoines, enfin tous les scélérats de Rome lui déclarèrent la guerre.

Il est vrai qu'il y eut des occasions où la force de son esprit sembla l'abandonner: lorsqu'il vit Rome déchirée par tant de factions, il se livra à la douleur, il se laissa abattre, et sa philosophie fut moins forte que son amour pour la République.

Dans cette fameuse guerre qui décida de la destinée de l'Univers, il trembloit pour sa patrie; il voyoit César approcher avec une armée qui avoit gagné plus de batailles qu'elle n'avoit de légions. Mais quelle fut sa douleur lorsqu'il vit que Pompée abandonnoit l'Italie et laissoit Rome exposée à la fureur des rebelles! « Après une telle lâcheté, dit-il, je ne puis plus estimer cet homme, qui, bien loin de s'exiler de sa patrie, comme il a fait, devoit mourir sur les murailles de Rome et s'ensevelir sous ses ruines. »

Cicéron, qui étudioit depuis longtemps les projets de César, auroit fait subir à cet ambitieux le destin de Catilina, si sa prudence eût été écoutée : « Si mes conseils avoient été suivis, dit cet orateur à Antoine, la République fleuriroit aujourd'hui, et tu serois dans le néant. Je fus d'avis qu'il ne falloit point continuer à César le gouvernement des Gaules au-delà des cinq ans. Je fus d'avis encore que, pendant qu'il seroit absent, l'on ne devoit point l'admettre à demander le consulat. Si j'avois été assez heureux pour persuader l'un ou l'autre, nous ne serions jamais tombés dans l'abîme où nous sommes aujourd'hui. Mais, lorsque je vis (continue-t-il) que Pompée avoit livré la République à César, quand je m'aperçus qu'il commençoit trop tard à sentir les maux que j'avois prévus depuis si longtemps, je ne cessai pour lors de parler d'accommodement, et je n'épargnai rien pour réunir les esprits. »

Pompée ayant abandonné l'Italie, Cicéron, qui, comme il le dit lui-même, savoit bien qui il devoit fuir, mais ignoroit qui il devoit suivre, y resta encore quelque temps. César s'aboucha avec lui et voulut l'obliger, par prières et par menaces, de se ranger de son parti. Mais ce républicain rejeta ses propositions avec autant de mépris que de fierté. Lorsque le parti de la liberté eut été détruit, il se

soumit à lui avec tout l'Univers; il ne fit point une résistance inutile; il ne fit point comme Caton, qui abandonna lâchement la République avec la vie; il se réserva pour des temps plus heureux, et il cher-
5 cha dans la philosophie des consolations que les autres n'avoient trouvées que dans la mort.

Il se retira à Tusculum pour y chercher la liberté, que sa patrie avoit perdue. Ces champs ne furent jamais si glorieusement fertiles; nous leur devons
10 ces beaux ouvrages qui seront admirés par toutes les sectes et dans toutes les révolutions de la philosophie.

Mais, lorsque les conjurés eurent commis cette grande action qui étonne encore aujourd'hui les
15 tyrans, Cicéron sortit comme du tombeau, et ce soleil, que l'astre de Jules[1] avoit éclipsé, reprit une nouvelle lumière. Brutus, tout couvert de sang et de gloire, montrant au peuple le poignard et la liberté, s'écria: « Cicéron! » Et, soit qu'il l'appelât à son
20 secours, soit qu'il voulût[2] le féliciter de la liberté qu'il venoit de lui rendre, soit enfin que ce nouveau libérateur de la patrie se déclarât son rival, il fit de lui dans un seul mot le plus magnifique éloge qu'un mortel ait jamais reçu.

25 Cicéron se joignit aussitôt à Brutus; les périls ne l'étonnèrent point. César vivoit encore dans le cœur de ses soldats; Antoine, qui étoit l'héritier de son ambition, tenoit dans ses mains l'autorité consulaire. Tout cela ne l'empêcha point de se déclarer, et, par

1. *Julium Sidus.*
2. *Seconde Philippique.*

son autorité et son exemple, il détermina l'Univers encore incertain s'il devoit regarder Brutus comme un parricide ou comme le libérateur de la patrie.

Mais les libéralités que César avoit faites aux Romains par son testament furent pour eux de nouvelles chaînes. Antoine harangua ce peuple avare, et, lui montrant la robe sanglante de César, il l'émut si fort qu'il alla mettre le feu aux maisons des conjurés. Brutus et Cassius, contraints d'abandonner leur ingrate patrie, n'eurent que ce moyen pour se dérober aux insultes d'une populace aussi furieuse qu'aveugle.

Antoine, devenu plus hardi, usurpa dans Rome plus d'autorité que n'avoit fait César même. Il s'empara des deniers publics, vendit les provinces et les magistratures, fit la guerre aux colonies romaines, viola enfin toutes les loix. Fier du succès de son éloquence, il ne redouta plus celle de Cicéron, il déclama contre lui en plein Sénat; mais il fut bien étonné de trouver encore dans Rome un Romain.

Bientôt après, Octave fit cet infâme traité dans lequel Antoine, pour prix de son amitié, exigea la tête de Cicéron. Jamais guerre ne fut plus funeste à la République que cette indigne réconciliation, où l'on n'immola pour victimes que ceux qui l'avoient si glorieusement défendue.

Le détestable Popilius est justifié ainsi, dans Sénèque, de la mort de Cicéron : que ce crime si odieux étoit le crime d'Antoine, qui l'avoit commandé, non pas celui de Popilius, qui avoit obéi; que la proscription de Cicéron avoit été de mourir, celle de Popilius de lui ôter la vie; qu'il n'étoit pas merveilleux qu'il eût été forcé de le tuer, puisque Cicéron, le premier de tous les Romains, avoit été contraint de perdre la tête[1].

1. *Septième Controverse.*

ÉLOGE

DE LA

SINCÉRITÉ

ÉLOGE DE LA SINCÉRITÉ

Les Stoïciens faisoient consister presque toute la philosophie à se connoître soi-même. « La vie, disoient-ils, n'étoit pas trop longue pour une telle étude. » Ce précepte avoit passé des écoles sur le frontispice des temples; mais il n'étoit pas bien difficile de voir que ceux qui conseilloient à leurs disciples de travailler à se connoître ne se connoissoient pas.

Les moyens qu'ils donnoient pour y parvenir rendoient le précepte inutile : ils vouloient qu'on s'examinât sans cesse, comme si on pouvoit se connoître en s'examinant.

Les hommes se regardent de trop près pour se voir tels qu'ils sont. Comme ils n'aperçoivent leurs vertus et leurs vices qu'au travers de l'amour-propre, qui embellit tout, ils sont toujours d'eux-mêmes des témoins infidèles et des juges corrompus.

Ainsi, ceux-là étoient bien plus sages qui, connoissant combien les hommes sont naturellement éloignés de la vérité, faisoient consister toute la sagesse à la leur dire. Belle philosophie, qui ne se bornoit point à des connoissances spéculatives, mais à l'exercice de la sincérité ! Plus belle encore, si quelques esprits faux [1], qui la poussèrent trop loin, n'avoient pas outré la raison même, et, par un raffinement de liberté, n'avoient choqué toutes les bienséances.

Dans le dessein que j'ai entrepris, je ne puis m'empêcher de faire une espèce de retour sur moi-même. Je sens une satisfaction secrète d'être obligé de faire l'éloge d'une vertu que je chéris, de trouver, dans mon propre cœur, de quoi suppléer à l'insuffisance de mon esprit, d'être le peintre, après avoir travaillé toute ma vie à être le portrait, et de parler enfin d'une vertu, qui fait l'honnête homme dans la vie privée et le héros dans le commerce des grands.

PREMIÈRE PARTIE

DE LA SINCÉRITÉ PAR RAPPORT A LA VIE PRIVÉE

Les hommes, vivants dans la société, n'ont point eu cet avantage sur les bêtes pour se procurer les moyens de vivre plus délicieusement. Dieu a voulu qu'ils vécussent en commun pour se servir de guides les uns aux autres, pour qu'ils pussent voir par les yeux d'autrui ce que leur amour-propre leur cache, et qu'enfin, par un commerce sacré de confiance, ils pussent se dire et se rendre la vérité.

Les hommes se la doivent donc tous mutuellement. Ceux qui négligent de nous la dire nous ravissent un bien qui nous appartient. Ils rendent vaines les

1. Les Cyniques.

vues que Dieu a eues sur eux et sur nous. Ils lui résistent dans ses desseins et le combattent dans sa providence. Ils font comme le mauvais principe des Mages, qui répandoit les ténèbres dans le monde, au lieu de la lumière, que le bon principe y avoit créé.

On s'imagine ordinairement que ce n'est que dans la jeunesse que les hommes ont besoin d'éducation ; vous diriez qu'ils sortent tous des mains de leurs maîtres, ou parfaits, ou incorrigibles.

Ainsi, comme si l'on avoit d'eux trop bonne ou trop mauvaise opinion, on néglige également d'être sincère, et on croit qu'il y auroit de l'inhumanité de les tourmenter, ou sur des défauts qu'ils n'ont pas, ou sur des défauts qu'ils auront toujours.

Mais, par bonheur ou par malheur, les hommes ne sont ni si bons ni si mauvais qu'on les fait, et, s'il y en a fort peu de vertueux, il n'y en a aucun qui ne puisse le devenir.

Il n'y a personne qui, s'il étoit averti de ses défauts, pût soutenir une contradiction éternelle ; il deviendroit vertueux, quand ce ne seroit que par lassitude.

On seroit porté à faire le bien, non seulement par cette satisfaction intérieure de la conscience qui soutient les sages, mais même par la crainte des mépris qui les exerce.

Le vice seroit réduit à cette triste et déplorable condition où gémit la vertu, et il faudroit avoir autant de force et de courage pour être méchant, qu'il en faut, dans ce siècle corrompu, pour être homme de bien.

Quand la sincérité ne nous guériroit que de l'orgueil, ce seroit une grande vertu qui nous guériroit du plus grand de tous les vices.

Il n'y a que trop de Narcisses dans le monde, de ces gens amoureux d'eux-mêmes. Ils sont perdus s'ils trouvent dans leurs amis de la complaisance. Prévenus de leur mérite, remplis d'une idée qui leur est chère, ils passent leur vie à s'admirer. Que faudroit-il pour les guérir d'une folie qui semble incurable? Il ne faudroit que les faire apercevoir du petit nombre de leurs rivaux; que leur faire sentir leurs foibles; que mettre leurs vices dans le point de vue qu'il faut pour les faire voir; que se joindre à eux contre eux-mêmes, et leur parler dans la simplicité de la vérité.

Quoi! Vivrons-nous toujours dans cet esclavage de déguiser tous nos sentiments? Faudra-t-il louer, faudra-t-il approuver sans cesse? Portera-t-on la tyrannie jusque sur nos pensées? Qui est-ce qui est en droit d'exiger de nous cette espèce d'idolâtrie? Certes l'homme est bien foible de rendre de pareils hommages, et bien injuste de les exiger.

Cependant, comme si tout le mérite consistoit à servir, on fait parade d'une basse complaisance. C'est la vertu du siècle; c'est toute l'étude d'aujourd'hui. Ceux qui ont encore quelque noblesse dans le cœur font tout ce qu'ils peuvent pour la perdre. Ils prennent l'âme du vil courtisan pour ne point passer pour des gens singuliers, qui ne sont pas faits comme les autres hommes.

La vérité demeure ensevelie sous les maximes d'une politesse fausse. On appelle savoir-vivre l'art de vivre avec bassesse. On ne met point de différence entre connoître le monde et le tromper; et la cérémonie, qui devroit être entièrement bornée à l'extérieur, se glisse jusque dans les mœurs.

On laisse l'ingénuité aux petits esprits, comme une marque de leur imbécillité. La franchise est regardée comme un vice dans l'éducation. On ne demande point que le cœur soit bien placé; il suffit qu'on l'ait fait comme les autres. C'est comme dans les portraits, où l'on n'exige autre chose si ce n'est qu'ils soient ressemblants.

On croit, par la douceur de la flatterie, avoir trouvé le moyen de rendre la vie délicieuse. Un homme simple qui n'a que la vérité à dire est regardé comme le perturbateur du plaisir public. On le fuit, parce qu'il ne plaît point; on fuit la vérité qu'il annonce, parce qu'elle est amère; on fuit la sincérité dont il fait profession, parce qu'elle ne porte que des fruits sauvages; on la redoute, parce qu'elle humilie, parce qu'elle révolte l'orgueil, qui est la plus chère des passions, parce qu'elle est un peintre fidèle, qui nous fait voir aussi difformes que nous le sommes.

Il ne faut donc pas s'étonner si elle est si rare : elle est chassée, elle est proscrite partout. Chose merveilleuse! elle trouve à peine un asile dans le sein de l'amitié.

Toujours séduits par la même erreur, nous ne prenons des amis que pour avoir des gens particulièrement destinés à nous plaire : notre estime finit avec leur complaisance; le terme de l'amitié est le terme des agréments. Et quels sont ces agréments? qu'est-ce qui nous plaît davantage dans nos amis? Ce sont les louanges continuelles, que nous levons sur eux comme des tributs.

D'où vient qu'il n'y a plus de véritable amitié parmi les hommes? que ce nom n'est plus qu'un piège, qu'ils emploient avec bassesse pour se séduire? « C'est, dit un poète, parce qu'il n'y a plus de sincérité [1]. »

En effet, ôter la sincérité de l'amitié, c'est en faire une vertu de théâtre; c'est défigurer cette reine des cœurs; c'est rendre chimérique l'union des âmes; c'est mettre l'artifice dans ce qu'il y a de plus saint, et la gêne dans ce qu'il y a de plus libre. Une telle amitié, encore un coup, n'en a que le nom, et Diogène avoit raison de la comparer à ces inscriptions que l'on met sur les tombeaux, qui ne sont que de vains signes de ce qui n'est point [2].

Les anciens, qui nous ont laissé des éloges si magnifiques de Caton, nous l'ont dépeint comme s'il avoit eu le cœur de la sincérité même. Cette liberté, qu'il chérissoit tant, ne paroissoit jamais mieux que dans ses paroles. Il sembloit qu'il ne pouvoit donner son amitié qu'avec sa vertu. C'étoit plutôt un lien de probité que d'affection, et il reprenoit ses amis, et parce qu'ils étoient ses amis, et parce qu'ils étoient hommes.

C'est sans doute un ami sincère que la fable nous cache dans ses ombres, lorsqu'elle nous représente une divinité favorable, la Sagesse elle-même, qui

---

1. Ovide, *De Arte amandi*.
2. *In assentatione, velut in sepulchra* (sic) *quædam, solum amicitiæ nomen insculptum est.*

prend soin de conduire Ulysse, le tourne à la vertu, le dérobe à mille dangers, et le fait jouir du ciel, même dans sa colère.

Si nous connoissions bien le prix d'un véritable ami, nous passerions notre vie à le chercher. Ce seroit le plus grand des biens que nous demanderions au Ciel; et, quand il auroit rempli nos vœux, nous nous croirions aussi heureux que s'il nous avoit créés avec plusieurs âmes pour veiller sur notre foible et misérable machine.

La plupart des gens, séduits par les apparences, se laissent prendre aux appâts trompeurs d'une basse et servile complaisance; ils la prennent pour un signe d'une véritable amitié, et confondent, comme disoit Pythagore, le chant des Sirènes avec celui des Muses. Ils croient, dis-je, qu'elle produit l'amitié, comme les gens simples pensent que la terre a fait les Dieux; au lieu de dire que c'est la sincérité qui la fait naître, comme les Dieux ont créé les signes et les puissances célestes.

Oui! C'est d'une source aussi pure que l'amitié doit sortir, et c'est une belle origine que celle qu'elle tire d'une vertu qui donne la naissance à tant d'autres.

Les grandes vertus, qui naissent, si je l'ose dire, dans la partie de l'âme la plus relevée et la plus divine, semblent être enchaînées les unes aux autres. Qu'un homme ait la force d'être sincère, vous verrez un certain courage répandu dans tout son caractère, une indépendance générale, un empire sur lui-même égal à celui qu'on exerce sur les autres, une âme exempte des nuages de la crainte et de la terreur, un amour pour la vertu, une haine pour le vice, un mépris pour ceux qui s'y abandonnent. D'une tige si noble et si belle, il ne peut naître que des rameaux d'or [1].

Et, si, dans la vie privée — où les vertus languissantes se sentent de la médiocrité des conditions; où elles sont ordinairement sans force, parce qu'elles sont presque toujours sans action; où faute d'être pratiquées, elles s'éteignent comme un feu qui manque de nourriture — si, dis-je, dans la vie privée, la sincérité produit de pareils effets, que sera-ce dans la cour des grands?

SECONDE PARTIE

DE LA SINCÉRITÉ PAR RAPPORT AU COMMERCE DES GRANDS

Ceux qui ont le cœur corrompu méprisent les hommes sincères, parce qu'ils parviennent rarement aux honneurs et aux dignités; comme s'il y avoit un plus bel emploi que celui de dire la vérité; comme si ce qui fait faire un bon usage des dignités n'étoit pas au-dessus des dignités mêmes.

En effet, la sincérité n'a jamais tant d'éclat que, lorsqu'on la porte à la cour des princes, le centre des honneurs et de la gloire. On peut dire que c'est la couronne d'Ariane, qui est placée dans le ciel [2].

---

1. *... Aureus arbore ramus.*
 VIRGILE, *Énéide*, liv. VI.
2. *......... Sumptam de fronte coronam*
Immisit cœlo... OVIDE, *Métamorphoses.*

C'est là que cette vertu brille des noms de magnanimité, de fermeté et de courage; et, comme les plantes ont plus de force lorsqu'elles croissent dans les terres fertiles, aussi la sincérité est plus admirable auprès des grands, où la majesté même du Prince, qui ternit tout ce qui l'environne, lui donne un nouvel éclat.

Un homme sincère à la cour d'un prince est un homme libre parmi des esclaves. Quoiqu'il respecte le Souverain, la vérité, dans sa bouche, est toujours souveraine, et, tandis qu'une foule de courtisans est le jouet des vents qui règnent et des tempêtes qui grondent autour du trône, il est ferme et inébranlable, parce qu'il s'appuie sur la vérité, qui est immortelle par sa nature et incorruptible par son essence.

Il est, pour ainsi dire, garant envers les peuples des actions du Prince. Il cherche à détruire, par ses sages conseils, le vice de leur cour, comme ces peuples qui, par la force de leur voix, vouloient épouvanter le dragon qui éclipsoit, disoient-ils, le soleil; et, comme on adoroit autrefois la main de Praxitèle dans ses statues, on chérit un homme sincère dans la félicité des peuples, qu'il procure, et dans les actions vertueuses des princes, qu'il anime.

Lorsque Dieu, dans sa colère, veut châtier les peuples, il permet que des flatteurs se saisissent de la confiance des princes, qui plongent bientôt leur état dans un abîme de malheurs. Mais, lorsqu'il veut verser ses bénédictions sur eux, il permet que des gens sincères aient le cœur de leurs rois et leur montrent la vérité, dont ils ont besoin, comme ceux qui sont dans la tempête ont besoin d'une étoile favorable qui les éclaire.

*Aussi voyons-nous, dans Daniel, que Dieu, irrité contre son peuple, met au nombre des malheurs dont il veut l'affliger, que la vérité ne sera plus écoutée, qu'elle sera prosternée à terre, dans un état de mépris et d'humiliation: *et prosternetur veritas in terra* [1].

Pendant que les hommes de Dieu annonçoient à son peuple les arrêts du Ciel, mille faux prophètes s'élevoient contre eux. Le peuple incertain de la route qu'il devoit suivre, suspendu entre Dieu et Baal, ne savoit de quel côté se déterminer. C'est en vain qu'il cherchoit des signes éclatants, qui fixassent son incertitude. Ne savoit-il pas que les magiciens de Pharaon, remplis de la force de leur art, avoient essayé la puissance de Moïse et l'avoient pour ainsi dire lassée? A quel caractère pouvoit-on donc reconnoître les ministres du vrai Dieu? Le voici: c'est à la sincérité avec laquelle ils parloient aux princes; c'est à la liberté avec laquelle ils leur annonçoient les vérités les plus fâcheuses, et cherchoient à ramener des esprits séduits par des prêtres flatteurs et artificieux.

Les historiens de la Chine attribuent la longue durée, et, si je l'ose dire, l'immortalité de cet empire, aux droits qu'ont tous ceux qui approchent du Prince, et surtout un principal officier nommé *Kotaou*, de l'avertir de ce qu'il peut y avoir d'irrégulier dans sa conduite. L'empereur Tkiou, qu'on

---

1. Daniel, chap. VIII, v. 12

peut justement nommer le Néron de la Chine, fit attacher en un jour, à une colonne d'airain enflammée, vingt-deux mandarins, qui s'étoient succédés les uns les autres à ce dangereux emploi de *Kotaou*. Le tyran, fatigué de se voir toujours reprocher de nouveaux crimes, céda à des gens qui renaissoient sans cesse. Il fut étonné de la fermeté de ces âmes généreuses et de l'impuissance des supplices, et la cruauté eut enfin des bornes, parce que la vertu n'en eut point.

Dans une épreuve si forte et si périlleuse, on ne balança pas un moment entre se taire et mourir; les loix trouvèrent toujours des bouches qui parlèrent pour elles; la vertu ne fut point ébranlée, la vérité, trahie, la constance, lassée; le Ciel fit plus de prodiges que la Terre ne fit de crimes, et le tyran fut enfin livré aux remords.

Voulez-vous voir, d'un autre côté, un détestable effet d'une lâche et basse complaisance? comme elle empoisonne le cœur des princes? et ne leur laisse plus distinguer les vertus d'avec les vices? Vous le trouverez dans Lampridius, qui dit que Commode, ayant désigné consul l'adultère de sa mère, reçut le titre de pieux, et qu'après avoir fait mourir Perennis, il fut surnommé heureux: *Cum adulterum matris consulem designasset, Commodus vocatus est pius; cum occidisset Perennem, vocatus est felix.*

Quoi! Ne se trouvera-t-il personne qui renverse ces titres fastueux, qui apprenne à cet empereur qu'il est un monstre, et rende à la vertu des titres usurpés par le vice?

Non! A la honte des hommes de ce siècle, personne ne parla pour la vérité. On laissa jouir cet empereur de ce bonheur et de cette piété criminelle. Que pouvoit-on faire davantage pour favoriser le crime que de lui épargner la honte et les remords mêmes?

« Les richesses et les dignités, disoit Platon[1], n'engendrent rien de plus corrompu que la flatterie. » On peut la comparer à ces rochers cachés entre deux eaux, qui font faire tant de naufrages. « Un flatteur, selon Homère, est aussi redoutable que les portes de l'Enfer. » — « C'est la flatterie, est-il dit dans Euripide[2], qui détruit les villes les mieux peuplées et fait tant de déserts. »

Heureux le prince qui vit parmi des gens sincères qui s'intéressent à sa réputation et à sa vertu. Mais que celui qui vit parmi des flatteurs est malheureux de passer ainsi sa vie au milieu de ses ennemis!

Oui! Au milieu de ses ennemis! Et nous devons regarder comme tels tous ceux qui ne nous parlent point à cœur ouvert; qui, comme ce Janus de la fable, se montrent toujours à nous avec deux visages; qui nous font vivre dans une nuit éternelle, et nous couvrent d'un nuage épais pour nous empêcher de voir la vérité qui se présente.

Détestons la flatterie! Que la Sincérité règne à sa place! Faisons la descendre du Ciel, si elle a quitté la Terre! Elle sera notre vertu tutélaire. Elle ramènera l'âge d'or et le siècle de l'innocence,

---

1. *In Epistola ad Dionysium.*
2. *In Hippolyto.*

tandis que le mensonge et l'artifice rentreront dans
la boîte funeste de Pandore.

    La Terre, plus riante, sera un séjour de félicité.
On y verra le même changement que celui que les
poètes nous décrivent, lorsque Apollon, chassé de
l'Olympe, vint parmi les mortels, devenu mortel
lui-même, faire fleurir la foi, la justice et la sincérité,
et rendit bientôt les Dieux jaloux du bonheur des
hommes, et les hommes, dans leur bonheur, rivaux
même des Dieux.

HISTOIRE

VÉRITABLE

HISTOIRE VÉRITABLE

PREMIÈRE PARTIE

On célébroit tous les ans, dans la ville de Thèbes, la fête de Bacchus pendant trois jours. Les citoyens donnoient des festins et se faisoient gloire d'y appeler des étrangers. Une ancienne coutume obligeoit ceux-ci de raconter à leurs hôtes ce qu'ils savoient de plus extraordinaire. Il y avoit, pour cet usage, un motif général et un motif particulier : on vouloit instruire les citoyens, et on vouloit engager les convives à conserver quelque modération dans les plaisirs mêmes, chacun sachant qu'après le festin il devoit être en état de parler et d'écouter.

Dioclès, un des principaux citoyens, avoit invité cette année Ayesda, voyageur indien, et Damir, philosophe d'Éphèse. Vers la fin du festin, Ayesda fut prié de parler. Il commença ainsi, et son début ne laissa pas que d'étonner la compagnie :

« J'étois, sans contredit, le plus grand fripon de toutes les Indes, et, de plus, valet d'un vieux gymnosophiste, qui, depuis cinquante ans, travailloit à se procurer une transmigration heureuse, et, par ses rudes pénitences, se changeoit en squelette, dans ce monde, pour n'être point transformé en quelque vil animal, dans l'autre. Mais moi, m'endurcissant sur tout ce qui pourroit m'arriver, je faisois une exécution terrible sur tous les animaux qui me tomboient entre les mains. Il est vrai que je ne touchois point à quelques vieilles poules qui étoient dans la cour de mon maître, que j'épargnois quelques oies presque sexagénaires, et que j'avois grand soin d'une vieille vache ridée, qui me faisoit enrager, car elle n'avoit plus de dents pour paître, et il falloit presque que je la portasse lorsque mon maître m'ordonnoit de la mener promener.

» Je recevois les aumônes, et j'achetois sous main tout ce qu'il falloit pour me bien nourrir; et mon maître ne pouvoit comprendre comment un homme dévôt comme moi devenoit si gras avec une once de riz et deux verres d'eau qu'il me donnoit par jour, et il attribuoit cela à une protection particulière de son Dieu, qui me favorisoit d'un embonpoint qu'avoient à peine les mangeurs d'animaux les plus cruels.

» Mon maître, accablé de vieillesse, se brûla, et, comme il me regardoit comme un saint, il me laissa, par son testament, un ordre auquel je ne m'attendois pas : ce fut de le suivre par la route qu'il avoit prise. Il me faisoit trop d'honneur, et je parus d'abord bien embarrassé; mais, pendant qu'on me faisoit de grands compliments, je me remis de mon désordre. « Qu'on me dresse, dis-je, un bûcher tout à l'heure; et surtout qu'on ne me fasse pas attendre. » Je savois bien qu'il n'y avoit pas de bois à la maison (car il est très rare aux Indes), et qu'il falloit que la cérémonie fut remise au lendemain.

» La nuit venue, je m'enfuis à cinquante lieues de là. J'eus bientôt dissipé tout ce que j'avois, et il ne me resta, pour toute ressource, que l'habit de mon maître, avec lequel je me mis à jouer le saint; mais mon visage me ruinoit.

» Je voulus étonner le peuple par quelque action extraordinaire : je publiai que j'allois jeûner huit jours. Dès le second, je quittai la partie.

» J'entrepris de me faire fouetter par les rues; mais je me comportai si mal que j'avois plus la mine d'un criminel que d'un pénitent, et je ne gagnois pas un sol.

» Cependant j'enrageois bien le soir d'avoir été, tout le jour, étrillé pour rien, et, jurant tantôt contre le métier, tantôt contre moi-même, je me désespérois d'avoir été si lâche, et je m'encourageois pour le lendemain.

» Un jour, j'allai me poster près d'un vieux bonze, qui tenoit depuis quinze ans les bras en l'air. A peine eus-je été deux heures dans cette posture que j'y renonçai.

» Je voulus entreprendre de regarder le soleil. Mais je fermois les yeux, ou je tournois la tête, ou je portois les mains au visage; et l'on ne me donnoit rien.

» M'apercevant que, dans ce métier, la condition du valet est meilleure que celle du maître, je me mis encore une fois au service d'un philosophe célèbre, qui me fit le ministre en chef de ses mortifications. Nous n'eûmes aucun démêlé. Quand il ne fut question que de lui, j'étois impitoyable.

» Il s'enferma un jour dans un petit caveau, où il étoit obligé de se tenir couché; il ne respiroit que par un petit trou, et une lampe achevoit de l'étouffer. Il résolut d'y demeurer six jours sans boire et sans manger. Comme cette action nous attiroit des aumônes, je l'encourageois cruellement, et, quand il étoit sur le point de finir ses six jours, je lui dis faussement qu'un autre en devoit rester sept, et je l'obligeai, par mes mensonges, mes exhortations et mes railleries, à se tenir dans son poste encore un jour.

» Vous croyez peut-être, Dioclès, que ce que je viens de vous dire s'est passé de nos jours? Je vous avertis qu'il y a quatre mille ans de cela. Vous me paroissez étonné. Laissez-moi continuer mon histoire! Je vous assure que je suis sincère. Vous pouvez vous être aperçu que ce n'est pas la vanité qui me fait parler.

» Je voulus débaucher une jeune femme. Son mari le sut, et il me tua. Comme mon âme étoit toute neuve et n'avoit point encore animé d'autres corps, elle fut soudain transportée dans un lieu où les philosophes devoient la juger. Toute ma vie fut pesée, et la balance tomba rudement du côté du mal. Je fus condamné à passer dans les animaux les plus vils, et l'on me mit sous la puissance de mon mauvais Génie, qui étoit un petit esprit noir, brûlé et malin, qui devoit me conduire dans toutes ces transmigrations. Mais moi, sans m'étonner, sans m'affliger, sans me plaindre, je conservai ma gaieté ordinaire, et j'éclatai de rire, en voyant les autres ombres épouvantées.

Un des principaux philosophes admira mon courage, et me prit en amitié. « Pour te faire voir, me dit-il, que j'estime ta fermeté, je vais t'accorder le seul don qui soit en ma puissance ; c'est la faculté de te ressouvenir de tout ce qui t'arrivera dans toutes les révolutions de ton être. »

» Il me fallut, d'abord, essuyer quatre ou cinq cents transmigrations, d'insectes en insectes. Pendant tout ce temps-là, mes vies n'eurent guère rien de remarquable. Étant sauterelle, je broutai ma part d'un pays de vingt lieues. Dans une autre transmigration, étant descendu dans une fourmilière, je charroyai, tout l'été[1], la provision comme un chameau. Enfin, je tins mon rang dans un parti de frelons contre une armée de guêpes, et j'y fus tué des premiers.

» Vous trouverez dans tout ceci, mon cher Dioclès, la clef de toutes les sympathies et de toutes les antipathies mal démêlées : elles ont des causes que les gens qui n'ont pas reçu le même don que moi ignoreront toujours. Par exemple, le goût que j'ai pour la musique, je vous dirai bien que je le tiens un peu de ce que j'ai été autrefois un petit rossignol ; et, si vous me voyez une si grande facilité de m'énoncer, ne vous étonnez pas quand vous saurez que j'étois, il n'y a pas bien du temps, une pie qui jasoit sans cesse, et à qui on avoit crevé un œil.

1. [VARIANTE MARGINALE :] Je ne vous ferois pas grand plaisir si je vous disois qu'étant sauterelle je broutai ma part d'un pays de vingt lieues ; qu'étant, dans une autre transmigration, descendu dans une fourmilière, je charroyai, tout l'été...

» Je fus bientôt transformé en un petit chien. J'étois si joli que ma maîtresse m'estropioit tout le jour et m'étouffoit toute la nuit. Elle me faisoit tenir sur les pattes de derrière et ne me permettoit plus l'usage de celles de devant. Elle me secouoit les oreilles. J'avois tous mes muscles en contraction, et, quand ses transports d'amour redoubloient, j'étois toujours en danger de ma vie. Pour comble de malheur, elle s'imagina que je serois plus aimable si elle me faisoit mourir de faim. J'étois au désespoir, et j'enviois bien la condition d'un vilain mâtin qui vivoit négligé dans une cuisine, où il passoit sa vie en philosophe épicurien. Après deux ans de persécutions, je mourus, laissant un grand vide dans la vie de ma maîtresse, dont je faisois toute l'occupation.

» Je touchois à l'heure où je devois être un gros animal. Je devins loup, et le premier tour de mon métier fut de manger un philosophe ancien qui paissoit, sous la figure d'un mouton, dans une prairie.

» Après plusieurs changements, je fus fait ours. Mais j'étois si las d'être bête que je songeai à bien vivre et à voir si, par ce moyen, je n'obtiendrois pas de redevenir homme. Je résolus donc de ne plus manger d'animaux et de paître tristement mon herbe. J'avois si bien fait que les moutons venoient bondir autour de moi et me passoient entre les jambes. J'enrageois de bon cœur; il me prenoit des envies. Non! je n'ai jamais tant souffert!

» Une pareille épreuve détermina mon Génie à me faire naître un bon animal, et j'y trouvois un grand avantage.

» Plus j'étois un animal bon et facile, plus l'espérance de devenir homme augmentoit en moi; et, lorsque j'étois une bête cruelle, comme je n'avois pas une subsistance assurée, j'étois presque toujours, ou dans les tourments de la faim, ou dans ceux que donne une trop abondante nourriture.

» Il m'arriva, un jour, une aventure bien extraordinaire. J'étois bœuf en Égypte, et je ne songeois qu'à paître quelques mauvais roseaux, lorsque des prêtres qui passèrent auprès de mon pâturage s'écrièrent que j'étois Apis, m'adorèrent, et me menèrent, comme en triomphe, dans un magnifique temple. J'ai souvent, depuis que je suis devenu homme, fait de grandes fortunes sans l'avoir plus mérité que cette fois-ci.

» Je n'avois pas beaucoup de vanité, et je ne me souciois guère de l'encens qu'on faisoit fumer devant moi; mais je n'étois pas fâché qu'une partie de mon culte fut de me bien nourrir. Dans un mois, je fus gras à pleine peau; ce qui étoit regardé comme un signe de la prospérité de l'État. Lorsque j'étois malade, toute l'Égypte étoit en pleurs. Je riois dans ma peau quand je voyois la désolation publique : j'étois malin comme un singe, et souvent je faisois le malade pour voir pleurer tout le monde. Mais, ayant entendu un vieux prêtre qui disoit : « La santé du Dieu est si chancelante qu'il ne veut plus être manifesté sous cette figure; à la première rechute, nous l'irons noyer dans la fontaine sacrée; » ce discours fit impression sur moi, et je me portai très bien.

» Vous savez, mon cher Ayesda, que tous les animaux ont un attachement naturel pour leur être; c'est pour cela que les philosophes défendent si fort de les tuer. Comme chaque âme habite volontiers le corps qui lui est tombé en partage, on ne peut l'en déloger sans lui faire violence.

» Un jour, mon esprit s'étendit, et je me trouvai un gros philosophe. J'avois de la raison, du sens, de la prudence; en un mot, j'étois éléphant. Un roi du Thibet m'acheta et me destina à porter une des reines. Une nuit qu'il voyageoit avec ses femmes et toute sa suite, je sentis ma charge augmenter de la moitié. Mon conducteur étoit monté dans la cage où étoit la reine. Occupé de ses plaisirs, il ne songeoit guère à me guider; mais j'allai toujours mon train. A la fin, il descendit, et, pour faire voir qu'il étoit à terre, il se mit à jurer contre moi et à me battre. « Mon Dieu! dis-je en moi-même, les hommes sont bien injustes. Ils ne sont jamais plus portés à rendre les autres malheureux, que lorsqu'ils jouissent de quelque bonheur. »

» Un jeune éléphant ayant été pris dans les bois, on le donna à dresser à un de mes camarades et à moi. Nous mîmes cet écolier entre nous deux, et nous le gourmâmes si bien qu'il fut d'abord instruit. Il devint privé et obéissant comme nous-mêmes. Je vis que mon camarade prenoit du plaisir à cet acte de supériorité. Je fis cette réflexion : la liberté naturelle est de tous côtés attaquée; ceux qui vivent dans l'esclavage sont aussi ennemis de la liberté des autres que ceux qui commandent avec plus d'empire.

» Une des femmes du Roi, ayant été surprise avec un homme, fut condamnée à être mise sous mes pieds pour y être foulée. Je dis en moi-même : « Voici un homme qui n'a que quatre coudées comme les autres, et qui est aussi à charge à la Providence que si elle lui avoit donné mille corps. Combien d'hommes se rassasieroient des mets que j'ai vu présenter à sa table? Nous, qui sommes destinés à porter sa personne, pourrions porter à l'aise une armée; et enfin il faut un nombre innombrable de femmes à ses plaisirs ou à ses dégoûts. Son corps a peu de besoins, mais son esprit les multiplie; et, ne pouvant avoir que des plaisirs très bornés, il s'imagine qu'il jouit de tous ceux dont il prive les autres. Je vais punir une femme pour avoir violé des loix qu'on est mille fois plus coupable d'avoir faites. J'obéis, mais c'est à regret. » Dès que j'eus fait mon office, le Roi vint me flatter; mais j'étois si indigné contre lui que je lui donnai un coup de trompe, et je le jettai à dix pas de là.

» Tout d'abord les courtisans m'entourèrent; je vis mille dards tournés contre moi. J'allois périr, lorsque quelqu'un s'écria : « Le Roi est mort! » Soudain, chacun baissa les armes; plusieurs même vinrent me caresser; et, un instant après, tout le monde disparut.

» Tout retentit bientôt des cris et des acclamations publiques. On alla tirer l'héritier présomptif d'une prison où il étoit enfermé. Le corps du Roi défunt fut jeté dans un égoût. On m'entoura de fleurs, on me mena par la Ville, et on me mit dans un magnifique temple. « Que veut dire ceci? dis-je en moi-même. C'est la seule mauvaise action que j'ai faite, et d'abord on m'élève des autels¹. »

SECONDE PARTIE

« Il auroit été à souhaiter, lorsque je devins homme, que j'eusse eu autant de vertu que lorsque j'étois une si grosse bête. Mais je ne trouvai plus la même tranquillité d'esprit, ni cette liberté de raisonnement, cette sagesse et cette prudence que j'avois eues. Au contraire, j'étois plein de passions, de caprices et de contretemps.

» Mon entrée dans le monde ne fut pas heureuse, car, à l'âge de dix-huit ans, je fus pendu. J'en dirois bien la cause; mais je passe légèrement sur cela. Suffit que je me comportai très-bien, et que, dans tout le chemin, on louoit beaucoup ma contenance. « En vérité, dit un artisan, il a de l'honneur dans son fait. » — « Je suis, disoit un autre, un homme d'habitude : il y a trente ans que j'assiste régulièrement à ces sortes d'assemblées; mais je n'ai jamais vu d'homme qui s'en soit mieux tiré que celui-là. »

» Je vous dis, mon cher Ayesda, des choses que je pourrois bien vous cacher; mais, ayant continuellement changé, je ne me regarde pas comme un individu. J'ai été très souvent fripon, assez rarement

---

1. [EN MARGE :] Mettre ici le cheval qui est à la fin de la seconde partie. Page 33, v°. [Voyez la note 1 de la page 51.]

honnête homme. C'est la faute de l'humanité plus que la mienne; et, d'ailleurs, je crois ne devoir répondre que de ce qui se passe dans ma transmigration présente, et je pense que vous ne doutez pas
5 que je ne sois actuellement un homme de bien.

» Étant né à Messène, je pris une femme jeune, jolie, coquette, et qui donnoit mon amitié à tous les jeunes gens qui entroient chez moi. J'en devins jaloux. Pour me guérir, elle me fit voir, à n'en pouvoir
10 plus douter, que j'avois raison de l'être. Dès ce moment, je ne le fus plus, et nous vécûmes de la meilleure intelligence du monde.

» Devenu veuf, je me mariai à une femme qui avoit été belle, et qui prétendoit que je fusse amoureux
15 d'elle parce qu'elle avoit eu autrefois beaucoup d'amants. Je pris une maîtresse, et je disois que je l'entretenois parce que je la payois bien. Mais je trouvai qu'elle, de son côté, entretenoit un homme de guerre; cet homme de guerre, une prêtresse
20 d'Apollon; cette prêtresse, un joueur de flûte; ce joueur de flûte, une courtisane; et cette courtisane, un laquais. Je fis d'un seul coup tomber tous ces ménages. Par le crédit de ma première femme, j'avois été maltôtier du roi de Corinthe. Les grands venoient
25 manger chez moi, et j'étois précisément de l'impertinence qu'il leur falloit. Je fis mal mes affaires : on me destitua; et, dès que je ne pus plus être voleur, tout le monde se mit à crier que j'étois un fripon.

» Une nouvelle métamorphose donna à Sicyone
30 un très mauvais poète. Je n'ai, dans aucune de mes transmigrations, porté un habit si usé que dans celle-

là. Je passai ma misérable vie à mordre les grands, qui n'en savoient rien, et les petits, qui ne s'en mettoient point en peine. J'étois comme ces vipères que l'on met dans des vases où on les fait jeûner des années entières : je jetois mon venin tout autour de moi, et il ne tomboit sur personne.

» Dans une autre transmigration je me fis courtisan. Je commençai d'abord à faire paroître beaucoup de mépris pour ma profession, et je disois toujours : « Bon Dieu ! Qu'est ceci ? Ne serai-je jamais délivré de cette servitude de la Cour ? » Cependant je fus assez heureux pour pouvoir faire deux ou trois mauvaises actions. Quand il y en avoit quelqu'une qui auroit pu me déshonorer, je la faisois faire par ma femme ; et, quand je voyois que quelque sot, en se livrant trop grossièrement, avoit perdu l'estime publique, je déclamois contre lui de la belle manière, et l'on disoit : « Il ne peut pas souffrir les bassesses. » Quand je voyois un homme de bien dans le malheur, je le trouvois un fripon ; et, quand je voyois un fripon dans la prospérité, je le trouvois homme de bien. Je traitois comme mes amis tous ceux qui me mortifioient, tous ceux qui me méprisoient, tous ceux qui me désespéroient ; et, les gens qui étoient au-dessous de moi, pourvu qu'ils ne pussent pas me faire de mal, je les traitois comme mes ennemis ; et je tirois en secret l'horoscope de tous les gens de la Cour. Si je pouvois prévoir la faveur de quelqu'un, je commençois à m'humilier devant lui. Si je me trompois sur sa fortune, je corrigeois si bien mon erreur que je ne le regardois plus.

» Je vous communiquerai, Ayesda, une réflexion que j'ai faite. Ayant vécu dans tous les états, dans tous les lieux et dans tous les temps, j'ai trouvé que l'honneur n'a jamais dû m'empêcher de faire une mauvaise action. Je me suis aperçu que, dans les crimes qui déshonorent, il y a toujours une manière de les commettre qui ne déshonore pas; et, avec ce petit principe, que mon expérience me fit connoître dès ma seconde transmigration, j'ai violé et suivi les loix, été honnête homme et malhonnête homme, ayant toujours, le plus qu'il m'a été possible, tué, volé, trompé, de la seule façon que l'honneur me l'a permis.

» Dans cette vie-ci, je fus l'homme de mon temps le plus à la mode. J'étois un misérable officier d'un roi d'Égypte, lorsque l'envie me prit de laisser mes camarades sous leurs tentes et d'aller à Thèbes, où je me mis à jouer. J'avois, grâce à Dieu, les mains bonnes; et, quand la fortune ne me suivoit pas, je la traînois après moi. Vous ne sauriez croire combien j'étois aimé des grands seigneurs que je ruinois. Ils m'embrassoient sans cesse, et me faisoient mille excuses de ce qu'ils ne me payoient pas à l'échéance l'argent que je leur avois volé; car, comme je vous ai dit, je ne m'avisois pas d'aller jouer pour faire des actions de morale. Cependant mes belles manières leur donnoient tant de goût pour moi qu'ils étoient au désespoir quand ils se trouvoient obligés de s'ennuyer à jouer avec quelque honnête homme. On me mettoit de toutes les parties de plaisir, et je dépouillois une société de si bonne grâce que toutes les

femmes me lorgnoient; ce qui m'étoit très souvent
à charge, car les distractions que cela me causoit
m'empêchoient de bien jouer mon argent. Quand on
m'annonçoit dans une compagnie, il se faisoit une
acclamation générale; j'étois un homme d'importance, quoique je n'eusse ni emploi, ni valeur, ni
naissance, ni esprit, ni probité, ni savoir.

» Je commençai une autre vie dans la ville de Corinthe; j'entrai dans le monde avec une assez belle
figure, un air assuré et une très grande liberté d'esprit. Mon talent principal fut une facilité singulière
à emprunter de l'argent. Je trouvai des gens très
complaisants. Mais un homme, qui avoit été de mes
amis, me devint insupportable; car il ne me voyoit
jamais qu'il ne me parlât de le payer. Il étoit si sot
que je ne pouvois le faire entrer dans mes raisons,
et il ne se prêtoit à aucun de mes arrangements. Il
me décrioit dans toute la Ville et parloit de moi avec
si peu de ménagement qu'à la fin, pour lui fermer la
bouche, je fus obligé de lui donner des coups de
bâton. Il les reçut patiemment, ce qui me piqua en
quelque manière; car, si je l'avois su, je les lui aurois
donné d'abord. Mes billets circulèrent de plus en
plus et se multiplièrent au point que je jugeai à
propos d'en faire des plaisanteries et de donner à la
chose un air ridicule, qui empêchât qu'on ne m'en
parlât sérieusement. Il m'en coûta la valeur de trois
ou quatre bons mots, et, par là, je sortis d'affaire.
Je vous assure que, si je n'avois pas eu le bonheur
d'être né avec quelque effronterie, j'aurois été déshonoré mille fois. Vous savez que les vices d'un homme

modeste sont toujours jugés à la rigueur, et l'impudence, qui est obligée de donner une amnistie à l'impudence, a la ressource de s'élever contre la timidité, qui est toujours désarmée. Sur ces entrefaites, un de mes parents mourut, et je recueillis une très riche succession. Je pris la résolution d'aller être honnête homme dans quelque autre société, et je fis ce métier-là quelque temps. C'est le sublime de la friponnerie de savoir faire entrer la probité dans son art.

» Je vous avoue, Ayesda, que, dans cette transmigration dont je vous parle, je chargeai un peu trop mon caractère. J'ai remarqué que, pour bien réussir dans le monde, il faut être seulement sot à demi et à demi fripon. L'on est par là assorti avec tous les hommes; car on aboutit par quatre côtés aux sots, aux gens d'esprit, aux fripons et aux honnêtes gens.

» Dans ma vie suivante, j'avois une taille médiocre, des cheveux blonds, une figure mâle et de larges épaules. Je fus l'amant de cinq ou six vieilles femmes et d'autant de monstres plus jeunes. Dans les commencements de ma carrière, je la trouvai rude; mais, par un prodige de l'habitude et une certaine force de mécanisme, je m'accoutumai à la vieillesse et à la laideur, et je parvins au point que la beauté même auroit fait sur moi moins d'impressions; car l'idée d'une femme charmante ne réveilloit plus dans mon esprit que celle de l'indigence. Je ne me piquois point autrement de sentiments : on les admire, on les rend même, mais on ne les paye pas; au lieu que je voulois qu'une femme vit toujours dans mes équipages, dans mes habits et dans ma façon de jouer, des marques de ses bons procédés. Vous seriez étonné si je vous disois mes prodiges. Lorsque j'entreprenois de hâter une libéralité tardive, j'avois toujours eu pour maxime de commencer par faire connoître ce que je valois. Je n'ignorois pas que les femmes sont trop avares pour se ruiner avec de certaines gens; qu'elles ne quittent guère que les amants qui ont tort; et qu'il y a souvent beaucoup de raison dans ce qu'on appelle leurs caprices.

» Je cherchai donc à consoler le beau sexe de la perte de ses agréments, je soutins sa décadence, et j'honorai ses rides. Je lui présentai mes hommages quand les autres terminèrent les leurs, et je n'ai point à me plaindre de sa reconnoissance, mais seulement d'une certaine équité, qui fit que la récompense dépendît tellement des services qu'elle finît avec eux.

» Quand les Dieux, mon cher Ayesda, veulent purifier une âme, ils la font successivement passer d'un bon animal dans un meilleur, et, lorsqu'elle est enfermée dans les corps humains, et qu'elle doit finir sa course, ils la mènent d'une vie où elle reçoit quelques impressions de la vertu à une autre où elle en prend davantage. Je vous avoue ingénument que, si c'étoit vers la vertu que je tendois après tant de voyages, je n'étois guère avancé.

» Je naquis, et, dans mon enfance, ma nourrice m'ayant laissé endormi sous un arbre, elle trouva à son retour que des abeilles avoient couvert mes lèvres de miel. On dit que j'avois de petites mains douces comme du velours, des sourcils argentés et des yeux qui se tournoient tout doucement du côté que je voulois. Dans les écoles, je ne fus jamais affligé des coups de pieds que me donnèrent mes camarades, et leurs mépris ne troublèrent point l'union qui étoit entre nous. Quand je pus former un plan de vie, je cherchai quelque grand seigneur qui eût besoin d'un admirateur qui fût à lui, et qui voulût troquer des services contre des louanges. Je crus en avoir trouvé un, et je m'y attachai. J'appuyois tous ses discours, et ma tête les suivoit si bien qu'elle ne manquoit pas de branler ou de se baisser, suivant qu'il plaisoit à ce personnage d'approuver ou de rejeter les propos courants. Je l'aurois bien défié de citer une occasion où je l'eusse contredit, et cela, quoique je n'eusse guère sujet d'être content de lui, car il étoit trop avare, et, quoiqu'il sût répandre, il ne savoit jamais donner. Mon bail étant fini, je fis paroître une bienveillance plus générale, et mon admiration s'étendit beaucoup. Ce qui me désespéroit, c'étoit une espèce d'hommes qu'on appeloit gens de mérite, qui recevoient tous mes petits hommages comme des tributs ou comme des affronts : c'étoit des pièces de bois qui ne se laissoient point tailler, de façon qu'après avoir commencé à les orner, j'étois toujours obligé de les laisser. Mais, quand je me trouvois avec ces gens que l'on regarde, dans le monde, comme des insectes, c'est là que j'étois bien. « Vous rampez, leur disois-je, avec tant de grâce que je vous aime plus que tout ce qui vole dans les airs. Savez-vous que vous avez une infinité de petits pieds, les plus jolis du monde ?

Vous n'iriez pas loin avec cela, mais votre démarche est sûre. La plupart des gens ne voient sur votre corps que de petites écailles ; mais moi, qui vous regarde de plus près, et qui vous connois mieux, j'y aperçois des montagnes couvertes de diamants, de perles et de rubis. »

» Je suis fou, mon cher Ayesda, de prendre un style figuré dans une narration qui doit être aisée. C'est que je sens, dans ce moment, des impressions de la situation de mon esprit dans cette transmigration-là, où je n'employois guère le style simple.

» Dans cette vie-ci, je formai moi-même mon caractère. J'avois l'esprit un peu lourd ; mais je remarquai, comme par instinct, que les sots qui avoient de la pesanteur étoient toujours dans l'admiration des sots qui avoient de la vivacité, et que ceux-ci, au contraire, méprisoient beaucoup les autres. Cela me détermina à travailler à ma réforme.

» Je fis des efforts continuels pour tirer de mon cerveau quelque chose, et, n'y réussissant pas bien, je me contentai de parler, laissant mes pensées bien loin à la suite de mes paroles. Il y a même des hasards heureux, et il n'étoit pas possible que, jetant sans cesse mes propos comme trois dés, je n'amenasse quelquefois. Je donnai à ma machine plus de mouvement, et je la transportai partout où elle pouvoit être regardée. Je saluois de toutes parts ; j'embrassois à droite et à gauche ; je tournois et me précipitois sur moi-même ; et enfin, j'obtins l'étourderie qui me manquoit, outre que je me donnai de la gaieté, en faisant des éclats de rire à chaque propos ;

ce qui en augmentoit l'agrément, à peu près, comme un instrument de musique ajoute à la voix qui l' *(sic)* accompagne. Cela faisoit un de ces caractères que l'on souffre, parce que, s'ils ne divertissent pas, ils aident à se divertir; quoique, en général, dans la nation où je vivois, on ne fît guère que deux classes d'hommes : ceux qui amusent, et ceux qui n'amusent point. Et, puisque nous sommes sur cette nation, je vous dirai que l'on avoit écrit cette sentence au frontispice de chaque maison : *N'ennuyez pas, et vous avez tout. Ennuyez, et vous n'avez rien.* L'on y répétoit sans cesse cette maxime : *Ne manquez pas de plaire aux femmes, si vous voulez être estimé des hommes;* aussi bien que celle-ci : *A quatorze ans, achevez de vous polir; à soixante, commencez à vous former;* et cette autre enfin (car cela ne finiroit point): *Ne vous avisez pas d'aller dire des choses, si vous êtes assez heureux pour savoir dire des riens.*

» Ne me trouvant pas assez de considération à la Ville, j'en obtins par le moyen de la Cour. Vous seriez étonné si je vous disois pourquoi j'y allois; c'étoit pour en revenir. Quand j'étois parmi les bourgeois, je leur portois tous les mépris que je venois de recevoir. L'on admiroit mes sottises, quand je parlois, et l'on admiroit mon silence, quand je ne parlois pas. Je disois que le Prince s'étoit levé ce matin même, et que, le lendemain, il iroit à la chasse. Il s'en falloit bien que le philosophe, qui connoît le mouvement des cieux et le cours des étoiles, fût aussi content de lui que je l'étois lorsque je pouvois prédire les éclipses et les apparitions du Ministre ou du Prince.

» Mais, quand on venoit me parler des affaires publiques, il faut avouer que j'étois dans mon fort. Je me séparois de la compagnie par un air réservé ; je prenois un visage dont les plis servoient de barrière contre la curiosité. Au lieu de cette abondance qui m'étoit ordinaire, je n'employois plus que quelques monosyllabes, et il n'y avoit personne qui ne comprît qu'on ne pouvoit, sans indiscrétion, interroger un homme comme moi.

» Étant né en Sicile, j'y acquis une grande considération. J'entrai dans le monde avec un aussi bon estomac qu'homme qu'il y eût à la Cour et à la Ville. Cette bonne qualité me donna la réputation d'homme aimable et me procura d'illustres amis. Je fis mon chemin à la guerre. Quand je dînois ou soupois, je mangeois toujours de la même force. On se doutoit même que j'avois quelque esprit, et que j'aurois décrié les femmes et frondé les ministres tout comme les autres, si je n'avois pas été occupé à couper ou à avaler. Mon estomac m'affoiblit, et l'on s'aperçut bientôt que je n'étois plus de si bonne compagnie. Mais, ce que je perdis du côté de la force, je le regagnai d'ailleurs, et je me rendis célèbre par la délicatesse de mon goût. Dans chaque maison, je faisois des dissertations avec le maître d'hôtel. Si un ragoût étoit mauvais, je lui en donnois la cause physique, et j'ajoutois la raison pourquoi il n'étoit pas *(sic)* si mauvais. S'il étoit bon, je lui disois comment il auroit pu être meilleur ; je le battois dans tous ses subterfuges, et je l'obligeois à la fin à m'approuver. Quand je revenois avec les convives, je redisois ce que je venois de dire, ou je reprenois quelques vieilles histoires ou certains propos familiers. Je donnois des raisons du petit nombre de gens aimables dans l'âge présent; je comparois les débauchés anciens avec les débauchés modernes : je trouvois les premiers plus forts et les seconds plus affadis par la galanterie; je me plaignois de l'éducation prise dans les ruelles et de la proscription des cabarets.

» Mon Génie, mécontent de moi, me fit redevenir bête : il voulut que je broutasse l'herbe, et je naquis cheval [1].

» A l'âge de sept ans, je quittai la prairie, et j'aidai à traîner un char dans les rues d'Ecbatane. Chose admirable! Mon maître n'avoit rien à faire depuis le matin jusqu'au soir, et je mourois de fatigue à son service. Il me menoit avec une vitesse incroyable, comme si toute la Ville l'avoit attendu, et me ramenoit du même train dans un autre lieu, où il étoit tout aussi inutile. Tout fuyoit devant moi; ceux même qui m'avoient évité avoient peine à le croire, et mon étourdi rioit de bon cœur. Son triomphe, c'étoit les embarras : il se rendoit d'abord maître du terrain, et sa voix étoit si forte qu'on n'entendoit que lui. Sa colère et ses jurements augmentoient avec les obstacles, et, quand il s'étoit fait faire place, il ne savoit plus où aller.

» Je n'espérois de sortir de ses mains que lorsque je lui aurois fait rompre le cou; mais, un beau jour, je fus saisi par ses créanciers, et un vieux usurier me prit en paiement. Hélas! que je regrettai la folie

1. [EN MARGE :] Cheval. [Voyez page 40.]

de mon premier maître, quand j'eus affaire à la prudence de celui-ci ! Il avoit calculé ce qu'il falloit à un pauvre animal comme moi pour ne pas mourir de faim, et me faisoit si bien jeûner que je croyois tous les jours que je jeûnois pour la dernière fois.

» J'entendis, un jour, un vacarme horrible dans la maison. C'étoit le vieux avare qui s'emportoit contre ses domestiques et haussoit si fort sa voix qu'à la fin il la perdit, et qu'il tenta vainement d'exprimer sa rage. Je dis en moi-même : « Je suis encore plus heureux que cet homme-ci. Ma condition peut changer ; mais son mal est incurable : il est son propre ennemi ; il se tient et ne se lâchera jamais. »

» Il mourut, et j'eus le bonheur que son héritier fût un homme de bon sens. C'étoit un grave magistrat, qui me faisoit aller, avec le même sang-froid, au lieu où il rendoit la justice et chez une ancienne maîtresse qu'il avoit. Je restois tous les jours trois heures, ni plus, ni moins, à la porte de cette vieille. Après quoi, je voyois descendre mon maître, sans que ses cheveux, sa longue veste et son attirail ordinaire fussent le moins du monde dérangés. Mon conducteur donnoit un petit coup de fouet ; je partois gravement, et j'arrivois de même ; et j'étois si sûr de mon chemin qu'étant devenu aveugle personne ne s'en aperçut. Mon maître, sa maîtresse, un vieux cocher et moi, mourûmes à peu près tous quatre ensemble. L'heure de notre mort sembloit avoir été prédite par un événement sinistre. Le carrosse que j'avois tant traîné avoit rencontré une grosse pierre et s'étoit mis en pièces. »

TROISIÈME PARTIE

« Je vous avoue que je fus bien étonné quand je fus femme pour la première fois; et ce qui me rendit la chose plus touchante, c'est que je commençai par être une femme de vingt-cinq ans. Une autre de cet âge ayant perdu l'esprit, mon Génie obligea mon âme d'aller remplacer la sienne, et il me fallut prendre ce corps-là. J'étois dans un état de langueur; mais, peu à peu, mes forces revinrent, et je me ranimai à la vue de quelques rubans et d'un miroir que je vis sur une toilette. Un jeune homme, qui vint me dire que depuis longtemps il m'aimoit, et qui vouloit même me le prouver par de certaines libertés qu'il avoit, disoit-il, coutume de prendre avec moi, me fit tant de plaisir que je n'ai jamais été si charmée.

» Je vous avoue que je ne laissai pas d'être embarrassée dans le rôle nouveau que j'avois à jouer. A peine eus-je animé ma machine deux jours que j'entendis dire que j'étois, depuis longtemps, brouillée avec tout mon voisinage, que j'avois tenu certains discours de quelques femmes, que j'avois eu de mauvais procédés avec d'autres, et deux hommes juroient qu'ils se vengeroient de moi et m'insulteroient partout où ils me trouveroient.

» Mon mari vint de la campagne, et je vis d'abord à son air chagrin et grondeur que j'avois des fautes à expier. Pour comble de malheur, il trouva, dans la poche d'un habit que je ne savois pas avoir, des lettres qui n'étoient pas de mon bail. Elles lui apprenoient des choses que j'ignorois, et qu'il eût été bon qu'il eût ignorées aussi. Il entra avec moi dans d'étranges éclaircissements. Il perdoit l'esprit lorsqu'il entendoit mes réponses, qui, à la vérité, sur un pareil sujet, étoient très peu satisfaisantes. « Cela se peut, Monsieur, mais je ne m'en souviens pas. — Mon cher ami, si cela est ainsi, je ne sais pas comment cela s'est pu faire. — Je n'ai rien à répondre; mais je n'aurois jamais dit cela de moi. » Quand il fut fatigué lui-même de sa mauvaise humeur, nous nous raccommodâmes. Il reprit ses anciennes manières; mais il trouvoit les miennes nouvelles. Il ne concevoit pas ce que je pouvois avoir fait de cette négative éternelle que je mettois à la tête de tous mes discours, et, encore moins, comment il étoit possible que je voulusse la même chose tout un jour. Je le déconcertai bien davantage lorsque je l'aimai. Il étoit si peu fait à entendre parler chez lui de sentiments qu'il crut toujours que je le jouois; et il fut si malheureux qu'il aima sa femme quand elle ne mérita point d'être aimée, et qu'il cessa de l'aimer quand elle fut digne de son amour.

» Ceci vous dévoile bien des choses, mon cher Ayesda. Quand vous verrez des gens dont le caractère est incompatible avec leur caractère même, composez les de deux âmes, et vous ne serez plus surpris.

» Je naquis chez les Noirs africains. A l'âge de sept ans, on me fit l'opération du monde la plus triste, et je fus vendu pour servir en Orient dans le palais d'un grand seigneur.

» Je montai, de degrés en degrés, au rang de premier eunuque. Rien ne me fut caché ; tous les trésors étoient prodigués à ma vue, et j'étois dédaigné par la pudeur même.

» Une de ces femmes (mais mon secret ne m'échappa jamais) sut me charmer. Il falloit, pour lui plaire, vanter sa beauté à son maître et le mien. Je sentois mon cœur se déchirer. Il falloit, par devoir, l'amener dans ses bras ; et, lorsque je la voyois, empressée, ignorer que je la conduisois, et voler devant moi, quand, sur ce lit terrible, je l'entendois murmurer ses amours, je sentois un tourment plus cruel que mille morts.

» Je la tirois du lit pour la mener dans l'appartement des bains. O Dieux ! elle ne me parloit que de ses plaisirs.

» Je disois en moi-même : « Tous ces esclaves, ces femmes et moi, ne sommes que les ministres des délices d'un seul. C'est pour les assurer qu'une main barbare m'a mis dans l'état où je me vois. Je suis tourmenté pour qu'il soit plus tranquille. Il nage dans les plaisirs ; il jouit pour jouir encore ; et moi, bien loin de posséder, je n'ai pas seulement d'idées que je ne trouve vaines, ni de désirs dont je ne sente aussitôt l'illusion.

» Mon Génie, qui voulut me faire une grande leçon, fit changer de demeure à mon âme : j'animai le corps de mon maître, et son âme anima le mien. Mais j'avoue que je ne me trouvai guère plus heureux lorsque j'eus tout, que je ne l'avois été lorsque je n'avois rien.

» Je me sentis accablé de maladies, de lassitudes et de dégoûts. La présence d'une femme ne me promettoit plus qu'une foiblesse plus grande. Que vous dirai-je de ces amours commencés et finis par l'impuissance! produit infortuné de ce que les sens, qui se secourent, ont de plus recherché! effort imbécille de toutes leurs tentatives ensemble! situation étrange, où l'on est auprès du comble de la félicité sans en avoir l'espérance!

» Je revis celle que j'avois autrefois adorée. Si l'on m'avoit dit, pour lors, qu'il viendroit un jour où sa beauté ne toucheroit plus mon âme, je ne l'aurois jamais cru. Si cette âme avoit pu prévoir que les Dieux feroient cesser pour elle l'affreux obstacle qu'une main barbare avoit mis à sa félicité, elle auroit eu une joie qu'elle n'a jamais sentie. Mais la présence, les regards, les caresses de la plus belle personne du monde, rien de tout cela n'alla à mon cœur. Je me laissai aller dans ses bras; je n'y trouvai que l'irritation de la langueur même, et j'eus tout sujet de me convaincre que l'excès du plaisir ne se trouve que dans la modération des plaisirs.

» Cependant l'âme de mon maître, accoutumée à ne se rien refuser, portoit le corps qu'elle avoit à des entreprises bien extraordinaires pour le sérail, et le nouvel eunuque osoit à tous les instants montrer des désirs. J'ordonnai des châtiments sévères; mais j'étois arrêté par une certaine pitié pour mon ancien corps. Tout noir, tout affreux, tout mutilé qu'il étoit, j'avois pour lui de la sympathie.

» Les mystères de la métempsycose une fois bien

connus, mon cher Ayesda, expliquent presque tous les effets naturels. Vous voyez des femmes charmantes avoir des amants très laids. Vous voyez des hommes qui soupirent pour des femmes affreuses. Savez-vous si leurs âmes n'ont point changé de corps?

» Dans une autre transmigration, je me trouvai être du beau sexe. J'étois de l'île de Chypre, et un grand seigneur m'épousa. Il commença d'abord par manger tout son bien. Je ne saurois pas dire comment : car il étoit ruiné que personne ne s'en étoit aperçu. Dans cet état, je me servis des ressources que peuvent donner à une femme des accès à la Cour. Je me mêlai des affaires de ceux que la fortune avoit éloignés des grâces du Prince. Je connoissois les favoris et les ministres, et je les voyois souvent ; et, pour vous dire le caractère de ces gens-là, leur vanité étoit flattée quand ils pouvoient faire quelque mauvais compliment aux hommes, et elle étoit flattée quand ils faisoient des politesses aux femmes. Avec les hommes, ils vouloient faire voir qu'ils étoient grands, et, avec nous, ils vouloient montrer qu'ils étoient aimables. Pour revenir à moi, j'aimois à demander, mais j'aimois aussi à obtenir. Quelque chose que l'on me dît, j'allois toujours mon train, et, pour les raisons qu'on pouvoit me donner, je n'étois pas bête au point de me piquer de les entendre. Au contraire, après qu'on avoit bien travaillé à m'expliquer l'impossibilité de la chose, on étoit tout étonné que je recommençois à la demander. Me parloit-on de maximes et de règles, je parlois de

bienséance et d'égards; et, si l'on venoit me dire que
la chose étoit sans exemple, je ne pouvois revenir
de mon étonnement de ce qu'on ne vouloit pas faire
un exemple pour moi.

» Voilà comment je travaillois à corriger la pédanterie des hommes publics. Et, sans cela, de quoi serions-nous devenus? Vous pouvez compter qu'une femme, qui n'est que femme, ruine un mari par son état, si elle ne le ruine pas par ses mœurs; au lieu qu'une autre, qui sait se retourner, rétablit par ses mœurs une maison qu'elle ruineroit par son état.

» Voici une réflexion, mon cher Ayesda, que vous prendrez peut-être pour une digression: c'est qu'il ne faut pas s'étonner que tant de gens courent après la Fortune. Il y a très peu d'hommes qui aient de bonnes raisons pour se juger exclus de ses faveurs. Êtes-vous né avec de l'impertinence? Tant mieux: il ne vous faut qu'un saut pour aller à l'importance, d'où vous volez à l'impudence, et vous parvenez. Êtes-vous né avec de la sottise? Vous voilà bien: on vous mettra dans une grande place pour que vous n'en occupiez que le devant, et que le fond en soit toujours vide. Parlez-vous à tort et à travers? Vous êtes trop heureux: vous plaisez par là à la moitié du monde, et sûrement à plus des trois quarts de l'autre. Votre stupidité vous rend-elle taciturne? Cela est bon: vous serez propre à recevoir le masque d'un homme de bon sens. Allons notre chemin! Marchons! On ne sauroit nous montrer une route que les fils de la Fortune n'aient battue avant nous.

» Dans la suite, je me trouvai une très jolie créature. Je ne savois pas encore ce que c'étoit que l'amour, et je cherchois à l'inspirer. A l'âge de douze ans, j'imaginois; à treize, je me faisois séduire. Déjà j'accordois ce que je refusois, je hâtois ce que je différois, et je promettois ce que j'exigeois. D'innocente, je devenois timide; je me laissois rassurer; et tout finissoit par des traits d'une très grande hardiesse. Après quinze ans d'aventures à Athènes, trop longues à vous raconter, je m'en allai à Éphèse, et, pendant trois mois, je fus si modeste qu'un jeune homme me conjura de l'épouser. J'obtins sur son impatience quinze jours pour me préparer à la virginité. J'y réussis très mal; mais je fus assez heureuse pour donner de la surprise à mon mari sans lui donner de la méfiance. Quand il eut passé ses premiers feux, il sentit qu'il étoit pauvre, et il agréa que je me misse à la tête de ses affaires. Je repris donc mon premier train de vie; mais j'étois peu considérée, car je n'avois encore eu pour amants que des bourgeois. Mais, ayant eu le bonheur de plaire à un grand seigneur et ensuite à un homme riche, je fus tout à coup à la mode : tout le monde vouloit m'avoir; et moi, je faisois l'importante, j'avois de grands airs, qui augmentoient tous les jours, et je devenois plus chère à mesure que je valois moins.

» Ma fortune étant faite, je crus ne devoir plus aimer que pour mes plaisirs. Mais je m'y pris si tard que je ne pus guère dire que ce fut aussi pour les plaisirs des autres. Je ne laissai pas de retenir le titre de belle à l'âge de soixante ans; je me présentois encore comme une nymphe. L'air de satisfaction qu'on me trouvoit et l'ignorance profonde de la perte de mes charmes firent que l'on continua à me dire les mêmes choses; et, comme je ne connus point le moment où l'on finissoit de me dire vrai et où l'on commençoit à me parler faux, je continuai à me croire toujours aimable. Enfin mes amants prirent avec moi de si grands airs, et ils m'escroquèrent tant d'argent, qu'ils m'ouvrirent les yeux et m'apprirent un secret que je n'aurois jamais trouvé de moi-même. Je fus si heureuse que je ne sentis presque la nécessité de vieillir que lorsque j'éprouvai celle de cesser de vivre.

» J'ai été si souvent femme et si souvent homme, Ayesda, que je suis plus en état que Tirésie de dire lequel des deux sexes a l'avantage. Je connois au juste le fort et le foible de l'un et de l'autre. Je vous dirai seulement que, lorsque j'étois femme, je m'imaginois que j'étois née pour faire le bonheur de tous les hommes que je voyois. Il me sembloit que j'animois toute la nature, et qu'on recevoit à la ronde des impressions de moi. Enfin je croyois que les Dieux avoient mis tous leurs trésors et toutes leurs perfections entre mes rideaux. J'avois le souverain plaisir que donne la vanité, avec celui que je partageois.

» Je fus femme encore, et, ayant plu à beaucoup de monde, j'eus tant d'aventures et tant de façons que la famille de mon mari, qui étoit des plus obscures, commença à être connue. Je ne puis pas dire que j'eusse donné à mon mari l'estime publique, mais seulement une espèce de considération que je ne

saurois bien vous définir, car elle semble être opposée
à la considération même. Ma mère, qui m'aimoit beaucoup, me disoit toujours : « Ma chère enfant, laissez
les parler. Mettez-vous bien dans l'esprit que l'obs-
5 curité est tout ce qu'il y a de pis dans ce monde-ci.
Fuyez là! Quand on n'en peut pas sortir par des
vertus, il faut en sortir par de certains vices, ou, au
moins, par de certains ridicules. Sachez que le dernier degré de bassesse est d'être d'une famille où
10 personne n'a seulement été en état de recevoir des
mépris distingués de la part du public. »

» Dans une autre vie, je fus à un financier, c'est
à dire que je fus à lui après avoir été à beaucoup
d'autres. Cet homme, qui n'avoit aucun usage du
15 monde, me demanda d'abord, de la façon la plus
grossière et la plus plate, si j'avois..... Il vouloit parler de cette fleur que le peuple cherche, et que les
honnêtes gens supposent toujours. « Monsieur, lui
dis-je, je ne saurois répondre à cette question; mais
20 je vous supplie de voir combien je rougis. Un homme
aussi aimable que vous mérite bien d'avoir, d'une
femme, sa première faveur et sa dernière; mais vos
doutes m'offensent au point que je crois que, si je ne
vous aimois pas, je vous renverrois tous les présents
25 que vous m'avez faits et serois inexorable sur tous
ceux que vous voulez me faire. Je les ai reçus comme
des marques d'une belle passion; et, pour cela, il a
fallu que je prisse beaucoup sur ma délicatesse. J'ai
trahi mes sentiments de générosité pour faire paroître
30 avec éclat tous les vôtres. Si j'avois agi autrement,
et que j'eusse refusé vos dons, je me serois épargné

la douleur de m'entendre faire une question si dure. »
En finissant ces mots, je laissai couler quelques larmes, et mon gros homme les crut. Il se félicita d'avoir été l'écueil contre lequel s'étoit brisé ma vertu, et sa vanité augmenta à un tel point son amour qu'il me combla de biens. J'attendis tranquillement le moment où je devois le renvoyer, c'est à dire celui où il me donneroit moins. Ce moment arrivé, je lui parus convaincue qu'il ne m'aimoit plus. Je me piquai, je m'offensai, je me brouillai avec lui, et j'en pris un autre. C'étoit un bon gentilhomme, qui m'épousa et fit revenir l'honneur sur toute ma vie passée. La modestie n'est pas proprement la vertu, mais elle la représente; et, comme vous savez, toute cette affaire est pleine de fictions. Je montrai de la retenue; je ne me rendis qu'après de belles défenses; et je mis dans ma conduite toutes les obscurités nécessaires. Mon mari, après avoir vécu quinze ans avec moi, mourut et me laissa de grands biens. Dans cette nouvelle situation, j'examinai mes charmes, et, les ayant trouvés considérablement diminués, j'eus le bon esprit de devenir prude. Ce nouveau tour me réussit, car mes amants ne me demandèrent plus de beauté; et, en effet, je n'étois point obligée d'en avoir, m'étant si bien exécutée. On ne devoit plus être frappé que d'une certaine dignité que je faisois paroître et d'une espèce de respect que j'avois pris pour moi-même en en manquant à tous les autres. Vous savez que tout gît dans les obstacles que les hommes ont le plaisir de vaincre. Triompher auprès d'une jeune personne des difficultés de l'innocence

et de l'éducation, ou triompher auprès d'une prude des difficultés de la raison et de la décence, n'est-ce pas toujours la même chose? Devenue plus vieille, je m'amusai du culte des Dieux, et je m'attachai à leurs ministres. Ils n'étoient point agréables comme nos jeunes gens; mais ils n'étoient ni si suffisants, ni si foibles; ils n'étoient ni si contents d'eux-mêmes, ni si peu de nous. Je les haïssois bien, ces jeunes gens, avec leur impertinente frisure! Je les haïssois bien avec leurs sots discours! Que vous dirai-je? Je tombai dans l'imbécillité, et ce fut le seul rôle vrai que j'eusse joué de ma vie.

» Mon âme avoit été tellement affectée dans toutes ces vies qu'elle n'étoit plus propre qu'à mouvoir les organes d'une femme. Aussi, dans mes transmigrations suivantes, me trouvai-je une foiblesse inconcevable dans le caractère.

» Dans la première, on disoit que j'étois beau, mais excessivement fade. Je prenois un soin extraordinaire de ma chevelure et de mon teint, et j'aimois beaucoup ma figure. J'avois de petits gestes et de certaines façons. On voyoit quelque chose de languissant dans ma démarche et mes yeux. Je m'évanouissois à tous propos, et il falloit que des flacons me fissent continuellement renaître. J'avois peur de tout, et je n'étois rassuré que par les devins. Ma vie, c'étoit d'être regardé, et je ne paroissois guère que dans les lieux où je pouvois bien l'être. Avec les femmes, il ne me vint jamais dans l'esprit d'aimer, ni d'être aimé; il m'auroit suffi d'en être admiré. Quand j'étois avec quelqu'une d'elles, on disoit que nous donnions un spectacle singulier. On ne nous auroit jamais pris pour deux amants, mais pour deux rivaux. C'étoit un combat où personne ne cherchoit à attaquer, où l'un et l'autre paroissoit se défendre, et où les deux champions sembloient n'être pas convenus des loix du duel.

» Je viens de vous parler d'une vie où je n'étois proprement rien. Dans celle-ci, j'étois peut-être quelque chose de plus. Il y avoit des gens qui me croyoient un fat. Outre ma figure, mes équipages et mes habits, j'admirois beaucoup mon esprit. Ce dernier article augmentoit mes torts et me rendoit plus incommode.

» Vous remarquerez que, dans ces deux transmigrations, j'étois d'un assez bon naturel. Et comment aurois-je été méchant? Quand on s'admire sans cesse, on ne peut être irrité contre personne.

» Je naquis à Athènes pour être encore un joli homme. Les grâces qui président à la naissance des petits maîtres se trouvèrent à la mienne : l'impertinence, la folie et le mépris des choses louables. A l'âge de quinze ans, je fis l'homme de qualité, et j'y réussis assez bien. Je crus devoir faire aussi l'homme d'esprit, et cela me fut encore plus aisé. Toute la difficulté étoit de faire l'homme riche, et je crus que les femmes m'aideroient à cela. Mais, cinq ou six rubans qu'elles me donnèrent, me coûtèrent le peu de bien que j'avois. Pour lors, tous mes amis m'abandonnèrent. Mais, m'étant mis à jouer, je regagnai mon bien et mes amis.

» Cependant mes cheveux tombèrent, mes traits

vieillirent, et ma taille s'épaissit. Je me crus perdu auprès des femmes. Mais la réputation d'avoir été aimable et d'avoir été aimé me soutint auprès de quelques unes et sembla me rendre ma figure passée. Aussi gardai-je mes premiers airs : je parus toujours sûr de moi-même; je ne doutai de rien. Il couroit dans le monde des histoires de mes aventures; elles parloient pour moi. Il est vrai qu'une femme n'avoit pas longtemps la tête tournée, et que, lorsqu'elle avoit bien reconnu le terrain, elle aimoit autant établir la réputation de quelque autre que jouir de la mienne.

» Mon Génie, voyant qu'il m'avoit manqué trois fois, jugea qu'il n'y avoit pas moyen de faire un homme de moi; je fus donc encore enveloppé dans les organes d'une femme.

» Je me mariai en Macédoine. Le Roi ayant déclaré la guerre à un de ses voisins, nos maris partirent, et nous crûmes qu'il étoit du bon air de nous affliger. Des gens disoient : « En vérité, c'est une chose bien nécessaire que des hommes à ces femmes-là! Mais comment ces gens, si regrettés pendant la guerre, étoient-ils si ennuyeux pendant la paix? » Mais moi, je sais bien que celui que je regrettois ne m'ennuyoit point. C'étoit un jeune homme très joli, neveu d'un vieux mari à moi, et je lui avois déjà donné la succession de l'oncle; car le bonhomme jouissoit très peu de son bien. Le petit garçon, en partant, m'avoit fait les adieux du monde les plus propres à le faire regretter. Jugez si j'étois affligée, surtout quand on a un bon cœur! Mon mari revint; mais le jeune homme n'étoit pas encore arrivé. Le pauvre garçon, il avoit tant souffert ! La joie rentra dans la maison, et mon mari, qui avoit pris ma tristesse pour des froideurs, prit ma vivacité pour un feu du mariage. Il voulut redoubler ses caresses. Je vous assure que ce qui est établi est bien établi, et que, si les hommes n'avoient pas cette vanité ou cette sottise qui fait qu'ils se trompent eux-mêmes ou qu'ils sont trompés, ils seroient bien malheureux.

» A chaque histoire que je vous fais, mon cher Ayesda, je me transporte si bien dans la situation où j'ai été qu'il me semble que j'y suis encore. Il est très difficile que, dans nos transmigrations, nous nous dégagions tout à fait de nos premières manières d'être. Je pourrois me comparer, dans toutes mes vies, à ces insectes qui semblent naître et mourir plusieurs fois, quoiqu'ils ne fassent que se dépouiller successivement de leurs enveloppes.

» Je me trouvai encore du beau sexe. Ma figure étoit passable, et je me serois fait épouser sans un défaut : c'est que j'étois la plus extravagante créature qui fût au monde. J'avois beau présenter des petits paniers d'osier à Diane pour qu'elle me donnât un mari, le mari ne venoit point. Enfin je m'adressai à Vénus ; car, au bout du compte, j'aimois mieux qu'on dît que je ne me mariois point parce que je n'étois pas chaste, que parce que je n'étois pas jolie. Je fus une très bonne fortune pour un amant fort laid. Il m'aima, me prit pour sa maîtresse, et je fus obligée de vivre avec lui, toujours suspendue entre mon amour général pour les hommes et ma haine particulière pour celui-ci, et je passai ma vie à me satisfaire sans goût et à calmer mes sens sans plaisir.

» Dans une autre transmigration, je fus, sans mérite, une femme assez sage. Je n'étois point jolie, et une chose me mettoit au désespoir contre les hommes : c'étoit la manière équivoque avec laquelle ils me disoient des douceurs; car je ne savois jamais distinguer ce qui avoit été dit en faveur de mon sexe d'avec ce qui étoit dit en faveur de ma personne, de manière qu'après mille protestations je restois incertaine. Mais ce qui achevoit de me désoler, c'est qu'on me donnoit, dans le monde, toutes les aventures que j'enrageois de n'avoir pas eues.

» Cela me fit résoudre à m'attacher à mon mari. Ainsi je le désolai depuis le matin jusqu'au soir. J'avois pour lui tant d'attentions que je ne lui laissois pas un quart d'heure de relâche, et je portois si loin, de mon côté, la cérémonie du mariage, qu'il étoit impossible que, du sien, il en négligeât l'essentiel.

» Dans cette vie-ci, j'étois si semblable à ce que j'avois été dans la précédente que mon Génie, en riant, disoit que j'étois ma propre sœur. Mon caractère étoit celui d'une assez bonne femme; mais j'avois un ton de voix si aigre et si sec que je ne donnois jamais le bonjour à quelqu'un qu'il ne fût tenté de croire que je lui disois des injures. Je décourageois de me parler. Ceux qui m'avoient appelée, elle les repoussoit, et, quelque chose que je disse, on examinoit d'abord si elle pouvoit être prise en mauvaise part. Cela m'attiroit souvent des réponses un peu dures, et moi, faisant des efforts pour m'excuser, je sentois ma voix s'aigrir insensiblement; ce qui formoit une dispute fort extraordinaire, dans laquelle mon malheureux fausset avoit à combattre toute la mauvaise humeur des autres. Or, comme, quand je parlois, il sembloit que je disputois, aussi, lorsque je disputois, il sembloit que je décidois; et, à dire le vrai, il m'eût été très facile de n'être jamais de l'avis des autres, car personne ne vouloit être du mien. Les choses étant dans cet état, vous jugez bien que j'attrapois aisément des ridicules; que, quand ils étoient sur moi, ils y tenoient bien, et que personne ne venoit les en ôter. Ma mère, qui avoit beaucoup d'esprit, disoit toujours : « Je connois bien ma fille : elle a un très bon naturel; mais vous pouvez compter que personne n'en saura jamais rien. »

QUATRIÈME PARTIE

« Ce que vous venez de dire tous les deux est si extraordinaire que je ne le crois que parce que vous le dites, et que vous êtes des honnêtes gens. Mais, si, par hasard, vous étiez tous deux fous, cela ne seroit pas vrai. Ainsi je n'entretiendrai point Dioclès de choses que vous seuls savez, et qui ne sont point dans l'ordre de la nature que nous connoissons; mais je lui parlerai d'un événement qui a eu pour témoin toute la ville d'Athènes.

» Vous savez que les femmes de la ville d'Abdère tombèrent dans un genre de folie qui les portoit à se montrer toutes nues, et l'on ne pouvoit plus les obliger à cacher des choses que la pudeur dérobe à tous les regards. Une maladie à peu près semblable parut, il y a dix ans, à Athènes; mais elle n'eut pas précisément les mêmes effets : c'étoit l'âme qui vouloit se montrer toute nue. Tout le monde parloit de soi avec une naïveté si singulière qu'on disoit les choses mêmes qu'on avoit le plus d'intérêt à ne pas révéler. Ce n'étoit pas le sentiment de pudeur qu'on avoit perdu, mais l'artifice qui fait que l'on se montre autrement que l'on est : soit qu'on exagère ses vices ou ses foiblesses pour faire voir qu'on ne les a pas, soit qu'on diminue ses vertus pour faire voir qu'on a celles qui ornent toutes les autres. On ne peut mieux comparer l'état des Athéniens pour lors qu'à celui où nous sommes quand, dans nos songes, nous révélons toutes les choses que nous avons dites et que nous avons faites. Ainsi l'on ne dissimuloit rien; chacun croyoit parler à soi-même.

» Le bruit de cette maladie s'étant répandu chez les villes grecques, un grand nombre d'étrangers vinrent à Athènes. Mais les magistrats, ne leur voulant pas donner le spectacle des foiblesses de leurs concitoyens, leur firent fermer les portes. . . . . . .
. . . . »

CINQUIÈME PARTIE

« Vous prêtâtes hier tant d'attention à mes discours, mon cher Ayesda, et j'ai, de mon côté, un tel foible pour ceux qui m'écoutent, qu'il faut que je vous dise tout, et que je vous révèle des choses merveilleuses parmi les merveilles.

» Il y a environ deux mille ans qu'une peste ravagea l'Asie et l'Afrique : plus de cent millions d'âmes se trouvèrent déplacées. Mon Génie, ne sachant que faire de la mienne, prit le parti de l'habiller simplement d'un corps aérien, et la laissa cinquante ans hors de cette croûte épaisse où les âmes sont ordinairement enfermées.

» Je fus d'abord au service d'un petit incube très libertin, qui la nuit couroit toutes les ruelles de la Ville. Le pauvre petit Dieu prenoit plus de peine, il se tracassoit tant, et cependant je ne voyois pas qu'il eût de grands plaisirs. Il étoit, tous les matins, de la plus mauvaise humeur du monde. Il trouvoit à redire à tout ce qu'il avoit vu et en faisoit une récapitulation très triste. Un jour qu'il se plaignoit à moi des dégoûts qui avoient suivi une nuit qu'il avoit passée avec une femme que tous les poètes de la Ville juroient être belle comme un astre, moi, qui me souvenois de quelques vieilles maximes que j'avois autrefois apprises dans le monde, je lui dis : « Monseigneur, vous n'êtes pas au fait : sitôt que vous entendez parler d'une femme, vous vous fourrez dans son lit. Ce n'est pas le moyen de la trouver belle. Commencez par la trouver belle, et mettez vous dans son lit. »

» Pendant que nous étions occupés du courant, il nous vint une affaire extraordinaire. On envoya à l'incube un ordre précis de l'Olympe de travailler à la formation du *(sic)* héros. Il obéit en rechignant : car pourquoi soumettre à un ordre absolu des choses si volontaires. Nous allâmes chercher partout une princesse propre à produire cette espèce d'homme qu'on nous demandoit. Nous nous fixâmes sur une reine de Scythie, que nous trouvâmes couchée sur une peau d'ours, ayant son arc et son carquois au chevet de son lit. La fière reine rêvoit à des combats et à une ville dont les murailles étoient teintes de sang. Mon maître se glissa dans son lit et commença d'abord par lui donner une oppression de poitrine. Nous la tourmentâmes toute la nuit; mais nous nous y prîmes si mal qu'après bien des peines nous manquâmes le héros et ne fîmes qu'un tyran.

» Vous me demanderez peut-être pourquoi les Dieux emploient les incubes à la formation des hommes extraordinaires. C'est que les héros sont destinés à être les instruments de la vengeance divine, et, s'ils avoient une origine humaine, ils ne seroient pas assez inexorables.

» Je fus envoyé dans une ville des Indes pour servir un Génie qui rendoit des oracles. Les peuples portoient sans cesse de l'or et de l'argent dans notre temple, ce qui mettoit mon petit Dieu au désespoir : « A moi, de l'or? disoit-il. A moi? Ils me croient donc bien avare. Sais-tu bien ce qui arrive? C'est que, lorsque quelque prince sacrilège vient pour enlever ces trésors, il m'en coûte toujours la façon d'un prodige. » Aussitôt, il entra dans son tuyau et dit : « Mortels, apprenez que vous ne pouvez offrir aux Dieux vos trésors sans leur faire voir le cas que vous faites d'une chose qu'ils veulent que vous méprisiez. »

» Ce qui me charmoit dans le Génie que je servois, c'est qu'il n'étoit ni ambigu, ni obscur, et qu'il disoit franchement tout ce qu'il savoit. « Que faut-il que je fasse pour devenir heureux ? » lui dit un suppliant. — « Rien, mon ami, » répondit-il. — « Comment rien ? » — « Rien, vous dis-je. » — « Vous croyez donc que je suis heureux ? » — « Non, je crois, au contraire, que vous l'êtes très peu. » — « Pourquoi ne voulez-vous donc pas que je travaille à le devenir ? » — « C'est qu'on peut l'être, et qu'on ne peut pas le devenir. »

» Je fus envoyé pour servir un Génie appelé Plutus, qui est le Dieu des richesses chez les Grecs. Comme il permettoit que je lui parlasse librement, je lui dis : « Monseigneur, il me semble que vous ne faites guère d'attention au mérite des personnes. Vous accordez et vous refusez sans raison. Il n'y a pas de métier plus facile à faire que le vôtre : il ne vous en coûte pas, dans la journée, un quart d'heure de réflexion. » — « Mon ami, me dit-il, je préside aux richesses, et la fortune distribue les dignités. Nous donnons sans choix et sans égards, parce que ce sont des choses qui ne peuvent pas faire le bonheur de ceux qui les reçoivent. » — « Et pourquoi cela ? » répondis-je. — « C'est que Jupiter n'a pas voulu mettre la félicité dans des choses que tout le monde ne peut pas avoir. Les richesses d'un homme supposent la pauvreté d'un nombre infini d'autres, et la grandeur d'un mortel, l'abaissement de tous ceux qui lui obéissent. » — « Qu'est-ce qui peut donc rendre les hommes heureux ? » repris-je. — « Ce sont les biens réels, qui sont dans eux-mêmes, et ne sont fondés ni sur la misère, ni sur l'humiliation d'autrui : la vertu, la santé, la paix, le bon esprit, la tranquillité domestique, la crainte des Dieux. » — « Mais les honneurs et les richesses ne sont pas incompatibles avec ces sortes de biens, » repris-je. — « Ils le sont presque toujours : car les Dieux, lassés des importunités des mortels, qui leur demandoient tous ce que très peu pouvoient obtenir, voulurent avilir ces sortes de biens. Ils y joignirent la tristesse, les soins cuisants, les veilles, les maladies, les désirs, les dégoûts, la pâleur, la crainte. Et cependant, ô étrange manie! les hommes ne nous les demandent pas moins. » — « Mais les pauvres, lui répliquai-je, sont-ils plus heureux? » Pour lors, il me dit ces grandes paroles : « Mon ami, les Dieux ont fait une classe de gens plus malheureux encore que les riches : ce sont les pauvres qui désirent les richesses. »

» Je fus, dans la suite, attaché à un Dieu domestique, qui avoit l'œil sur une des maisons des plus opulentes de la ville où nous étions. Je ne vous ferai point l'histoire de ceux qui l'habitoient; mais vous pouvez bien compter que, s'ils avoient conçu quelque mauvaise action, ils la venoient toujours faire devant nous. Le maître de la maison étoit un grave magistrat, et, quand il se montroit au public, je l'entendois parler comme auroit pu faire la Justice même; mais, quand il avoit quitté sa robe, je n'ai jamais vu un si malhonnête homme. Il est vrai que sa femme le traitoit comme il traitoit le public : elle tenoit, devant lui, les discours du monde les plus chastes; mais, dans son absence, c'étoit un mari bien ajusté.

La petite fille étoit une merveille de vertu, devant sa mère; mais elle devint grosse à quinze ans. Si vous aviez vu le vacarme qu'ils lui firent, et combien de fois par jour ils lui reprochoient d'avoir déshonoré sa famille : « Ah! les grands fripons! disoit mon maître. Ils ne se seroient point souciés de l'action, s'il n'y avoit eu que nous qui l'eussions sue. »

» Pendant que j'étois parmi les Génies, il arriva un grand malheur à un petit incube de mes amis : il perdit son chapeau, et un homme le trouva. Cela mit la prospérité dans ses affaires, car le pauvre Dieu étoit obligé de le servir. C'étoit bien le plus malheureux petit Génie qu'il y eût. Son maître, qui jouoit depuis le matin jusqu'au soir, ne lui laissoit pas un moment de relâche : il lui falloit passer dans le cornet, y être ballotté, diriger les dés, les suivre sur la table, et encore, la plupart du temps, juroit-on contre lui. Il est vrai qu'il ne s'en mettoit point en peine : il connoissoit l'injustice générale des hommes, qui ne manquent pas d'attribuer à leur grande prudence tout le bien qui leur arrive, et tout le mal à la jalousie des êtres qui sont au-dessus d'eux.

» Je servis un Génie qui fut envoyé pour animer la statue de Pygmalion. J'entendis que quelqu'un disoit à ce sculpteur : « Il falloit que vous fussiez fou d'aimer une de vos statues. » — « Mon ami, répondit-il, tu es un poète, et ce n'est point à toi à me reprocher d'être amoureux de mes ouvrages : tu es enchanté des tiens; mais Apollon ne leur a pas donné la force et la vie. »

» Je me souviens du jour que les Dieux signalèrent

ainsi leur puissance. Pygmalion voyoit sa statue vivante, et il craignoit de se tromper : « Ah! dit-il, vous vivez, et je serai le plus heureux des mortels! » Elle le regarda languissamment. Pygmalion parut ravi de joie : « Je vous aimois, et, bien loin que vous fussiez sensible à mon amour, vous ne pouviez pas seulement le connoître. Mais, à présent, vous saurez que j'ai fait des vœux téméraires pour vous, et qu'il n'y a que la grandeur de mon amour qui ait pu toucher les Dieux. »

» La terre avoit été tellement ravagée par la peste, que les Dieux furent bien du temps sans pouvoir loger, ni parmi les hommes, ni parmi les animaux, toutes les âmes qui avoient été séparées de leurs corps. La mienne resta très longtemps en réserve. Elle eut le bonheur, comme je vous ai dit, de jouir longtemps du commerce des Dieux. Cela fit qu'elle acquit un degré de perfection qu'elle n'avoit jamais eu, et qu'elle eut des sentiments que, jusqu'ici, elle n'avoit point connus.

» Je vous dis ici, mon cher Ayesda, une grande chose; elle explique un phénomène qu'on a vu arriver dans tous les lieux et dans tous les temps. Lorsque les nations sont dans la prospérité, elles se corrompent toujours. Le luxe, les plaisirs, la mollesse attaquent toutes les âmes. Il y a quelquefois moins de crimes publics, parce que chacun a peur de perdre sa prospérité; mais les crimes cachés sont sans nombre, et les vices attaquent la masse de toute la nation. Mais, quand les peuples éprouvent de grandes calamités, la vertu a coutume de reparoître, les mœurs se fortifient, les âmes deviennent plus courageuses et acquièrent plus de grandeur. D'où vient cela? Dans le premier cas, les âmes, continuellement replacées, restent toujours parmi les créatures; dans le second, elles restent longtemps parmi les Dieux.

» J'étois Grec, et, à l'exemple de plusieurs philosophes, je parcourus divers pays. Je m'arrêtai quelque temps en Égypte, et j'y acquis de la réputation. Le Roi étant sur le point de partir pour une expédition, un prodige heureux arriva à Memphis, et on en rapporta un autre de Saïs, qui fut jugé malheureux. Dans cette incertitude, on consulta divers oracles, et ils se trouvèrent aussi peu d'accord que les prodiges. On interrogea les prêtres, et, chacun d'eux faisant valoir son opinion, ils jetèrent le Roi dans une perplexité plus grande. Jugez-en, puisqu'il eut recours à moi qui étois étranger. « Seigneur, lui dis-je, les hommes ne sont point faits pour connoître les volontés particulières des Dieux, mais pour savoir leurs volontés générales. Ils désirent que vous ne fassiez point de guerre injuste, et que vous n'employiez la puissance qu'ils vous ont donnée que comme ils feroient eux-mêmes, s'ils l'avoient retenue. » — « Mais les entreprises les plus justes, dit le Roi, peuvent ne pas réussir, et un oracle, reçu à propos, peut nous en détourner. » — « Si les Dieux, répondis-je, vouloient vous détruire, ils seroient insensés de vous révéler leurs desseins; ils sont assez prudents pour garder leurs secrets. C'est vous, qui vous asservissez à ce que vous appelez des prodiges, et non pas eux. »

Comme il ne sortoit pas de son incertitude, j'ajoutai : « L'irrésolution a tous les effets de la timidité, et elle en a d'ailleurs de pires. Les Dieux vous ont donné des armées, et vous avez sans doute de la prudence et du courage. Ce sont les oracles qu'il faut consulter. »

» Les anciens rois avoient ruiné leurs sujets pour construire des pyramides; celui-ci voulut faire comme eux. Je lui dis : « Seigneur, une courtisane de Nocratis fit autrefois bâtir une pyramide. Elle avoit raison : elle laissoit un monument de sa beauté. Mais je ne vois pas ce que celle que vous voulez élever prouvera à la postérité en votre faveur. » — « Elle prouvera ma puissance, » dit le Roi. — « Et qui est-ce qui doutera jamais de la puissance d'un roi d'Égypte? Il y a apparence que les folies de vos successeurs la prouveront assez, sans que vous vous en mêliez. La véritable grandeur seroit de vous distinguer par vos vertus de ceux qui seront aussi puissants que vous. » — « Vous n'êtes point, me dit le Roi, instruit de la religion des Égyptiens. Nous croyons que nous devons vivre dans les tombeaux, et nous autres rois, toujours exposés à la fureur du peuple, qui craignons qu'après notre mort il ne la porte sur nos mânes sacrées, bâtissons des pyramides, qui puissent nous en garantir. » — « N'avez-vous, lui dis-je, que cette ressource pour jouir de l'immortalité? L'amour de vos sujets ne vous défendroit-il pas mieux que vos pyramides? Le corps du roi Osiris est depuis si longtemps exposé sans défense devant tout le peuple : voyez si quelque Égyptien a été encore assez sacrilège pour l'insulter! On aime mieux l'adorer comme un Dieu que de ne pas assez l'honorer comme un homme. Seigneur, on est porté à aimer son roi comme on est porté à aimer sa patrie. Comptez que, pour qu'un prince parvienne à se faire haïr de ses sujets, il faut qu'il prenne la peine de détruire dans leurs cœurs le sentiment du monde le plus naturel. »

» Un jour, le Roi me dit : « Je suis transporté de joie, on vient de m'apprendre le lieu où sont cachés les trésors du roi Athotis. » Et se tournant vers ses ministres : « Allez! courez! ayez moi des ouvriers! Qu'on me renverse les montagnes! » Je haussai les épaules : « Eh! Seigneur, lui dis-je, le maître du monde peut-il s'enrichir? » — « Oui! Car j'aurai tous les trésors des rois de Thèbes, je les ferai transporter à Memphis, et je les garderai pour mes besoins. » — « Je vous entends, à présent : vous pouvez devenir plus avare, si vous ne pouvez pas devenir plus riche. »

» Une autre fois, je le trouvai dans une furieuse colère : « Je suis indigné contre ceux de Memphis; ils se révoltent contre moi dans les spectacles : j'ai du penchant pour un acteur, et ils applaudissent toujours à un autre. » — « Seigneur, lui dis-je, vous avez ôté au peuple la connoissance des affaires, et vous lui avez donné, pour occupation, les plaisirs des spectacles. Ces choses, vaines autrefois, sont devenues importantes pour lui. Vous venez aujourd'hui le gêner dans ces choses mêmes : vous choquez son goût, ce goût qui est sa liberté. Seigneur, un peuple corrompu s'occupe de ce dont un peuple vertueux s'amuse. Voudriez-vous qu'il employât son temps à vous demander compte de tout le sang que vous avez versé ? »

» Des discours si brusques firent qu'on ne me garda pas longtemps à la Cour. Je quittai l'Égypte, et je retournai à Corinthe, ma patrie, bien résolu de ne la quitter jamais.

» Là, je vécus parmi mes citoyens. Je quittai mes manières austères. J'avois senti qu'il ne suffisoit pas de faire admirer la vertu, et qu'il falloit la faire aimer.

» Mon principal soin fut d'accoutumer mon esprit à prendre toujours les choses en bonne part, et à y chercher le bien, lorsqu'elles en étoient susceptibles.

» Quand j'entendois crier que ceux qui gouvernoient l'État étoient des gens pervers, je disois en moi-même : « Voilà une opinion qu'il seroit à souhaiter qu'on n'eût pas, et cependant elle peut avoir son utilité. Les gens qui ont du pouvoir se tiendront mieux sur leurs gardes. Ils n'ont déjà que trop de flatteurs; il est bon qu'ils sachent qu'ils ont affaire à des juges non seulement sévères, mais aussi prévenus. »

» Quand on me disoit que les ministres aimoient le bien public, le tendre sentiment que j'avois pour la nature humaine se trouvoit flatté : je sentois du plaisir à entendre ce discours; je l'acceptois comme une vérité ou comme un heureux présage de ce qui devoit être quelque jour.

» Quand on soutenoit que nous avions un commerce florissant, je bénissois le destin de notre ville, qui avoit permis qu'elle devînt grande sans qu'elle eût besoin de travailler à la destruction des autres peuples.

» J'avois l'esprit vraiment patriote : j'aimois mon pays, non seulement parce que j'y étois né, mais encore parce qu'il étoit une portion de cette grande patrie qui est l'Univers.

» Ayant été obligé de faire un voyage à Athènes, je vis les nouveaux bâtiments qu'on y élevoit. Je sentois que je m'y intéressois, et que j'étois bien aise que les hommes eussent une si belle demeure de plus.

» Un homme, qui revenoit d'Asie, me parloit de la magnificence de Persépolis. Les idées riantes, grandes et belles que j'en prenois produisoient une sensation agréable dans mon âme : j'étois bien aise que ce beau lieu subsistât sur la terre. Sans que je l'eusse vu, il m'avoit déjà fait passer des moments heureux.

» Comme les Dieux habitent les temples et chérissent ces demeures, sans perdre leur amour pour le reste de l'Univers, je croyois que les hommes attachés à leur patrie devoient étendre leur bienveillance sur toutes les créatures qui peuvent connoître et qui sont capables d'aimer.

» Si j'avois su quelque chose qui m'eût été utile, et qui eût été préjudiciable à ma famille, je l'aurois rejeté de mon esprit. Si j'avois su quelque chose utile à ma famille, et qui ne l'eût pas été à ma patrie, j'aurois cherché à l'oublier. Si j'avois su quelque chose utile à ma patrie, et qui eût été préjudiciable à l'Europe, ou qui eût été utile à l'Europe et préjudiciable au genre humain, je l'aurois regardée comme un crime.

» Voyant que tous mes concitoyens cherchoient à augmenter leur patrimoine par leurs soins, je crus devoir faire comme eux. Je devins bientôt riche. Un homme envieux de ce petit bonheur me le reprocha. « Mon ami, lui dis-je, je ne suis point, comme toi, sorti d'une famille considérable dans notre ville; mais j'ai quelque bien. Je l'acquérois par mon travail, pendant que tu employois ton temps à te plaindre de la Fortune. Quels que soient mes trésors, je puis t'assurer que je n'en fais pas tant de cas que tu penses, et, si tu peux me faire voir que tu en es digne, je veux bien les partager avec toi. Mais j'avoue que tes reproches m'affligent. Se peut-il qu'à la réserve de quelques misérables richesses tu ne trouves rien en moi que tu puisses envier? »

» Mon Génie, qui me vit dans un si haut degré de vertu, voulut m'éprouver, et il me rajeunit. Dans ce changement, mon âme fut étonnée: mille passions naquirent dans mon cœur; je ne fus plus en état de me conduire. « O Dieux! m'écriai-je. De quoi vais-je devenir? Faudra-t-il que, pour me rendre ma raison, vous me rendiez ma foiblesse? »

» Je ne vous parlerai point, Ayesda, de toutes les autres transmigrations que j'ai essuyées. Vous dérobez aux affaires publiques le temps que vous employez à m'écouter, et moi, je ne saurois guère décrire exactement des vies qui ont plus duré que sept ou huit empires. Il s'est passé bien des siècles depuis le temps que je fus valet de bonze aux Indes jusqu'à la révolution présente, que je me trouve à Tarente, un pauvre barbier. Je vous dirai seulement que cette transmigration-ci ne me plaît point du tout. J'ai une femme, qui se donne de grands airs, et qui a de l'impertinence pour une reine. Elle me fait sans cesse enrager; elle m'a donné quatre enfants, dont il y en a plus de la moitié où je jurerois que je ne suis pour rien. Je suis si malheureux que, pour me dédommager de cette vie-ci, les Dieux, qui sont justes, ne peuvent guère s'empêcher de me faire bientôt naître roi de quelque pays. Si cela arrive, et que mon âme fasse fortune, je vous promets que j'aurai soin de vous, si vous êtes en vie, ou, au moins, de vos descendants. Aussi bien, est-ce là le seul moyen que j'aie de m'acquitter de l'argent que vous m'avez si généreusement prêté. Quoique je sois pauvre, Ayesda, je me pique d'être honnête homme, et vous pouvez compter sur moi dans l'occasion. »

HISTOIRE VÉRITABLE

[VARIANTES]

[COMMENCEMENT DE LA PREMIÈRE PARTIE :]

Commencer ainsi :

C'étoit la coutume dans la ville de ⸺⸺ que,
5 le jour de la fête de Bacchus, chacun donnoit un
festin, où les étrangers étoient appelés, et où ils
devoient raconter les choses les plus extraordinaires
qui leur étoient arrivées...

[COMMENCEMENT DE LA SECONDE PARTIE :]

10   SECONDE PARTIE

Après qu'Ayesda eut parlé, l'Éphésien commença
ainsi :

« Je ne suis point du tout étonné, Ayesda, de ce
que vous venez de dire. Vous n'êtes point le seul
15 à qui les Dieux aient accordé de se ressouvenir des
choses qu'ils ont vues dans leurs diverses transmigrations. Les hommes bornés sont ceux qui ne
connoissent que leur vie présente. Les esprits plus
étendus sont ceux qui jouissent des connoissances
20 qu'ils ont acquises dans plusieurs vies.

» Je puis dire que je suis de ce nombre. Aussi, si j'ai quelque supériorité sur les autres n'en ai-je point de vanité. Est-il surprenant que je tire quelque avantage de l'expérience de tant de siècles?

» Cependant, Ayesda, vous avez dit tant de choses qui ont du rapport à celles que je pourrois dire, que j'accourcirai beaucoup mon discours : je ne vous parlerai que des choses qui sont merveilleuses parmi les merveilles. »

[COMMENCEMENT DE LA QUATRIÈME PARTIE :]

« Ce que vous avez dit est vrai. Je dois le croire parce que vous êtes d'honnêtes gens; mais, si, par hasard, vous étiez tous deux fous, cela ne seroit pas vrai. Mais moi, je vais raconter à Dioclès des choses que j'ai vues, et que tout le monde peut avoir vues comme moi; des choses que j'ai entendues, et que tout le monde peut avoir entendues comme moi.

» Vous savez que, dans la ville d'Abdère,... »

CRITIQUE
DE
L'«HISTOIRE VÉRITABLE»

PAR

JEAN-JACQUES BEL

OBSERVATIONS PARTICULIÈRES

1.

Le titre d'*Histoire Véritable* est pris de Lucien, et, puisque le tour de l'ouvrage a déjà quelque air d'imitation, il
5 ne faut pas du moins emprunter encore un titre. D'ailleurs, suivant le tour de notre esprit, ce titre réveille plus l'idée d'un conte que celle d'un ouvrage sérieux, et il me semble qu'il ne fait qu'avertir que l'histoire qu'on va lire est fausse; ce qui diminue toujours un peu l'intérêt. C'est au
10 lecteur à conclure que l'histoire est fausse; l'auteur la doit toujours traiter comme vraie. *Le Métempsycosiste* seroit, selon moi, un titre moins trivial, et plus propre à exciter la curiosité.

2.

15 Je retrancherois entièrement l'avis du libraire. Les réflexions précédentes le prouvent, et, d'ailleurs, il est fort inutile de dire que mademoiselle Scudéri a eu une idée à peu près semblable, mais que, cependant, elle diffère. Il faut donner son ouvrage, et voilà tout. A quoi bon y parler
20 du Mississipi et des matières du temps?

3.

La préface, qui est une espèce d'épître dédicatoire, n'a aucun rapport à l'ouvrage, et, par conséquent, il la faut retrancher. Tout ce qu'on y dit, ainsi que dans l'avis du libraire, a un tour de plaisanterie que je passerois si le fond n'en étoit pas frivole et inafférent. Je crois donc qu'il faut commencer par le commencement de l'ouvrage, et ne pas impatienter le lecteur, qui, voyant un titre qui lui annonce des choses singulières, est fâché d'être retardé.

4.

Le commencement du premier livre est bas, et cela se répand sur tout l'ouvrage parce qu'on part de là. La bassesse de cet endroit consiste en deux choses : — 1° Le lecteur n'aime pas à apprendre que celui qu'il va écouter est un grand fripon et un valet; je donnerois donc une meilleure compagnie au lecteur, et je ferois d'abord, du métempsycosiste, un disciple de philosophe. — 2° Les idées et les images de ce valet sont basses et désagréables; telles sont celles de cette vieille vache ridée, qui n'avoit plus de dents, de ces coups de fouet reçus dans les rues, de ces aumônes escroquées. L'anneau de fer de huit livres, attaché à la partie rebelle, est un peu trop grossier. — Les transmigrations y sont assez bien, mais surtout *celles du bœuf et de l'éléphant y sont admirables;* et, en leur faveur, j'ennoblirois les précédentes autant qu'il me seroit possible.

Je dirai ici, sans tirer à conséquence, la manière dont je crois qu'il faudroit traiter ce premier livre pour y jeter plus de dignité et plus d'invention.

Je supposerois donc que le métempsycosiste est un disciple de philosophe, et, comme Pythagore passe pour l'inventeur du système de la transmigration, quoiqu'il l'ait pris ailleurs, je le ferois disciple de Pythagore même. Ce disciple, né avec le désir d'être vertueux, et, entendant parler de la sagesse de Pythagore et des merveilles de la transmigration, iroit chez ce philosophe pour se faire initier. En ce lieu, je ferois la description des préliminaires qu'il falloit remplir pour être reçu dans cette école; ils sont assez singuliers pour jeter une espèce de merveilleux dans le commencement de l'ouvrage. Enfin, il seroit reçu malgré quelque vice secret qui auroit échappé à Pythagore; ce vice seroit, par exemple, le penchant pour les femmes. Il feroit tous ses efforts pour s'en corriger et ne pourroit jamais en venir entièrement à bout; ce qui autoriseroit les transmigrations dans les animaux, et d'une manière plus noble que les vices de la gourmandise et de la friponnerie. Il y auroit, d'ailleurs, cet avantage, dans cette supposition : c'est qu'il en résulteroit que le penchant pour les femmes est un penchant invincible, qu'ainsi il est absurde d'avoir condamné une portion d'hommes à y renoncer dans ce monde, et absurde de les en punir dans l'autre. La première absurdité seroit représentée par le désir sincère et les efforts du disciple pour s'en corriger, et par l'inutilité de ces efforts; la seconde le seroit par les transmigrations dans les corps des animaux.

Lorsque le disciple seroit reçu, Pythagore le condamneroit encore pour quelque temps à purifier son âme, et, enfin, le jour heureux viendroit où il lui expliqueroit les mystères de sa philosophie par rapport à la métempsycose. Cette description seroit belle et poétique, parce que le système l'est par lui-même. Ce seroit ici le lieu de placer la cause des sympathies et des antipathies, et enfin tout le détail philosophique de cette matière. Ce dialogue jetteroit dans l'ouvrage une action intéressante. Enfin, comme je me rappelle avoir lu dans Diogène Laërce, que Pythagore disoit se souvenir très bien de ses transmigrations précédentes, et qu'entre autres il avoit été Euphorbe au siège de Troie, je me servirois de cette circonstance pour deux choses : — 1° Pour faire raconter à Pythagore quelques unes de ses transmigrations, et, comme, même dans le faux, il faut toujours approcher du vrai autant qu'on le peut, je prendrois les personnages mêmes que Pythagore disoit avoir faits, selon Diogène Laërce; ils y sont nommés, et j'en ferois le remplissage à ma façon. — 2° Cela me conduiroit à faire promettre au disciple que, si, dans la suite, il se rendoit digne, il lui communiqueroit le secret de se ressouvenir de toutes les transmigrations qu'il auroit essuyées. Pythagore lui enseigneroit enfin ce secret, et je tâcherois d'imaginer ici quelque description qui plairoit par sa singularité, et qui seroit en même temps la satire de toutes ces espèces d'inventions magiques, etc. Enfin, je ferois mourir mon disciple; il seroit jugé, comme dans votre ouvrage, par les philosophes des Champs-Élysées, qui, découvrant dans son âme le péché véniel de l'inclination pour les femmes, la condamneroient à passer dans le corps des animaux; et puis viendroient à la file toutes les transmigrations que vous jugeriez à propos.

Cette mémoire de Pythagore, qui disoit se ressouvenir d'avoir été Euphorbe, Pyrrhus, etc., me donneroit lieu de donner au disciple quelque transmigration connue: telle, par exemple, que Cléopâtre, pour coquette, Laïs, pour courtisane, etc. Cela jetteroit de la variété et de l'intérêt dans l'ouvrage.

5.

En lisant le second livre, je m'aperçois que les observations que j'ai faites sur le premier exigent des changements considérables dans celui-ci. Il faut donc élever ce livre et les suivants à proportion du tour pris dans le premier. Ce qui déjà n'étoit pas bon par lui-même deviendroit insupportable dans la supposition des changements que j'ai marqués. Telle est la première transmigration du métempsycosiste pris voleur de grand chemin et pendu. Si cette image, basse et désagréable, tenoit à quelque beauté considérable, je la supporterois au cas que l'une et l'autre fussent inséparables; mais ici je ne vois que la potence : car je crois qu'il faut compter pour rien la réflexion du spectateur qui dit que le pendu a fait les choses de bonne grâce.

La seconde transmigration du métempsycosiste (cocu, et qui prend sa femme sur le fait) ne vaut pas la peine.

La troisième (maîtresse entretenue) est bien. Je l'étendrois un peu davantage, car ce morceau doit fournir. La suite des guerluchons y est à merveille, hors qu'à la place du mot *laquais,* qui est bas, je mettrois un mot générique.

La quatrième (homme d'affaires, impertinent et recherché, ruiné et méprisé) exprime une chose si commune, que, si elle n'est pas embellie par quelque détail, elle ne vaut pas la peine d'être conservée.

La cinquième (poète satirique) est bien. Je n'aimerois pourtant point cet habit usé : cela est bien trivial et bas. J'augmenterois encore un peu cette transmigration. Je dirai ici, en passant, et je crois que le même défaut est dans la suite, que les transmigrations y passent trop rapidement. Quand on ne choisit qu'un trait dans la vie d'un homme, il faut qu'il soit bien remarquable, et, s'il ne l'est pas, c'est une vie à négliger et dont il ne doit pas être question. J'observerai, en second lieu, que la fiction de la métempsycose engage nécessairement à placer dans les transmigrations quelque chose de singulier et de frappant; car le lecteur, qui ne sait pas pourquoi on a imaginé un tour extraordinaire pour lui dire des choses communes, s'impatiente d'autant plus qu'il s'est attendu à davantage. Je sais bien qu'on ne peut exiger que tout l'ouvrage soit rempli de choses rares et singulières; mais il faut que le commun n'y soit pas surabondant, et je ne puis m'empêcher de dire que, jusqu'ici, cela est de même, et qu'on retrouve trop souvent ce défaut dans la suite.

La sixième (courtisan), très bonne. La réflexion générale qui la termine, admirable.

Je remarquerai pourtant encore sur cette transmigration, que le métempsycosiste passe toute sa vie à réciter ce qu'il y a fait, mais qu'il n'agit point; et j'ajoute qu'il a ce vice général dans presque toutes les transmigrations. Je voudrois donc répandre de l'action dans ces différentes vies, en racontant en différents endroits des histoires un peu suivies. Ce seroient autant de tableaux de morale, qui rendroient quelquefois les réflexions inutiles, et jetteroient par conséquent de la variété dans l'ouvrage.

Septième (joueur fripon), basse et commune, à retrancher.

Huitième (emprunteur escroc), bonne. La réflexion générale qui la termine, admirable.

Neuvième (entretenu par les vieilles), bonne, et ce qui suit, aussi. A pourtant besoin d'être un peu retouché.

Dixième (diseur de rien, étourdi, petit maître, etc.), bonne.

Onzième (gourmand, et ensuite friand), basse, commune et à retrancher.

Douzième (cheval), assez bien; mais à retrancher en quelques endroits : ainsi, par exemple, que le carrosse démantibulé présage de la mort du cocher, du maître et du cheval.

6.

Troisième Livre.

Métempsycosiste devenu femme. — Idée très bonne, mais mal remplie. Les brouilleries avec le voisinage, les discours et les procédés avec les femmes, deux hommes qui jurent de s'en venger et de l'insulter, les « je ne m'en souviens pas, mon cher ami; je ne sais comment cela s'est pu faire, etc. », tout cela est *in tenui* et doit être changé. Comme c'est une matière qui plaît par elle-même, je n'hésiterois pas à mettre tout de suite, et dans un livre entier, ces sortes de transmigrations. Je prendrois donc la morale qui regarde les femmes, et la réduirois à trois ou quatre caractères généraux, dont je ferois autant de transmigrations; mais j'observerois toujours de n'y point faire entrer des traits trop populaires. On vous passera ces différents caractères de femme tout de suite; mais on n'aimera pas à les voir reparoître, parce qu'au fond tout cela a toujours un air de ressemblance, qui sent la répétition. Il y a, d'ailleurs, pour le reste assez de ressources pour la variété.

Métempsycosiste eunuque, et ensuite maître du sérail. — Je ne sais plus s'il faut retrancher cet endroit, et, après l'avoir lu, je n'en vois d'autre cause que le rapport avec les *Lettres persanes*. Malgré cela, je serois tenté de le conserver, parce que l'idée de la transmigration inverse me paroît très jolie, et qu'elle contribue à la variété. Je rebats souvent cette corde de la variété, parce que je crois que, sans cela, il ne peut y avoir d'intérêt dans un ouvrage d'agrément. Il n'y a rien de si ennuyeux que de lire toujours le même livre, et le même tour est toujours le même livre. C'est pour cela que j'ai indiqué jusqu'à présent, et que j'indiquerai encore dans la suite, quelques moyens d'augmenter la variété de cet ouvrage. Au reste, si, tout bien pesé, vous vous détermineriez à retrancher cette transmigration, j'en conserverois au moins l'idée, que j'appliquerois à un autre sujet.

J'observerai encore, sur cette transmigration, qu'elle est la plus longue de toutes les précédentes, et je crois même des subséquentes, si on en excepte l'histoire galante. C'est à vous de voir s'il n'y auroit pas moyen de la réduire un peu, afin qu'on ne vous trouvât pas trop court sur les choses qui doivent fournir beaucoup, et trop long sur un article qui paroît ne devoir fournir que deux images, et non pas deux descriptions allongées.

Métempsycosiste devenu femme, faiseuse d'affaires. — Il y a à refaire dans le détail, et, à votre place, je n'en ferois pas une transmigration particulière, mais le trait d'une suite de transmigrations. La coquette de cour se tirera fort bien de là. En général, j'observerai que vous faites une transmigration pour chaque trait, ce qui les multiplie trop. Je ramasserois tous ceux qui sont compatibles dans une même transmigration, et, outre que cela en diminueroit le nombre (ce que je regarde comme un avantage), le plaisir de suivre sous différents rapports un caractère pendant toute une vie augmenteroit la variété. Je ferois cela, par exemple, deux, trois fois, en différents endroits de l'ouvrage.

L'observation que je viens de faire est un peu exécutée dans la transmigration suivante. Mais je n'aime pas à la voir travailler pendant quinze jours à rétablir sa virginité. J'aimerois mieux lui faire seulement craindre la découverte de son mari, et peut-être j'aimerois encore mieux ne rien dire sur cela.

La réflexion qui vient ensuite est très bien ; mais il faut absolument ôter ce trait : « ...Il me sembloit qu'on recevoit de moi des impressions à la ronde. » Du moins, il faut l'exprimer autrement.

Voici encore le métempsycosiste femme ! C'est trop souvent, et je répéterois ici volontiers la réflexion que j'ai faite plus haut sur cet article.

Le métempsycosiste encore femme, p..... entretenue par un financier. — Caractère qui ne fournit que des images basses, et qu'il faut, par conséquent, supprimer. Ce financier, qui demande à cette fille si elle a son pucelage, et la réponse précieuse de cette fille, qui lui répond qu'elle ne répond point, mais qu'elle rougit, sont selon moi des traits trop vils pour n'être pas supprimés. Ce discours de p....isme qu'elle tient ensuite ne vaut pas mieux. En supposant que vous supprimerez cela, la suite de cette métempsycose est bien, c'est-à-dire depuis l'endroit où elle devient femme d'un gentilhomme. C'est à vous de voir s'il n'y a pas trop de ressemblance dans ces différentes transmigrations de femmes. Pour moi, je le pense de même, et, plus j'en vois de cette espèce, plus je me confirme dans la manière dont j'ai marqué, plus haut, que je traiterois cette portion du genre humain.

Métempsycosiste joli homme. — Bien dépeint. Cette transmigration, la suivante et celle du petit maître, qui est après, n'en doivent être qu'une : il ne faut pas multiplier les transmigrations pour le même fond.

Dans la transmigration du métempsycosiste femme du militaire qui part pour la guerre, je ne vois rien à conserver que la réflexion qui la termine.

La transmigration suivante : fille extravagante. — Ce n'est pas, cependant, le caractère que vous peignez, mais celui d'une laide qui, faute de trouver des amants, en prend un qu'elle hait, par goût pour les hommes. A cela près, le morceau est bon ; ainsi il n'y a qu'à n'en pas faire une extravagante, mais une fille de tempérament.

Métempsycosiste femme sage, etc. — Le remplissage de cette transmigration ne me plaît point ; apparemment parce qu'il est trivial et point assez rajeuni par le tour.

7.

Livre Quatre.

Histoire amoureuse. — Vive et intéressante. Avec l'histoire de l'eunuque elle fait plus d'un cinquième de l'ouvrage, et, cependant, dans un ouvrage de mœurs, ce sont seulement deux épisodes ; au moins, celle-ci. Je ne conclus pas de là qu'il faille y rien changer, car elle est bonne ; mais il faut nourrir le reste. Autrement l'épisode devient le principal, au lieu qu'il n'est placé que pour délasser du ton moral.

8.

Livre Cinq.

L'idée du commencement de ce livre, fort bonne.

Page 8. — « Je croyois, Ayesda, qu'il ne valoit pas la peine, pour si peu de choses, de tant se distinguer de nous... » Je retrancherois ce qui suit, et mettrois tout de suite : « Mais on n'est ordinairement frappé, etc. »

Il y a une réflexion au commencement de ce livre qui m'engage à en faire une.

Le métempsycosiste dit à Ayesda : « Vous trouverez sans doute que j'ai été souvent ridicule... » Sur cela, j'observe qu'il n'est guère convenable, dans un ouvrage de morale, de ne peindre jamais que des vices, et, si vous ajoutez que vous n'en peignez même presque jamais que le côté ridicule, vous trouverez que cela met dans l'ouvrage une trop grande uniformité. Il faut donc peindre, tantôt un vice, tantôt un ridicule, tantôt une vertu, et varier même encore le ton autant qu'il sera possible; c'est-à-dire, traiter quelquefois cette morale philosophiquement, tantôt poétiquement, avec des images, tantôt historiquement, en racontant une histoire dont la seule description fasse naître l'idée morale, et tantôt avec un tour de plaisanterie.

Le métempsycosiste laquais d'un grand seigneur, et qui ne fait pas bien les commissions qu'on lui donne. — Cela vaut-il la peine d'être dit?

Le dialogue du métempsycosiste avec sa femme prise sur le fait n'est pas vraisemblable, même quand il seroit vrai.

Le métempsycosiste médecin d'un roi. — Cela est peu de chose; du moins, le commencement de la page 23 n'en vaut rien du tout.

Page 25. — Terme de *caillette,* trop bas... L'ouvrage dont il est ici question est trop allégorique aux *Lettres persanes.*

Le métempsycosiste barbier. — Cette transmigration basse devroit être justifiée par quelque chose de remarquable, et elle ne contient rien.

9.

Livre Six.

Ce livre est très bon, et il est même d'un ton si différent du reste que je soupçonne qu'il a été fait longtemps après.

Je crois qu'il faut absolument le finir par les réflexions sur les richesses. Les transmigrations du bavard, du médecin, etc., ne sont plus supportables en sortant de là, et, comme elles sont assez bonnes, je les placerois dans le corps de l'ouvrage. Il faut commencer avec quelque dignité, finir de même, et mêler le reste.

OBSERVATIONS GÉNÉRALES

J'en ai déjà fait plusieurs à mesure que cela s'est présenté; ainsi je n'ai pas grand'chose à ajouter.

L'ouvrage pèche par un trop grand nombre d'idées communes, et, comme c'est vous qui donnez l'être à ce métempsycosiste, on vous demandera souvent pourquoi vous lui avez donné une telle vie, et pourquoi telle autre. Vous l'avez fait valet, barbier, p....., etc. Pourquoi ne l'avoir pas fait aussi philosophe, conquérant, législateur, femme vertueuse, etc.? Ce métempsycosiste ne raconte jamais que ce qu'il fait. Pourquoi ne m'apprend-il pas quelquefois les actions des autres? Il a eu bien des vies qu'il auroit mieux remplies par ces récits, qui, d'ailleurs, jetteroient de la variété dans l'ouvrage.

C'est un préjugé ordinaire parmi les hommes que les grandes actions ont toujours de grandes causes. Pourquoi ne me raconteroit-il pas quelque événement célèbre de l'histoire, en me faisant voir les petits ressorts qui le déterminèrent, le conduisirent et le consommèrent? Enfin, si les siècles sont si différents, quoiqu'ils se ressemblent par le fond des mœurs, pourquoi ne pas m'en dire quelque chose? C'est la première idée qui doit se présenter à un métempsycosiste.

Je finis en disant que l'idée de l'ouvrage est charmante, qu'il y a des choses excellentes à tous égards, ainsi que je l'ai observé à mesure que cela s'est présenté ; mais que l'ouvrage est trop court pour un titre qui donne une si grande carrière, et que l'on sera toujours surpris de voir si souvent des choses médiocres par le fond dans un ouvrage qui n'a aucune limite pour le choix. Je recommencerois donc, et ne regarderois ceci que comme des matériaux.

Je n'ai pas marqué bien de petites fautes de détail. Cela sera nécessaire quand l'ouvrage sera fait.

DIALOGUE DE XANTIPPE

ET DE

XÉNOCRATE

DIALOGUE DE XANTIPPE

ET DE

XÉNOCRATE

Lorsque je quittai l'Afrique, je m'embarquai sur le vaisseau que les Carthaginois avoient donné à Xantippe pour retourner dans la Grèce, et je fus ravi de me trouver avec un homme dont la vertu étoit respectée par tout l'Univers.

Xantippe étoit modeste; il étoit vêtu très-simplement, et, dans le navire où nous étions, on eût eu d'abord de la peine à discerner qui de nous avoit détruit les armées des Romains et rendu à Carthage la liberté et l'empire.

Il étoit affable, sans descendre à une familiarité indécente, et le respect qu'on avoit pour lui n'étoit point de la nature de celui que l'on porte aux grands, qui est moins l'effet de l'amour et de l'admiration que de la timidité et de la crainte.

Je gardai longtemps le silence; mais, enfin, je le rompis : « Xantippe, lui dis-je, il est permis à un homme libre de parler à un Grec. Les Dieux ne vous ont pas fait vertueux pour vous seul. De qui pourrai-je apprendre à devenir meilleur, si ce n'est d'un homme tel que vous? »

Nous commençâmes à nous entretenir. Jamais discours n'ont fait plus d'impression sur moi que les siens. Je sentois mon cœur s'échauffer; la vertu me paraissoit plus belle; toujours attentif et toujours ému, il me sembloit qu'un Dieu me parlât et se communiquât à moi.

Un jour que nous discourions des grandes choses qu'il avoit faites en Afrique: « J'ai exécuté, me dit-il, ce que tout Lacédémonien auroit tenté comme moi, ce que nos vieillards nous ont enseigné, et ce que nous enseignerons aux autres. J'ai arrêté les entreprises d'un ennemi qui demandoit encore quelque chose après la gloire, et qui vouloit être injuste parce qu'il étoit heureux. Je ne pouvois comprendre que les Romains ne voulussent pas pardonner à Carthage, comme nous avons pardonné à Athènes, et qu'ils ne sentissent pas que les peuples vaincus ne sont plus des ennemis. »

« Jamais, lui dis-je, on ne vit un changement si prompt. Vous meniez une vie privée à Carthage; vous vîtes ses citoyens découragés par le nombre de leurs défaites; vous leurs rendîtes l'espérance; vous prîtes le commandement et fîtes des choses qu'on n'avoit point vues avant vous. »

« Xénocrate, me dit-il, je ne fis que mon devoir. »

« Le devoir, lui dis-je, ne vous lioit point aux Carthaginois. »

« Il me lie, me répondit-il, à tous les humains. Chaque Lacédémonien n'est-il pas né protecteur de la liberté commune? Et c'est la première chose que Lycurgue nous ait apprise. S'il n'avoit pensé qu'à

sa ville, je ne crois point qu'il l'eût soumise à une discipline si sévère; mais il a voulu former des hommes extraordinaires, qui veillassent sur les intérêts de tous les humains. J'ai vu les Carthaginois prêts à
5 tomber sous un joug étranger. « Carthage, ai-je dit,
» a dans ses murs un Lacédémonien: elle ne doit
» point être sujette. Puisse Lacédémone apprendre
» avec plaisir que les citoyens qu'elle a dégradés ont
» toujours conservé la noble ambition de se rendre
10 » dignes d'elle, et que, si je n'ai pu travailler pour son
» bonheur, j'ai, du moins, travaillé pour sa gloire! »

« Il y a, lui dis-je, une chose qui surprendra tout le monde: c'est que vous n'avez point trouvé un asile dans une ville dont vous êtes le libérateur. »

15 « C'est parce que je l'ai sauvée que je la quitte aujourd'hui. On ne sauroit guère être libre et avoir à tous les instants son libérateur devant ses yeux. Est-il juste qu'un seul homme gêne un peuple immense? Je laisse à Carthage des loix pour lesquelles j'ai com-
20 battu, et ne veux point, par une présence importune, diminuer le présent que je lui ai fait. »

« J'avoue, lui dis-je, que, si vous aviez gardé le commandement des armées, vous auriez pu vous rendre suspect. Mais vous le quittâtes d'abord et
25 allâtes vous confondre dans la foule des citoyens. »

« J'étois, me dit-il, connu des soldats, et j'en étois aimé [1]. O Dieux! qu'un Lacédémonien doit rougir d'être un tyran, lui devant qui tous les peuples doivent être libres. Que diroient mes ennemis, ou plutôt que
30 diroit ma famille, si l'on savoit que je me suis permis

1. [ENTRE LES LIGNES :] Passage trop brusque.

à Carthage ce dont j'ai été accusé à Lacédémone ?
Non ! Xénocrate, je dois quelque jour rendre compte
à ma patrie de mon exil même, et lui faire voir comment j'ai usé de ses punitions et de sa colère. Que
les exilés d'Athènes aillent soulever contre elle les
Grecs et les Barbares ; qu'ils viennent les armes à la
main : ils lui redemandent des droits qu'on ne peut
mériter que par ses larmes¹ ! Je plains une mère qui
a des enfants si cruels, et qui, ne les ayant vu soumis
que dans cet âge tendre fait pour craindre tout, a
obtenu quelque chose de leur foiblesse et rien de
leur amour. Pour moi, Xénocrate, je n'ai jamais
cessé un moment d'être citoyen de Sparte. J'ai été
dans les pays étrangers tel que j'aurois été dans ses
murailles : toujours enfant de Lycurgue, c'est à dire
ennemi de la tyrannie. Je fuis de tous les lieux où je
pourrois en être soupçonné. »

« Xantippe, lui répondis-je, je connois toute la
grandeur de votre âme ; mais il n'y a pas un seul
Grec qui ne soit indigné pour vous de l'ingratitude
des Carthaginois. Est-il possible qu'après avoir tant
reçu² ils ne vous aient pas accordé un seul honneur,
ni un seul bienfait ? »

« Et quel bien, grands Dieux ! répondit-il, un peuple barbare pourroit-il faire à un Lacédémonien ?
Est-ce de l'argent ou de l'or ? De l'or, dont les enfants
de Sparte ne sont pas éblouis ? De l'or, dont, chez
nous, les femmes publiques rougiroient de se parer ?
De l'or, qui n'est pas même envié par nos esclaves ?

1. [ENTRE LES LIGNES :] Oter *larmes*.
2. [ENTRE LES LIGNES :] Je crois *reçu* trop bas.

Lycurgue en a proscrit l'usage. Nos pères, qui prirent ses loix, le quittèrent sans regret, et nous nous en passons sans vertu. »

« Xantippe, lui dis-je, vos réponses m'humilieroient si elles ne portoient point dans mon cœur une vive ardeur de vous imiter; mais, comme je ne suis qu'un homme, permettez que ma tendresse pour vous parle encore un moment. Vous êtes exilé de Lacédémone. Vous quittez Carthage. Où irez-vous? »

« Xénocrate, me dit-il, depuis le jour où je vis Sparte la dernière fois, tous les lieux sont pour moi les mêmes. Lacédémone, en nous rayant du nombre de ses citoyens, nous laisse ce qu'elle nous donnoit : la vertu. Laissons pleurer les exilés de Crotone[1] et de Sybaris! Ils perdent tout, privés d'une patrie qui seule peut souffrir leur mollesse, et qui leur refuse les voluptés qu'elle leur avoit promises. Pour moi, je n'ai perdu que ce que je puis avoir dans tous les pays. »

« Xantippe, lui dis-je, vous autres héros vous dédommagez de tout par l'idée de l'admiration où vous jetez l'Univers. Le souvenir des grandes actions que l'on a faites adoucit bien des amertumes; les victoires sont des compagnes qui consolent toujours. On a bien tort de plaindre des hommes, qui, après leur chute, se trouvent encore si fort au-dessus des autres, et que l'on appelle malheureux pendant qu'ils sont couverts de gloire. »

« Xénocrate, me répondit-il, je ne connois point cette espèce de bonheur qui ne se rapporte qu'à

---

1. [ENTRE LES LIGNES :] Effacer *Crotone*. — *Lampsaque*.

celui qui en jouit. La gloire nous sépare du reste des hommes; mais la vertu nous y réunit, et, par là, elle fait notre vrai bonheur. Nos loix, qui gênent toutes les passions, contraignent surtout celles des héros. L'honneur n'est point parmi nous un être chimérique, inventé pour servir aux plus grandes erreurs des humains, qui s'obtient par hasard, se conserve sans dessein, se perd par un caprice, qui n'est presque jamais où il paroît être, et suit tantôt le crime et tantôt la vertu. L'exacte obéissance aux loix est l'honneur parmi nous. Sans cela, la naissance, le génie, les talents, les actions d'éclat ne peuvent rendre un citoyen plus illustre qu'en le rendant plus infâme, et, si notre roi Agésilaüs, le jour de son retour d'Asie, n'étoit venu, dans un repas frugal, se confondre avec ses citoyens, le dernier Lacédémonien auroit rougi de ses victoires. Quant à moi, Xénocrate, ce n'est point de celles de mes actions qui ont fait le plus de bruit dans le monde dont je suis le plus jaloux. Je suis content de moi parce que je n'ai jamais eu que les richesses, que l'ambition, que les voluptés que Lycurgue m'a permises. Je suis content de moi parce que j'ai soutenu sans peine les préférences qu'on a données à mes rivaux; que j'ai toujours aimé les loix, lors même qu'elles m'ont porté un dommage présent, et que mes ennemis en ont le plus abusé; que j'ai tellement réglé ma conduite que j'ai paru devant chaque citoyen comme j'aurois paru devant mes magistrats; que si, avec tout cela, les Lacédémoniens m'ont exilé, je prie, tous les jours, les Dieux qu'ils n'en soient pas plus irrités que moi,

et qu'ils fassent moins attention à quelques citoyens criminels qu'à la patrie qui est innocente. Et, ce qui me rassure, c'est qu'une nation qui a des loix comme la nôtre, doit être agréable aux Dieux. »
Pendant que nous parlions, le vaisseau s'entrouvrit, et nous découvrîmes la fraude des Carthaginois. Xantippe resta un moment sans rien dire; puis il s'écria : « Pourquoi faut-il que je vive si ma vie est à charge aux deux plus grands peuples de l'Univers ? Mourons ! me dit-il, Xénocrate; la mort ne fait que nous approcher des Dieux. »

Mais les Dieux immortels ne permirent pas qu'un si grand crime fût achevé : nous étions près du rivage; une barque de pêcheur vint à nous; nous y entrâmes, et notre vaisseau s'engloutit.

ESSAI SUR LES CAUSES

QUI PEUVENT

AFFECTER LES ESPRITS

ET LES CARACTÈRES

ESSAI SUR LES CAUSES
QUI PEUVENT
AFFECTER LES ESPRITS
ET LES CARACTÈRES[1]

[PREMIÈRE PARTIE]

[DES CAUSES PHYSIQUES QUI PEUVENT AFFECTER LES ESPRITS ET LES CARACTÈRES.]

Ces causes deviennent moins arbitraires à mesure qu'elles ont un effet plus général. Ainsi nous savons mieux ce qui donne un certain caractère à une nation que ce qui donne un certain esprit à un particulier, ce qui modifie un sexe que ce qui affecte un homme, ce qui forme le génie des sociétés qui ont embrassé un genre de vie que celui d'une seule personne.

. . . .

On a vu dans le livre XIVe de *l'Esprit des Loix* (chap. Ier) comment le froid et la chaleur du climat donnoient aux diverses nations un si différent caractère; on ne redira pas ici ce qu'on y a dit.

. . . .

De cette constitution physique, il doit suivre plu-

1. [EN MARGE :] Abréger autant qu'on pourra les choses communes sur l'air, la nourriture, etc.

sieurs effets. Les peuples du Nord n'auront pas cette pénétration subite, cette vivacité de conception, cette facilité de recevoir et de communiquer toutes sortes d'impressions qu'on a dans d'autres climats. Mais, s'ils n'ont pas l'avantage de la promptitude, ils auront celui du sang-froid; ils auront plus de constance dans leurs résolutions, et feront moins de fautes lorsqu'ils exécuteront.

Le peuple de Hollande [1] est fameux par la lenteur avec laquelle il reçoit ses idées. C'est à cela qu'il doit cette suite dans les principes de sa politique et cette constance dans ses passions qui lui ont fait faire de si grandes choses.

L'imagination chez les peuples du Nord sera donc plus tranquille [2]; ils seront moins capables de faire ce qu'on appelle des ouvrages d'esprit que des ouvrages de compilation; et, par la même raison, ils seront plus propres que les autres peuples à faire, dans les arts, ces découvertes qui demandent un travail assidu et des recherches suivies.

. . . .

C'est de cette différente constitution de la machine que naît la différente force des passions : dans un pays où l'amour est le plus grand intérêt, la jalousie est la plus grande passion.

. . . .

Les peuples des pays chauds ont besoin, comme nous avons dit, d'user d'aliments aqueux [3]; or, ce

---

1. [EN MARGE :] Mis [dans *l'Esprit des Loix*].
2. [EN MARGE :] Je n'ai point mis cet article.
3. [EN MARGE :] Point mis encore.

sont les plus légers. D'ailleurs, il leur faut des nourritures délicates, parce que leurs fibres sont foibles, et leurs fibres deviennent foibles parce qu'ils prennent des nourritures délicates.

Les peuples des pays froids ont besoin, pour se soutenir, d'une nourriture grossière ; la dissipation qui se fait dans leurs solides demande de grandes réparations. D'ailleurs, leur nourriture doit être grossière parce que leurs fibres sont fortes, et leurs fibres sont fortes parce que leur nourriture est grossière.

Ceux qui avoient soin de former les athlètes et les jeunes gens qui s'exerçoient au palestre trouvoient que leur force dépendoit entièrement de la grossièreté de la nourriture qu'ils leur donnoient : c'étoit du cochon, assaisonné avec de l'aneth, et une sorte de pain fort pesant, pétri avec du fromage. S'ils leur donnoient une nourriture plus légère, en quelque quantité qu'ils la donnassent, ils voyoient diminuer d'abord la force de leurs élèves. Il falloit donc que la nourriture grossière épaissît leurs fibres et leur donnât une plus forte contexture. Lorsque l'épaississement et la dureté des fibres sont portées à un certain excès, le cerveau est dans un perpétuel engourdissement. Les fibres et les esprits ne sont pas capables de recevoir ce nombre infini de mouvements variés, subits, distincts, dont ils ont besoin. Les athlètes, dont nous avons parlé, sont une preuve de ceci [1] ;

---

1. « Gorgus Messenius, dit Polybe, étoit bien éloigné de cette stupidité qui accompagne les athlètes. » *(Excerpta ex Polybio, libro VII°.)*

tous les auteurs conviennent de la pesanteur de leur esprit.

Quoiqu'il y ait de l'apparence que les impressions se communiquent à l'âme par le moyen d'un esprit ou suc contenu dans les nerfs, il faut pourtant que les fibres soient flexibles et qu'elles aient une certaine facilité à mouvoir et à être mues [1]. Ce sont des choses réciproques. Le suc nerveux ne peut être porté sans quelque tension de fibres, ni les fibres être tendues ou mues sans que le suc nerveux y soit porté [2].

L'âme se redonnera des idées lorsqu'elle pourra reproduire dans le cerveau les mouvements qu'il a eus, et qu'elle y fera couler le suc nerveux. La flexibilité des fibres pourra donc lui donner de la facilité pour se donner des idées.

Plus une corde d'un instrument de musique est menue, plus elle est propre à rendre un son aigu : c'est-à-dire qu'elle fait plus de vibrations, dans un même espace de temps, qu'une autre dont le son est plus grave; et, au contraire, plus la corde est grosse, plus le son en est grave : c'est-à-dire qu'elle fait moins de vibrations, dans un même espace de temps, qu'une autre dont le son est plus aigu. Lors

---

1. Lorsque les diamètres des nerfs sont plus grands, il y a une plus grosse colonne de liquides contenue entre le bout extérieur du nerf et l'intérieur, et les impressions pourront être moins fortes. — Il semble que les ganglions de nerfs qui s'attachent en divers endroits, en chemin faisant, s'opposent au système de vibrations.

2. M. Bertin dit avoir fait une belle expérience : il lie le nerf diaphragmatique d'un chien; il le presse au-dessus de la ligature, et le mouvement se rétablit comme s'il avoit pressé au-dessous. De façon que l'expérience que l'on alléguoit contre les vibrations est pour les vibrations.

donc que les fibres que l'âme meut sont grossières, les vibrations en sont moins fréquentes et plus lentes [1].

Les objets extérieurs donnent à l'âme des sensations [2]. Elle ne peut pas se les redonner, mais elle peut se rappeler qu'elle les a eues; elle a senti une douleur; elle ne se rend point cette douleur, mais elle sent qu'elle l'a eue: c'est-à-dire qu'elle se remet, autant qu'il est en elle, dans l'état de la sensation. Pour l'avoir véritablement, il faudroit qu'elle lui vînt par la voie par laquelle elle l'a déjà eue. Une idée n'est donc qu'un sentiment que l'on a à l'occasion d'une sensation qu'on a eue, une situation présente à l'occasion d'une situation passée.

Lorsque, par le moyen des sens, l'âme a senti une douleur, l'irritation de la partie a fait une pression à l'origine du nerf et excité un mouvement aussi sensible que l'irritation a été forte. Or l'âme, qui a la faculté de faire passer les esprits où elle veut (comme l'expérience de tous les mouvements volontaires le fait voir), peut faire repasser les esprits par les chemins où ils ont été [3], lorsqu'ils ont été excités par une cause étrangère. Ils repassent donc

---

[1]. Les fibres de notre cerveau, incessamment remuées, doivent être comme celles des doigts d'un joueur de clavecin, qui semblent, par la force de l'habitude, aller toutes seules et ne dépendre plus de la volonté.

[2]. [NOTE DÉTACHÉE :] L'âme peut faire trois choses : 1º retenir les esprits et les employer à se redonner les sensations; 2º s'en servir pour les divers mouvements qu'elle veut donner au corps; enfin, les laisser aller, par le cervelet, pour les mouvements de la vie.

[3]. [NOTE DÉTACHÉE :] Ce que dit M. Sénac, que la révulsion des esprits est inexplicable. Pourquoi cela? Je sais bien qu'ils ne

dans le cerveau, ou le pressent, ce qui est la même chose. Or ce nouveau sentiment n'est qu'une idée ou représentation, puisque l'âme sent bien que ce n'est pas la sensation même, et que ce mouvement ne lui vient pas, comme l'autre, de toute l'étendue du nerf, ni d'une action étrangère, mais de la force de sa volonté. Il n'en faut pas davantage pour expliquer ce que c'est que le sentiment. Les perceptions, les idées, la mémoire, c'est toujours la même opération, qui vient de la seule faculté que l'âme a de sentir; mais l'on voit de quelle nécessité il est que les fibres du cerveau soient flexibles.

La trop grande rigidité ou grossièreté des fibres [1] peut produire la lenteur dans l'esprit; mais leur trop grande flexibilité, lorsqu'elle est accompagnée de relâchement, en peut produire la foiblesse; et, quand cette délicatesse et ce relâchement se trouvent joints à une grande abondance d'esprits animaux, l'inconstance, la bizarrerie, les caprices en sont les effets naturels: le cerveau est vivement mû par l'objet présent et cesse de l'être par les autres.

circulent pas des parties au cerveau, et qu'il y a apparence qu'ils continuent leur route. Mais pourquoi ne peuvent-ils pas presser des extrémités vers le cerveau, puisqu'ils sont des tuyaux pleins? — De là je conclus, par l'analogie des opérations, que l'âme ne sent, par le ministère des autres nerfs, que par les pressions qu'un canal plein de liqueur, pressé d'un côté, fait effet sur l'autre, doit de même, pressé par l'autre bout, faire effet sur le premier. Si donc l'âme, pressant les fibres du côté de la moelle allongée, envoie des esprits vers les jambes, les nerfs qui, partant du cerveau, aboutissent aux jambes, pressés du côté des jambes, doivent faire une pression dans le cerveau par leur (?) moyen (?).

1. [EN MARGE :] Peut-être ôter cela.

On ne sait pas trop quelle disposition particulière du cerveau est requise pour la vivacité de l'esprit, mais on en peut conjecturer quelque chose. Par exemple, on sait que la vivacité des yeux est souvent un signe de celle de l'esprit. Or les peuples des pays froids ont rarement les yeux vifs. Comme ils ont dans le cerveau une humidité superflue, les nerfs qu'on appelle moteurs, perpétuellement baignés, se relâchent et sont incapables de produire dans les yeux les vibrations promptes et vives qui les rendent brillants. Or, comme je viens de dire que la vivacité de l'esprit et celle des yeux s'accompagnent ordinairement, il semble qu'il suive de là que l'humidité superflue qui est contraire à l'un soit presque aussi contraire à l'autre. Ainsi les anciens avoient bien rencontré, quoique sans savoir ce qu'ils disoient, lorsqu'ils regardoient l'esprit comme une sécheresse modérée du cerveau.

On a observé en Angleterre que les os d'un cheval de race, c'est-à-dire venu d'un étalon barbe et d'une jument angloise, pèsent, à grosseur égale, la moitié plus que ceux d'un cheval anglois ordinaire. Les os des premiers ont moins de moëlle, et leurs fibres sont plus compactes, et leur tissu moins rare. Je voudrois faire la même expérience sur les os d'un Hollandois et d'un homme des Pyrénées. Si la différence se trouvoit telle, on pourroit penser que les fibres plus ou moins sèches, plus ou moins compactes, contribueroient à former la différence de leur caractère.

L'air, entrant dans nos poumons, fait enfler les vésicules sur lesquelles rampent les petits rameaux de l'artère et de la veine pulmonaire, qui, cessant d'être affaissées, permettent au sang de traverser toute la substance des poumons. Quand l'air a beaucoup de ressort, il se fait un nombre infini de petites percussions dans les parois des vésicules, et, par conséquent, sur les tuniques des vaisseaux du sang qui rampent dessus. Ce sont des degrés de mouvement continuellement ajoutés; le sang se divise mieux, et il devient plus propre à une abondante sécrétion d'esprit.

On attribuoit à la subtilité de l'air d'Athènes celle de l'esprit des Athéniens [1], et il y a bien de l'apparence que c'en étoit une des plus grandes causes, puisque, aujourd'hui que les Athéniens, esclaves et sans éducation, n'ont guère que l'air pour eux, sous l'empire du Turc, leur génie se remarque encore.

On a ouï parler de l'esprit des Canarins, peuples qui habitent le territoire de Goa. Ils ont tant d'avantages sur le Portugais, qu'ils font plus de progrès dans les collèges, dans six mois, en quelque science que ce soit, que les Européens, dans un an; et cette supériorité va si loin qu'elle donne de l'ombrage à la nation dominante. Les Portugais défendent aux Canarins d'équiper des vaisseaux; il les affoiblissent, dans le cœur et dans l'esprit [2], par une espèce d'esclavage; ils ne leur permettent de posséder aucun emploi, excepté celui de solliciteur de procès, où ils exercent une chicane si subtile qu'elle passe les espérances des plaideurs.

1. [EN MARGE:] Citer.
2. [EN MARGE:] Oter cela ou le diminuer.

Et, de ceci, on peut conclure deux choses : l'une, que le climat contribue infiniment à modifier l'esprit; l'autre, que l'effet n'est pas prompt, et qu'il faut une longue suite de générations pour le produire [1] : car les Portugais, depuis la conquête, sont toujours à peu près comme ils étoient.

Les choses dont on se nourrit ont, dans chaque pays, une qualité analogue à la nature du terrain. On trouve du fer dans le miel; il faut donc que les particules de ce métal s'insinuent dans les plantes et les fleurs d'où les abeilles le tirent. On en trouve dans le sang; il faut donc que les plantes ou les animaux dont l'homme se nourrit se soient chargés de ces parties. On en peut dire de même des autres métaux et des autres minéraux [2]. Voilà les esprits et les caractères véritablement soumis à la différence des terroirs.

Si l'air de chaque pays agit sur les esprits, les vents, qui sont des transports d'air, ne les affectent pas moins. Il y a de cela, par toute la terre, des preuves bien remarquables. Les peuples qui bordent les Pyrénées en deçà sont bien différents de ceux qui les bordent au delà; les peuples qui ont l'Apennin au nord sont bien différents de ceux qui l'ont au midi; et ainsi du reste.

Les vents agissent, ou en transportant un air plus grossier ou plus subtil, plus sec ou plus humide que celui du climat où l'on est, ou plus chargé des parti-

---

1. [EN MARGE :] Oter cela.
2. Il en entre assez pour affecter les corps, mais pas assez pour leur nuire.

cules propres du pays par où ils ont passé, ou enfin en donnant à l'air une plus grande légèreté. Mais la force de l'action est beaucoup augmentée par la promptitude; car ils nous prennent tout à coup, et nous changent en un instant.

Il y a, en Italie, un vent du midi [1] appelé *Chiroc*, qui a passé par les sables d'Afrique. Il gouverne l'Italie; il exerce sa puissance sur tous les esprits; il produit une pesanteur et une inquiétude universelle. Un homme sent, dans son lit, que le vent est chiroc; on se gouverne différemment de ce qu'on faisoit la veille. Enfin, le Chiroc est l'intelligence qui préside sur toutes les têtes italiennes, et je serois tenté de croire que cette différence qui se trouve entre l'esprit et le caractère des habitants de Lombardie et celui des autres Italiens vient de ce que la Lombardie [2] est couverte par l'Apennin, qui la défend des ravages du Chiroc.

Les Anglois ont aussi leur vent d'est. Mais il y a cette différence que les maladies qui attaquent l'esprit chez les Italiens les portent beaucoup à se conserver, au lieu que celles qui attaquent l'esprit des Anglois les portent à se détruire. La maladie angloise n'est point simplement l'effet d'une cause passagère, mais de plusieurs autres qui ont agi de longue main [3].

1. C'est proprement le sud-est. La relation de l'Égypte du Père Ansted nous apprend qu'elle est sujette aux ravages du même vent du midi.
2. La Lombardie est un triangle, qui a sa pointe au Piémont, sa base à la mer Adriatique, et les côtés formés par les Alpes et par l'Apennin.
3. [EN MARGE :] Mettre aux loix relatives au climat.

La différence des sexes doit aussi diversifier les esprits. La révolution périodique qui se fait chez les femmes a des effets très étendus. Elle doit attaquer l'esprit même. On sait qu'elle a pour cause une plé-
5 nitude, qui augmente continuellement pendant un mois ou environ; après quoi, le sang, qui se trouve en trop grande quantité, force lui-même les passages. Or, cette quantité changeant chaque jour en elles, leur humeur et leur caractère doit changer de même.
10 Les femmes ont les fibres plus molles, plus lâches, plus flexibles, plus délicates que les hommes. La raison en est qu'une partie de leurs vaisseaux sont moins pressés; car la cavité formée par l'os sacré, le coccyx, les os pubis, les os innominés, est plus
15 grande chez elles. La matrice et les vaisseaux infinis qui la composent pourront mieux se dilater; et, de la même manière que les veines ont une contexture moins forte que les artères, parce qu'elles peuvent être plus dilatées, il en sera de même de ces vais-
20 seaux. D'ailleurs, le sang trop abondant pouvant s'ouvrir des passages, les vaisseaux n'auront pas besoin d'une contraction si forte pour le repousser des extrémités au centre.

De plus, les hommes ont un organe qui, par une
25 fonction qu'il commence à avoir chez eux à l'âge de la puberté, change dans un temps très court la contexture de leurs fibres, qui avoient auparavant la même délicatesse que celles des femmes. On ne sait pas expliquer de quelle manière cette liqueur séparée,
30 filtrée, gardée dans ces organes, produit ces effets; mais on le voit, et on voit qu'il n'arrive ni chez les

femmes, ni chez les eunuques. On sait, d'ailleurs, que cette liqueur est si active que les femelles des animaux dont nous nous nourrissons changent de goût dès qu'elles ont conçu; ce qui suppose, vu la manière dont se fait la sensation du goût chez nous, un extraordinaire dérangement dans leurs fibres. Toutes ces choses nous font assez sentir la différence physique du caractère des deux sexes.

Les observations anatomiques nous font voir une prodigieuse variété, d'un sujet à un autre. Elle est telle qu'il n'y a peut-être jamais eu deux hommes dont les parties organiques aient été disposées à tous égards de même façon.

Si l'on jette les yeux sur les livres d'anatomie, et qu'on prenne, par exemple, les veines, on verra qu'il y en a peu qui s'insèrent, les unes à l'égard des autres, dans un sujet comme dans un autre: l'un n'aura qu'une veine d'un certain nom, tandis que l'autre en aura deux. Ce qu'on trouvera à l'égard des veines, on le trouvera tout de même à l'égard des artères, des nerfs, des vaisseaux lymphatiques. Je n'entrerai point dans le détail: il seroit infini; et même les remarques que l'on a faites ne sont rien en comparaison de celles qui ne sont point en notre pouvoir.

Ces variétés que nos yeux nous montrent dans les parties que nous pouvons distinguer dans le corps humain ne sont pas moindres dans les vaisseaux imperceptibles du cerveau.

S'il arrivoit, dans les premiers temps de la circulation, que le sang, par quelque cause, trouvât plus de résistance à passer par l'aorte inférieure [1] que par les branches de la supérieure, il monteroit au cerveau en plus grande quantité, et il ne faut pas douter que la filtration des esprits ne fût très différente de ce qu'elle seroit dans le cas contraire. Et cet effet seroit permanent, car les vaisseaux, ayant plus de liquide à contenir, augmenteroient leur diamètre.

Les parties ne remplissent bien les fonctions auxquelles elles sont destinées que lorsque leur grandeur est dans la proportion qu'exige la mécanique du corps. La tête doit loger six lobes du cerveau et deux du cervelet; sa figure doit donc répondre à cette destination. Si nous ne la lui voyons pas, il faut qu'il y ait quelque irrégularité dans celle du cerveau.

Quoique, lorsque nous pensons, nous sentions que l'action se fait dans la tête, et non pas dans les pieds et les mains, cependant ce ne sont pas les seules fibres du cerveau qui intéressent l'esprit [2]. Un exemple donnera du jour à ceci.

---

1. Il y a des sujets où l'on trouve deux veines jugulaires externes de chaque côté; le sang se vide plus aisément du cerveau, et, par conséquent, y monte plus aisément.

2. Plus les sensations nous sont nécessaires, plus elles sont claires, fortes, générales. Ainsi le sens de la vue, de l'ouïe et du toucher sont très distincts. Les nerfs, qui en sont les organes, frappent et touchent dans un climat comme dans un autre. Ce sont les petites sensations, lesquelles sont inutiles au bien de la machine, qui ne sont pas données à tous, mais seulement aux gens délicats. Il a été nécessaire que chacun entendît les sons; non que chacun fût sensible aux beautés de la musique. Il a été nécessaire que chacun sût exprimer ses pensées par la parole; mais il n'a pas été nécessaire que tout le monde pensât finement. En un mot les actions fortes et grossières des sens sont données à tous les hommes; les délicates sont données à peu.

La portion dure du nerf auditif forme ce qu'on appelle la corde du tambour de l'oreille; laquelle se termine dans le nerf lingual du troisième rameau de la cinquième paire. La portion dure se divise en trois branches : l'inférieure, la moyenne et la supérieure. Elles communiquent aux trois branches [1] de la cinquième paire, laquelle envoie deux rameaux à l'intercostal. De plus, cette portion dure se joint avec les nerfs cervicaux, qui communiquent eux-mêmes au nerf intercostal [2]. Cet intercostal est le grand instrument des mouvements que la volonté ne produit point en nous, parce qu'il va au cœur et aux poumons, et dans toutes les parties contenues dans la poitrine et dans le bas-ventre. D'où je conclus que, lorsque nous entendons chanter ou déclamer, il se fait deux choses également mécaniques : l'une, que nous entendons clairement les sons; l'autre, que nous sommes émus par ces sons; et il arrive tous les jours que, de deux personnes, celle qui entend mieux est la moins émue. Pour qu'on entende bien, il suffit que l'organe de l'oreille soit bien conformé; pour être ému, lorsqu'on entend, il faut que la communication se fasse bien des nerfs de l'oreille aux nerfs qui vont aux autres parties du corps produire des mouvements

---

1. La branche supérieure du tronc de la portion dure communique avec la première branche de la cinquième paire, appelée nerf ophtalmique; la branche moyenne se joint avec la seconde branche de la cinquième paire ou le nerf maxillaire supérieur; et la branche inférieure communique avec la troisième branche de la cinquième paire ou le nerf maxillaire inférieur.

2. Quelquefois les sept nerfs cervicaux communiquent avec l'intercostal.

involontaires. Pour lors, le cœur est remué, la plupart des parties intérieures le sont aussi, et l'émotion, qui sembloit ne devoir venir au cerveau que de l'oreille, y vient de presque toutes les parties du corps.
Mais, comme le sentiment de l'esprit est presque toujours un résultat de tous les différents mouvements qui sont produits dans les divers organes de notre corps, les hommes en qui la communication des mouvements est aisée peuvent avoir plus de délicatesse dans le sentiment, plus de finesse dans l'esprit, que ceux en qui elle est difficile.

L'âme est, dans notre corps, comme une araignée dans sa toile. Celle-ci ne peut se remuer sans ébranler quelqu'un des fils qui sont étendus au loin, et, de même, on ne peut remuer un de ces fils sans la mouvoir. On ne peut toucher un de ces fils qui *(sic)* n'en remue quelque autre, qui lui répond. Plus ces fils sont tendus, mieux l'araignée est avertie. S'il y en a quelques-uns de lâches, la communication sera moindre de ce fil à l'araignée ou de ce fil à un autre fil, et la providence de l'araignée sera presque suspendue dans sa toile même.

Comme ceux qui jouent de quelque instrument de musique ont soin d'y mettre des cordes qui n'aient aucun nœud, qui n'aient pas un endroit plus ou moins épais, plus ou moins serré que les autres, afin qu'il ne se fasse pas d'interruption, il faut de même, dans notre machine, pour la communication facile des mouvements, que toutes les parties nerveuses soient unies, lisses, qu'il n'y ait point d'endroit plus serré, plus sec, moins propre à recevoir le suc nour ricier, que chaque partie réponde au tout, que ce tout soit un, et qu'il n'y ait aucune interruption dans la contexture.

Rien n'existe dans la nature qui ait une entière uniformité; mais chaque chose en a plus ou moins, et ce plus ou moins d'uniformité dans chaque fibre met de grandes différences dans les mouvements.

On ne sauroit croire de combien de choses dépend l'état de notre esprit. Ce n'est pas la seule disposition du cerveau qui le modifie: toute la machine ensemble, presque toutes les parties de la machine y contribuent, et souvent celles qu'on ne soupçonneroit pas.

Il y a un certain genre d'hommes qui sont ordinairement tristes, colères, capricieux, foibles, vindicatifs, bizarres, timides : ce sont les eunuques. Soit que la semence rentre dans le sang, soit qu'elle ne s'en sépare pas, il est certain qu'ils deviennent différents des autres hommes. Ce défaut de séparation, qui est aussi dans les femmes, met une ressemblance au moins entre les corps. Par exemple, le tempérament des eunuques devient foible comme celui des femmes, et ils n'ont point de barbe, non plus qu'elles.

La continence perpétuelle peut mettre à peu près dans le cas des eunuques ceux qui, sans la permission de la Nature ou une vraie vocation d'En-haut, se sont livrés au célibat. Ils ont bien la propriété, mais séparée de l'usufruit, et cette propriété même peut contribuer à les désoler davantage. La liqueur se sépare dans les vésicules séminaires; elle y séjourne trop longtemps; elle les irrite, avertit l'âme d'envoyer des esprits, et l'âme n'ose obéir.

Les passions agissent beaucoup sur nous. La vie n'est qu'une suite de passions, qui sont quelquefois plus fortes, quelquefois plus foibles; tantôt d'un genre et tantôt d'un autre. Il ne faut pas douter que la combinaison de ces passions pendant toute la vie, combinaison différente dans chaque homme, ne mette de grandes variétés dans les esprits.

Il y a des passions qui donnent du ressort aux fibres; d'autres qui les relâchent. Cela se prouve, d'un côté, par la force et la puissance de la colère, et, de l'autre, par les effets de la crainte. Les bras tombent, les jambent plient, la voix s'arrête, les muscles se relâchent. Ainsi une vie longtemps timide ou longtemps courageuse le sera toujours.

Nous devons être extrêmement ménagers des fibres de notre cerveau. Comme les mouvements modérés nous en promettent une infinité d'autres, les violents prennent sur ceux qui doivent suivre. Les Orientaux s'égaient avec une décoction de chanvre, qui leur procure des idées si agréables et des plaisirs si vifs, qu'ils sont pendant quelques heures comme hors d'eux-mêmes. La suite de cela est un abattement total et un état qui approche de la léthargie. L'effet de cette liqueur [1] est de tirailler les fibres [2], qui deviennent incapables d'être mues par une action moindre. Une dose n'abrutit que pour un temps; un long usage abrutit pour toujours. La grande joie est

1. Elle échauffe, augmente la force du cœur et le mouvement du sang; les liquides atténués passent avec force dans les vaisseaux du cerveau, où ils ne devroient entrer que foiblement.

2. Ce tiraillement est la cause de la perte d'idées qui se fait dans de certaines maladies.

un état aussi éloigné de la santé que la grande douleur. Le plaisir d'être est le seul plaisir de celui qui est actuellement en santé.

L'usage immodéré du vin abrutit insensiblement. Les fibres sont excitées, mais pour un temps; elles tombent, et il faut encore du vin pour les mouvoir. Bientôt la même dose ne suffira pas, et, pour produire le même effet, il faudra tous les jours une action plus forte.

Les grands seigneurs, qui s'épuisent par les plaisirs, tombent dans l'accablement, l'ennui, la foiblesse d'esprit, et ce sont des malheurs qu'ils communiquent à leurs enfants. Ils s'ennuient, parce qu'ils ne peuvent plus recevoir d'impressions nouvelles. Ils sont accablés, parce qu'ils ne sont plus capables de mouvements vifs. Ils ont quelquefois l'esprit foible, parce que, ne recevant plus que les impressions des objets présents, ils sont nécessairement déterminés par le mouvement actuel et momentané qu'on leur donne.

Le sommeil trop long abrutit extrêmement [1]. Les fibres restent trop longtemps sans être mues; les esprits s'épaississent et séjournent dans leurs réservoirs. Les athlètes étoient les plus grands dormeurs [2] et les plus stupides de tous les hommes.

Les grandes veilles ne produisent pas la stupidité, mais l'imbécillité et même la folie [3], surtout si elles sont jointes aux grands jeûnes. Les esprits s'exaltent,

---

1. Aulu Gelle dit qu'on a remarqué que les enfants qui dorment trop deviennent stupides. — Voyez mon extrait.
2. Platon, *République,* livre Ier.
3. Lire dans Boerhaave, *De Vigilia (Institutiones medicæ),* et, de plus, dans sa *Pathologie;* c'est le même tome.

courent impétueusement dans le cerveau, comme dans le transport, et y font des traces profondes.

Personne ne sauroit soupçonner les anciens Pères du Désert d'avoir été des imbéciles. La grande réputation qu'ils eurent de leur temps, les hommages que les gens du monde rendirent à leurs lumières, en venant les consulter de toutes parts, marquent qu'indépendamment de leur sainteté ils n'étoient pas des gens méprisables. Cependant ces pères, par leurs jeûnes et par leurs veilles poussées trop loin, se gâtèrent la tête à faire pitié, et les combats sans relâche qu'ils s'imaginèrent avoir contre les Démons furent une de ces foiblesses qui semblèrent attachées à leur genre de vie.

Le long usage du chant, surtout les hurlements, abrutissent encore. Nous voyons, dans Tite Live [1], que cette secte de débauchés qui célébroient les Bacchanales et s'assembloient dans les lieux secrets, où, dans les mystères de la superstition la plus impie, ils corrompoient ou égorgeoient des jeunes gens, au bruit des voix et des instruments de musique, s'étoient entièrement abrutis par leurs veilles et leurs hurlements continuels.

Nous savons que les Mahométans, qui, pour se procurer des extases, se mettent dans des tombeaux où ils veillent et ne cessent de hurler, en sortent toujours avec l'esprit plus foible. Mahmout [2], un des conquérants de la Perse, qui, dans quelque disgrâce,

---

1. Quatrième Décade, livre IX.
2. *Histoire de la dernière Révolution de Perse*, à Paris, 1728, t. II, p. 295.

voulut ainsi consulter le Ciel, tomba dans une espèce de folie, qui ne le quitta plus.

Les hurlements étourdissent et donnent des mouvements irréguliers aux fibres. Les esprits se portent, sans ordre, de côté et d'autre. Toutes les traces se confondent : les unes s'impriment plus vivement, les autres s'effacent, et le trouble règne dans le cerveau.

La solitude ne produit pas des effets moins dangereux pour l'esprit que les jeûnes, les veilles et les cris. Le repos où elle laisse les fibres du cerveau fait qu'elles deviennent presque incapables de se mouvoir. On remarque que ces quiétistes indiens, qui passent leur vie à considérer le néant, deviennent de véritables bêtes. Il n'y a pas une partie de notre corps qui, si elle n'exerce ses fonctions, puisse les conserver. Les dents sur lesquelles on ne mâche pas se gâtent, et, si l'on ne se sert que d'un œil, l'autre se perd.

Je crois que, dans une matière aussi compliquée que celle-ci, il faut éviter d'entrer dans de trop grands détails. Huarte, auteur espagnol, qui a traité ce sujet avant moi, raconte que François Ier, rebuté des médecins chrétiens et de l'impuissance de leurs remèdes, envoya demander à Charles-Quint un médecin qui fût Juif. Le bonhomme cherche la raison pourquoi les Juifs ont l'esprit plus propre à la médecine que les Chrétiens, et il trouve que cela vient de la trop grande quantité de manne que les Israélites mangèrent dans le Désert.

SECONDE PARTIE

DES CAUSES MORALES QUI PEUVENT AFFECTER LES ESPRITS ET LES CARACTÈRES.

Ceux qui commencent à faire usage de leur raison se trouvent chez un peuple barbare, où l'on n'a aucune sorte d'éducation, ou bien chez un peuple policé, où l'on reçoit une éducation générale dans la société [1].

Ceux qui naissent chez un peuple barbare n'ont proprement que les idées qui ont du rapport à la conservation de leur être; ils vivent dans une nuit éternelle à l'égard de tout le reste. Là, les différences d'homme à homme, d'esprit à esprit, sont moins grandes : la grossièreté et la disette d'idées les égalisent en quelque manière.

Une preuve qu'ils manquent d'idées, c'est que les langues dont ils se servent sont toutes très stériles : non seulement ils ont peu de mots, parce qu'ils ont peu de choses à exprimer, mais aussi ils ont peu de manières de concevoir et de sentir.

Les fibres de leur cerveau, peu accoutumées à être pliées, sont devenues inflexibles. Il faut comparer les hommes qui vivent chez ces peuples aux vieilles gens qui, parmi nous, n'ont jamais rien appris : leur cerveau n'a pas, si je l'ose dire, travaillé,

---

1. [AU BAS DE LA PAGE :] Il me semble que ce qui concerne l'éducation languit. Car qui est-ce qui doute que l'éducation ne serve beaucoup?

et leurs fibres ne sont pas rompues aux mouvements requis. Ils sont incapables d'ajouter des idées nouvelles au peu qu'ils en ont, et ce n'est pas seulement dans le cerveau que cette indisposition se trouve : on la trouveroit tout de même dans leur gosier, si on vouloit les faire chanter, et dans leurs doigts, si on vouloit les faire jouer de quelque instrument de musique.

On a éprouvé que les sauvages de l'Amérique sont indisciplinables, incorrigibles, incapables de toute lumière et de toute instruction; et, en effet, vouloir leur apprendre quelque chose, vouloir plier les fibres de leur cerveau, c'est comme si on entreprenoit de faire marcher des gens perclus de tous leurs membres.

La grossièreté peut aller à un tel point chez ces nations que les hommes y seront peu différents des bêtes : témoin ces esclaves que les Turcs tirent de Circassie et de Mingrélie, qui passent toute la journée la tête penchée sur leur estomac, sans parole et sans action, et ne s'intéressent à rien de ce qui se passe autour d'eux.

Des cerveaux ainsi abandonnés perdent leurs fonctions : ils ne jouissent presque pas de leur âme, ni elle de son union avec le corps.

C'est l'éducation qui rend cette union parfaite; nous la trouvons chez les nations policées. Là, comme j'ai dit, nous en recevons une particulière dans notre famille, et une générale dans la société.

L'éducation particulière consiste : 1° à nous procurer des idées; 2° à les proportionner à la juste valeur des choses. Or le plus ou le moins d'idées, le plus ou le moins de justesse que l'on met dans leur rapport doit beaucoup diversifier les esprits.

Ceux qui nous élèvent sont, pour ainsi dire, des fabricateurs d'idées : ils les multiplient; ils nous apprennent à les composer, à faire des abstractions; à chaque instant, ils nous donnent de nouvelles manières d'être et d'apercevoir [1].

Les vieillards, au contraire, tombent peu à peu dans l'imbécillité par la perte journalière qu'ils font de leurs idées : ils rentrent dans l'enfance en les perdant, comme les enfants en sortent en les acquérant.

Les hommes qui ont peu d'idées doivent se tromper dans presque tous leurs jugements. Les idées se tiennent les unes aux autres. La faculté principale de l'âme est de comparer, et elle ne peut l'exercer dans une pareille indigence.

L'éducation ne multiplie pas nos idées sans multiplier aussi nos manières de sentir. Elle augmente le sens de l'âme, raffine ses facultés, nous fait trouver ces différences légères et délicates qui sont imperceptibles aux gens malheureusement nés ou élevés.

Ce n'est pas assez d'avoir beaucoup d'idées et beaucoup de manières de sentir; il faut encore qu'il y ait de l'harmonie entre elles et les choses. C'est sottise d'être frappé plus qu'il ne faut par un objet; c'est sottise de ne l'être pas assez.

Mais il est rare que les hommes reçoivent les impressions des objets d'une manière proportionnée

1. Voyez la différence d'une langue où il n'y a point eu d'écrivains, et d'une autre où il y a eu de beaux génies qui ont écrit.

à leur valeur. La première impression que nous recevons nous frappe presque toujours sans retour, et cela est bien aisé à comprendre : les premières idées sont toujours reçues dans un esprit, parce que, ne pouvant les comparer à d'autres, rien ne les lui fait rejeter. Or la seconde idée ne peut guère le faire revenir de la première, ni la troisième de la seconde; car ce n'est qu'avec la première qu'il juge de la seconde, et qu'avec la seconde qu'il juge de la troisième. Ainsi les premières choses qui l'ont frappé, quelle qu'en soit la valeur, semblent devoir être, en quelque façon, indestructibles.

On a remarqué que les vieilles gens, qui oublient ce qu'ils ont fait la veille, se ressouviennent fort bien de ce qui leur est arrivé trente ans avant. La force des impressions dépend donc plus du temps de l'action que de l'action même, des circonstances dans lesquelles nous sommes touchés que du mérite de la chose qui nous touche.

Après les impressions que nous avons reçues dans l'enfance, notre âme en reçoit successivement un grand nombre d'autres, qui s'arrangent avec les premières, mais dans un ordre qui a pu se former de mille manières.

Avons-nous une grande confiance dans un homme qui nous parle ou dans un philosophe qui a écrit ? nous nous faisons un ordre de choses vraies, de choses bonnes et de choses convenables : ce sont celles que celui-ci a écrites, ou que celui-là nous a dites. Nous allons prendre dans une chose étrangère les motifs de nos opinions.

Aimons-nous beaucoup une personne? voici encore d'autres choses vraies, bonnes et convenables: ce sont celles que cette personne a approuvées, a conseillées, a ordonnées, a faites, qui vont, d'abord, prendre dans notre tête un rang distingué.

Pour bien sentir combien notre âme est capable d'être, dans diverses occasions, différemment mue par les mêmes objets, il n'y a qu'à se représenter les moments où nous sommes dans l'ivresse de l'amour, et ceux où notre passion tombe; comment toute notre âme est changée; comment tout ce qui la touchoit ne la touche plus; comment tout ce qui ne la touchoit plus revient à la toucher encore. Notre âme est très bornée, et elle ne peut pas répondre à plusieurs émotions à la fois. Il faut que, quand elle en a plusieurs, les moindres suivent la plus grande et soient déterminées vers elle, comme par un mouvement commun. Ainsi, dans la fureur de l'amour, toutes les autres idées prennent la teinture de cet amour, auquel seul l'âme est attentive. La haine, la jalousie, la crainte, l'espérance sont comme des verres de différentes couleurs au travers desquels nous voyons un objet qui nous paroît toujours également rouge ou vert et ne diffère que par les nuances.

De plus, il est difficile que notre machine soit tellement constituée que notre cerveau ne soit physiquement disposé à recevoir plutôt l'impression d'un certain ordre de choses que celle d'un autre.

Un homme qui a de l'imagination et un homme qui n'en a pas voient les choses aussi différemment que deux héros de roman, dont l'un seroit enchanté, et l'autre, non : le premier verroit des murs de cristal, des toits de rubis, des ruisseaux d'argent, des tables de diamants; celui-ci ne verroit que des rochers affreux et des campagnes arides.

Telle est la constitution physique de notre machine que nous sommes trop frappés, ou trop peu, des choses qui nous viennent par les sens ou par un certain sens, ou des rapports mathématiques ou des moraux, ou des conceptions générales ou des particulières, des faits ou des raisonnements. L'un sera convaincu par la rhétorique; l'autre ne le sera que par la simple logique. L'un sera frappé par les mots, et l'autre, seulement par l'évidence. L'un ne verra jamais la chose qu'avec la difficulté et sera incertain; l'autre verra mieux la chose que la difficulté et croira tout; l'autre, enfin, verra mieux la difficulté que la chose et ne croira rien. L'un sentira les choses, et non pas les liaisons, et n'aura aucun ordre; ou bien il croira trouver des liaisons à tout, et il sera confus. Ici, on voudra toujours créer; là, toujours détruire. L'un aura de l'action dans l'esprit; l'autre ne fera que recevoir, comme une bourse qui ne rend que l'argent qu'on y met. Les idées qui ne feront qu'effleurer le cerveau d'un homme en perceront un autre, pour ainsi dire, de part en part, et jusqu'à la folie.

Mais, lorsque, outre la disposition particulière du cerveau, rarement construit de manière à recevoir les idées dans une juste proportion, l'éducation est encore mauvaise, tout est perdu. Nos maîtres ne nous communiquent les impressions que comme ils les ont eux-mêmes, et, si elles ne sont pas en proportion avec les objets, ils gâtent en nous la faculté de comparer, qui est la grande faculté de l'âme.

L'éducation, comme j'ai dit, consiste à nous donner des idées, et la bonne éducation à les mettre en proportion. Le défaut d'idées produit la stupidité ; le peu d'harmonie des idées, la sottise ; l'extrême défaut d'harmonie, la folie.

Un homme a de l'esprit lorsque les choses font sur lui l'impression qu'elles doivent faire, soit pour le mettre en état de juger, soit pour le mettre en état de plaire. De là, deux sortes d'éducations : celle que nous recevons de nos maîtres, et celle que nous recevons des gens du monde. Il faut les recevoir toutes les deux, parce que toutes les choses ont deux valeurs : une valeur intrinsèque, et une valeur d'opinion. Ces deux éducations nous font connoître, au juste, ces deux valeurs, et l'esprit nous fait mettre l'une ou l'autre en usage selon le temps, selon les personnes, selon le lieu.

Un homme d'esprit connoît et agit de la manière momentanée dont il faut qu'il connoisse et qu'il agisse ; il se crée, pour ainsi dire, à chaque instant, sur le besoin actuel ; il sait et il sent le juste rapport qui est entre les choses et lui. Un homme d'esprit sent ce que les autres ne font que savoir. Tout ce qui est muet pour la plupart des gens lui parle et l'instruit. Il y en a qui voient le visage des hommes ; d'autres, des physionomies ; les autres voient jusqu'à l'âme. On peut dire qu'un sot ne vit qu'avec les corps ; les gens d'esprit vivent avec les intelligences.

Un homme d'esprit n'est pas un homme qui a toujours des saillies, parce que les trois quarts du temps elles sont hors de saison. L'esprit ne consiste pas aussi à avoir toujours de la justesse, parce qu'elle est aussi, souvent, hors de saison : par exemple, dans les conversations enjouées, qui ne sont qu'un tissu de raisonnements faux, qui plaisent par leur fausseté même et par leur singularité ; car, si l'on ne cherchoit dans les conversations que le vrai, elles ne seroient point variées et n'amuseroient plus.

Un homme d'esprit est donc plus universel ; mais cet homme d'esprit (et dans le sens étroit) est bien rare. Il faut qu'il unisse deux qualités presque physiquement incompatibles ; car il y a réellement autant de différence entre ce qu'on appelle homme d'esprit dans le monde et l'homme d'esprit chez les philosophes, qu'il y en a entre un homme d'esprit et un stupide [1]. L'esprit, selon les gens du monde, consiste à rapprocher les idées les plus éloignées ; l'esprit, selon les philosophes, à les distinguer. Chez le premier homme d'esprit, toutes les idées qui ont quelque rapport, quelque éloigné qu'il soit, sont réveillées ; elles sont si distinctes, chez l'autre, que rien n'est capable de les confondre.

Voici une chanson des Grecs [2] : « Le premier de tous les biens est la santé ; le second, la beauté ; le

---

1. On ne savoit guère ce que c'étoit qu'un homme d'esprit chez les Grecs. — La chanson, à la fin de l'extrait (?) du *Journal des Savants*.

2. Voir cette chanson dans l'*Histoire de l'Académie des Inscriptions*, t. IX et X.

troisième, les richesses amassées sans fraude; le quatrième, la jeunesse qu'on passe avec des amis. » On n'y parle point de l'esprit, qui est l'attribut principal de nos temps modernes.

Nous venons de parler de l'éducation particulière, qui forme chaque caractère; mais il y a encore une éducation générale, que l'on reçoit dans la société où l'on est; car il y a, dans chaque nation, un caractère général, dont celui de chaque particulier se charge plus ou moins. Il est produit de deux manières : par les causes physiques, qui dépendent du climat, dont je ne parlerai plus; et par les causes morales, qui sont la combinaison des loix, de la religion, des mœurs et des manières, et cette espèce d'émanation de la façon de penser, de l'air et des sottises de la Cour et de la Capitale, qui se répandent au loin.

Les loix qui prescrivent l'ignorance aux Mahométans, les coutumes qui les empêchent de se communiquer, laissent leur esprit dans l'engourdissement. Les livres de Confucius, qui confondent un détail immense des cérémonies civiles avec les préceptes de la morale, faisant marcher d'un même pas les choses les plus puériles et les plus essentielles, affectent beaucoup l'esprit des Chinois. La logique de l'École modifie extrêmement l'esprit des nations qui s'y appliquent. La grande liberté de tout dire et de tout écrire qu'il y a en certains pays y fait une infinité d'esprits singuliers. L'extraordinaire dans le petit, qui fait le caractère du Talmud, comme l'extraordinaire dans le grand fait celui des Livres saints, a beaucoup étréci la tête des docteurs juifs.

La complication des causes qui forment le caractère général d'un peuple est bien grande. Qu'un homme, à Constantinople, aille dans la maison d'un Turc, il ne lui entendra dire que les paroles qu'il ne pourra pas refuser; qu'il aille dans la maison d'un Grec, il trouvera toute une famille qui ne cessera de parler. La nation turque est grave, parce qu'elle sent qu'elle règne; la nation qui obéit n'a aucun caractère affecté. De plus, la maison d'un Turc est une monarchie; celle d'un Grec est un état populaire. Le Grec, qui n'a qu'une femme, goûte cette joie qui accompagne toujours les choses modérées. Le Turc, qui en a un grand nombre, tombe dans une tristesse habituelle et vit dans l'accablement de ses plaisirs.

Quand on voit quelques uns de nos jeunes gens venir, aller, badiner, rire et se presser de faire toutes les sottises qu'ils voient avoir été faites par d'autres, lesquels, par les saillies de leur esprit, dédommagent de la réflexion dont ils manquent, qui ne diroit que ce sont des gens d'un esprit très vif[1]? La plupart du temps, cela n'est pas; mais leur machine est dressée à cet exercice, soit par la pente qu'on a d'imiter ce qu'on voit, soit par le préjugé du bon air, soit par l'envie de plaire ou de paroître plaire aux femmes; car, comme, dans les pays où elles sont gênées, on fait fortune auprès d'elles par un air réservé, dans ceux où elles sont libres, on leur plaît par un air étourdi, soit que la réflexion soit d'elle-

---

1. [EN MARGE :] Ne pas mettre absolument, mais seulement que la vivacité est aidée.

même ennuyeuse, soit que l'impétuosité convienne mieux à la nature de la passion.

Le grand cas que l'on a fait, chez les Espagnols, de l'honneur des dames, y a établi une chevalerie grave et respectueuse. Dans l'adoration où l'on est toujours pour elles, la gaieté que la familiarité produit leur a été interdite. De plus, comme le point d'honneur est entré dans toutes les conditions, chaque particulier de la nation voulant être honoré de tous les autres, la gravité a été universellement choisie; d'autant mieux qu'elle est plus facile à acquérir que le mérite réel, et que le peuple peut plus aisément décider de la gravité d'un homme que de son esprit et de ses talents. Enfin, tant de petits officiers, envoyés dans toutes les parties du monde, où ils sont comme des mandarins chinois, ayant vécu dans le commandement, sont revenus en Espagne plus graves qu'ils n'en étoient partis [1].

Ainsi, indépendamment du climat, qui agit beaucoup à cet égard [2] sur les Espagnols, ils auroient pu se dresser à l'air flegmatique, comme nos François à la vivacité. Un Espagnol, né vif, pourroit arrêter le mouvement de sa machine, et un François lourd, exciter la sienne.

On sait qu'à Sparte l'on parloit très peu. Cela devoit être ainsi : d'un côté, le respect pour la vieillesse devoit tenir les jeunes gens dans le silence; et la gravité y devoit tenir de même les vieillards.

Les causes morales forment plus le caractère gé-

1. [EN MARGE :] Ils étoient graves déjà autrefois.
2. Voyez Strabon.

néral d'une nation et décident plus de la qualité de son esprit que les causes physiques. On en peut trouver une grande preuve dans les Juifs, qui, dispersés dans toute la terre, venus dans tous les temps, nés dans tous les pays, ont eu quantité d'auteurs, dont on en peut à peine citer deux qui aient eu quelque sens commun.

On peut, cependant, croire que les rabbins avoient quelque avantage, du côté de l'esprit, sur le reste de leur peuple, avec autant de raison qu'on peut penser que ceux qui ont la réputation d'hommes de lettres dans l'Europe ont quelque avantage, du côté de l'esprit, sur les autres Européens. Cependant, parmi cette foule de rabbins qui ont écrit, il n'y en a pas un qui n'eût un petit génie. La raison en est naturelle : les Juifs revenant d'Assyrie étoient à peu près comme les captifs délivrés d'Alger, que l'on promène dans les rues ; mais ils étoient plus grossiers, parce qu'ils étoient nés et que leurs pères étoient nés dans l'esclavage. Quoiqu'ils eussent un respect infini pour leurs livres sacrés, ils en avoient peu de connoissance ; ils n'entendoient presque plus la langue dans laquelle ils étoient écrits ; ils n'avoient que des traditions des grandes merveilles que Dieu avoit opérées en faveur de leurs pères. L'ignorance, qui est la mère des traditions, c'est-à-dire du merveilleux populaire, en créa de nouvelles ; mais elles naissoient avec le caractère de l'esprit qui les produisoit, et prenoient encore la teinture de tous les esprits par où ils passoient. Des savants, c'est-à-dire des gens qui avoient la tête pleine de ces traditions grossières, les recueillirent, et, comme les premiers écrivains de toutes les nations, bons et mauvais, ont toujours eu une réputation infinie, par la raison qu'ils ont toujours été, pendant un temps, supérieurs à tous ceux qui les lisoient, il arriva que ces premiers et misérables ouvrages furent regardés par les Juifs comme de parfaits modèles, sur lesquels ils formèrent et ont toujours formé depuis leur goût et leur génie.

Je ne parle pas des Livres sacrés écrits depuis la captivité; le goût en est très différent de celui des ouvrages des rabbins. Ils sont divinement inspirés, et, quand ils ne l'auroient pas été, dans des ouvrages purement historiques, l'auteur n'auroit guère pu rien mettre du sien.

Voici un autre exemple, qui fait bien voir à quel point la cause morale force la cause physique. Les peuples qui approchent plus du Midi, comme les Asiatiques, ont une certaine timidité, qui les porte naturellement à obéir, et les peuples qui approchent plus du Nord, comme les Européens, ont une hardiesse, qui les porte à mépriser la vie et les biens pour commander aux autres. Or cette timidité, qui fait, dans le Midi, que tout le monde est porté à obéir, rend le commandement tyrannique; et cette hardiesse, qui fait que, dans les pays froids, tout le monde voudroit commander, y rend le commandement modéré: car ceux qui exercent l'autorité vont toujours jusqu'à ce qu'ils soient arrêtés; ils ne se bornent point là où la raison les *(sic)* prescrit, mais où la patience finit.

Cependant, il faut avouer que les peuples timides,

qui fuient la mort pour jouir des biens réels, comme la vie, la tranquillité, les plaisirs, sont nés avec un cerveau de meilleure trempe que les insensés du Nord, qui sacrifient leur vie à une vaine gloire, c'est-à-dire qui aiment mieux vivre après eux qu'avec eux. Mais, comme le bon esprit de ceux-là se trouve, par hasard, avoir les conséquences de la servitude, et la mauvaise trempe de celui des autres, les conséquences de la liberté, il arrive que l'esclavage abaisse, accable et détruit l'esprit, tandis que la liberté le forme, l'élève et le fortifie. La cause morale détruit la cause physique, et la Nature est si fort trompée que les peuples qu'elle avoit faits pour avoir l'esprit meilleur ont moins de sens, et que ceux à qui elle avoit donné moins de sens ont l'esprit meilleur.

Dans notre Europe, il y a deux sortes de religions : la catholique, qui demande de la soumission, et la protestante, qui veut de l'indépendance. Les peuples du Nord ont d'abord embrassé la protestante; ceux du Midi ont gardé la catholique. Or cette indépendance des peuples protestants fait qu'ils sont parfaitement instruits des connoissances humaines; et cette soumission des peuples catholiques, qui est une chose très raisonnable et comme essentielle à une religion fondée sur des mystères, fait que le peuple, qui y sait au juste ce qui est nécessaire au salut, ignore entièrement ce qui n'y appartient pas; de manière que les peuples du Midi, avec des idées plus saines sur les grandes vérités, même avec plus d'esprit naturel, ont d'ailleurs un désavantage très grand sur les peuples du Nord.

Lorsque nous avons reçu une éducation, il se trouve un grand nombre de causes, dont les unes viennent de certaines circonstances physiques, d'autres, de certains usages ou de certaines professions ou genres de vie que l'on embrasse, lesquelles peuvent modifier extrêmement notre esprit. Il faut entrer un peu dans le détail.

Notre génie se forme beaucoup sur celui des personnes avec qui nous vivons. Le commerce des gens d'esprit nous donne une éducation perpétuelle; un commerce différent nous fait perdre celle que nous avons déjà. Nous nous enrichissons avec les uns; nous nous appauvrissons avec les autres. Nous nous communiquons de même le caractère. Les machines humaines sont invisiblement liées; les ressorts qui en font mouvoir une montent les autres. Les gens modérés nous forment à la douceur; les gens impétueux, à la vivacité.

Les livres sont une espèce de société qu'on se donne; mais chacun les choisit à sa mode. Ceux qui lisent de bons livres sont dans le cas de ceux qui vivent en bonne compagnie. Ceux qui en lisent de mauvais sont comme ceux qui la voient mauvaise, et qui, tout au moins, y perdent leur temps.

Le savoir donne beaucoup d'étendue à l'esprit. Les anciens philosophes manquoient de connoissances. Ils avoient de bons esprits; ils en firent peu d'usage : ils n'étoient jamais au fait de la question; ils vouloient expliquer ce qui étoit inexplicable, et passoient leur temps à rendre raison de faits faux par des principes tout aussi faux.

Les voyages donnent aussi une très grande étendue à l'esprit : on sort du cercle des préjugés de son pays, et l'on n'est guère propre à se charger de ceux des étrangers.

De certaines circonstances heureuses, lorsque nous entrons dans le monde, nous donnent une hardiesse utile pour tout le reste de la vie. La réputation a deux bons effets : elle accrédite, et elle encourage. Mais l'abattement qui suit le mépris suspend toutes les fonctions de l'âme.

Le peuple prétend avoir remarqué que les bossus ont ordinairement de l'esprit. On pourroit dire que, si les gens contrefaits n'ont pas les grâces du corps, ils n'ont pas aussi la fadeur et la sottise de ceux qui se croient aimables ; leur esprit est donc moins aisé à gâter. D'ailleurs, la bonne opinion que l'on prend de son esprit est encore moins ridicule que celle que l'on conçoit de soi sur sa figure. Enfin, on les destine ordinairement à un état qui ne leur laisse guère d'autres soins que de cultiver leur esprit et augmenter leurs talents.

C'est encore une observation populaire, et où il peut y avoir du vrai, que la plupart des gens contrefaits ont l'esprit malin. La raison en est assez naturelle : ayant un défaut qu'ils savent que tout le monde voit, ils ont, à tous les instants, de petites insultes à venger, et, quand ils ont de l'esprit, ils sentent leur force et s'en servent sans quartier.

De certaines habitudes peuvent affecter notre esprit. Comme les graveurs voient sur les murailles des figures qui n'y sont point, parce que leur cerveau a reçu l'impression de celles qu'ils ont gravées, et comme ceux qui ont été frappés de l'idée d'un fantôme en sont encore troublés, parce que le même mouvement se refait dans le cerveau, on peut dire de même que des gens qui ont accoutumé leur esprit à voir les rapports des nombres ou des figures de géométrie voient et trouvent partout des rapports, mesurent et calculent tout; que celui qui s'est fait au style problématique accoutume son esprit à recevoir toujours deux impressions également fortes à la fois; qu'un autre, qui s'est toujours donné un ton décisif, s'est formé à recevoir la première idée qui lui vient; que celui qui s'est familiarisé avec les termes de l'École ne sent d'abord réveiller en lui aucune idée, mais, à force de les répéter, il parvient à y attacher peu à peu une idée confuse; et qu'enfin un homme qui s'est longtemps dit ou à qui l'on a longtemps dit que les conceptions métaphysiques étoient solides, et non les principes de physique, que les histoires grecques sont vraies, et non pas les modernes, en sera à la fin convaincu. Nous nous faisons l'esprit qui nous plaît, et nous en sommes les vrais artisans.

Ce n'est pas l'esprit qui fait les opinions, c'est le cœur; et, de cela, les ordres religieux sont une grande preuve. Chacun a sa philosophie particulière, qui est embrassée dans toute son étendue par tous les membres de l'ordre. Si vous voyez l'habit d'un homme, vous voyez jusques à son âme. Si cet habit est gris, comptez que l'homme qui le porte a bien des entités dans la tête. Ne vous imaginez pas trouver le même cerveau lorsque l'habit est blanc et noir. Mais ce sera bien autre chose, si l'habit est tout noir.

Toutes nos idées se lient entre elles, et se lient à nous. Si l'on savoit par combien de côtés un sentiment tient dans le cerveau d'un homme, on ne seroit plus étonné de son opiniâtreté à le défendre.

Pourquoi tous les auteurs sont-ils si enchantés de leurs écrits? C'est parce qu'ils sont vains, dira-t-on. J'en conviens. Mais pourquoi cette vanité se trompe-t-elle toujours également? Le voici: c'est que ce que nous avons mis dans nos ouvrages tient à toutes nos autres idées et se rapporte à des choses qui nous ont plû, puisque nous les avons apprises. Nos chefs-d'œuvre nous charment moins après un certain temps, parce que, par les changements qui sont arrivés dans notre cerveau, ils ne sont plus tant liés à notre manière de penser.

Les différentes professions peuvent beaucoup affecter notre esprit. Par exemple, un homme qui enseigne peut devenir aisément opiniâtre, parce qu'il fait le métier d'un homme qui n'a jamais tort. Un philosophe peut facilement perdre les agréments de son esprit, parce qu'il s'accoutume à voir et à juger de tout avec beaucoup de précision et d'exactitude. Un homme à bonnes fortunes peut devenir très sottement glorieux, parce qu'il fait beaucoup de cas du goût des femmes: ce goût, cependant, prouve leur foiblesse, et non pas son mérite, un consentement de machine, et non pas un jugement de l'esprit. Les gens de robe peuvent devenir extrêmement vains, parce que, n'ayant jamais affaire qu'à des personnes qui ont besoin d'eux, ils s'imaginent que leur prudence règle tout. Un homme de guerre peut se rendre un conteur très ennuyeux, parce qu'il est frappé de toutes les petites choses qui lui sont arrivées, par la liaison qu'il leur donne avec les plus grands évènements : outre qu'une certaine hardiesse fait qu'il entreprend aisément de se faire écouter. Enfin, comme les grands parleurs sont des gens dont le cerveau est frappé de beaucoup de choses, et si vivement qu'ils les croient toutes également importantes, un savant peut parvenir à être un très grand parleur; car il présente sans cesse à son esprit un nombre infini d'idées, et il peut même les croire toutes importantes : il les a acquises laborieusement, et on juge du prix des choses par la peine qu'elles nous ont donnée à acquérir.

Les Persans appellent les courtiers *d'ellal*, grands parleurs; et, généralement, tous les gens dont le métier est de persuader les autres parlent beaucoup, parce que leur intérêt est d'empêcher qu'on ne pense, et d'occuper l'âme de leurs raisons. Il n'en est pas de même des gens qui cherchent à se persuader eux-mêmes.

Ceux qui ont peu d'affaires sont de très grands parleurs : moins on a à réfléchir, plus on parle. Penser, c'est parler à soi-même; et, quand on parle à soi, on ne songe guère à parler aux autres.

Généralement toutes les professions détruisent l'harmonie des idées. Nous sommes portés à regarder comme très importantes les choses qui constituent notre mérite, et que des gens comme nous font tous les jours. Notre vanité donne à ces choses un rang très distingué parmi celles qui se font dans l'Univers. Il y a l'histoire d'un maître des cérémonies à Rome, qui pleura de douleur de ce que le cardinal[1] qu'il servoit avoit fait une révérence mal à propos. Dans le cerveau de cet homme-là, une révérence tenoit plus de place qu'une bataille dans celui du prince Eugène.

1. Le cardinal d'Estrées.

ESSAI SUR LES CAUSES

QUI PEUVENT

AFFECTER LES ESPRITS

ET LES CARACTÈRES

[MATÉRIAUX]

Ceci n'est point entré dans la nouvelle correction. Lorsque je tirerai parti de cet ouvrage, on verra l'usage qu'il faudra faire de ces matériaux.

Les qualités de l'enfant étant donc relatives à celles du père et de la mère, elles tiennent de toutes les deux, et il en résulte une troisième sorte de caractère qui passera de génération en génération, si les causes qui concourent à le conserver sont plus fortes que celles qui concourent à le détruire. Les histoires nous apprennent que tous les princes de la maison carlienne eurent l'esprit foible. Il n'y a guère de pays où l'on ne vante la bêtise héréditaire de quelque maison. L'on voit que de pareilles remarques ne peuvent guère se faire que sur les familles qui sont en spectacle aux autres hommes.

Depuis la conception jusqu'à la naissance et depuis la naissance jusques au temps où l'enfant cesse de croître, le cerveau se développe insensiblement, et la Nature est si sage que le terme de son accroissement est ordinairement le point de la plus grande perfection où il puisse être pour recevoir des idées. Mais, s'il arrivoit par hasard qu'il se trouvât parfaitement formé avant que le tout eût cessé de croître, vous voyez que, ses fibres grossissant, il perdroit cette disposition de perfection qu'il avoit déjà acquise. Ainsi on peut dire qu'il n'y a pas de préjugé plus certain dans les enfants pour la sottise à venir que l'esprit qu'on leur remarque d'avance.

. . . .

Les fibres grossissent et se fortifient beaucoup par le travail. Dans le repos, les parties rameuses et oléagineuses du sang s'arrêtent dans les cellules graisseuses, toujours ouvertes pour les recevoir. Mais, dans le mouvement, les parties nutritives sont appelées jusques aux extrémités des fibres; la force de la circulation les applique et les insinue sur les fibres et dans les intervalles de ces fibres. La fibre doit donc devenir plus grosse, plus solide et plus compacte.

On remarque que, de deux parties du corps qui ont les mêmes fonctions, celles dont on fait plus d'usage sont mieux nourries et sont plus fortes. On a observé aussi que les gens de travail sont plus difficiles à purger, et que les autres remèdes de la médecine font sur eux moins d'effet. Leurs fibres sont donc plus dures, plus massives, plus grossières; elles résistent mieux aux irritations et aux picotements des remèdes.

Non seulement le travail épaissit les fibres, il les durcit encore peu à peu. Voici comment je conçois que cela se fait. L'action des muscles est un mouvement de contraction. Le suc nerveux, entrant dans les vésicules musculeuses, les rend plus dures et plus tendues. Les fibres charnues sont pressées; le sang qu'elles contiennent en est chassé, et il n'en peut plus entrer de nouveau. Bientôt le sang, après avoir rempli les vaisseaux voisins, presse plus fortement les vésicules musculeuses que le suc nerveux même, force le passage et entre avec d'autant plus de force qu'il a été arrêté plus longtemps. Il se fait donc une espèce de combat entre le sang qui abonde au muscle, et qui presse les nerfs, et le suc contenu dans les mêmes fibres musculeuses, ou plutôt il s'en fait deux : l'un, pour l'intromission des esprits et par le refus de l'intromission du sang; et l'autre, pour l'intromission des esprits *(sic)* et par le refus de l'intromission du sang *(sic)*. Ainsi, outre l'action et la réaction des deux liquides, il y a encore l'action et la réaction des parties solides, qui y est proportionnée.

Il en arrive donc que les liquides battent avec force les parois des solides, et que les solides, dont les fibres sont grossies par un suc épais, se frottent et se durcissent à peu près comme se durcit la main d'un ouvrier qui s'est longtemps frottée contre un manche de bois.

Une certaine humidité de l'air, de certaines nourritures, l'usage de certaines boissons rendent les fibres de quelques peuples épaisses. Cela fait, en partie, qu'ils ont, comme j'ai dit, moins de vivacité.

. . . .

Par les artères carotides et vertébrales, il monte au cerveau beaucoup plus de sang que la proportion de la grandeur de la tête à celle du reste du corps ne semble le demander. Il y est donc porté pour un usage particulier. C'est pour filtrer ou séparer un suc ou un esprit nerveux. C'est dans la substance corticale du cerveau que se fait cette séparation; d'où l'esprit nerveux peut passer dans la substance médullaire, et de là, dans les nerfs.

Ceci doit être une grande cause de la variété qui se trouvera dans les caractères et les esprits des peuples de divers climats, et qui suivra la disposition plus ou moins grande du sang à la filtration du suc nerveux.

La vivacité de notre esprit, notre inconstance, la légèreté de notre caractère, la joie qui règne parmi nous, peuvent nous faire croire que nous sommes aussi bien pourvus d'esprits animaux qu'aucune nation du monde.

. . . .

Outre cela, le suc des plantes de chaque pays, en particulier, lesquelles nous nourrissent, peuvent causer des changements encore plus grands.

. . . .

Il faut pourtant avouer qu'il doit entrer peu de ces métaux ou de ces minéraux dans le sang. Ils y feroient de trop grands ravages et les maladies de tant d'artisans, que l'on peut voir dans le traité de Bernard Ramazini [1]. Il faut que, dans les pays des mines, il n'en entre qu'autant qu'il suffit pour affecter les corps, et pas assez pour leur nuire à un certain point.

. . . .

Il est vrai que, lorsqu'on a souvent changé de cli-

1. *De Morbis Artificum.*

mat, on le fait sans danger dans la suite; car les solides n'ont jamais pris un pli absolument fixe [1], et quelque changement qui leur arrive, ou au sang, ils s'y prêtent toujours.

L'air, chargé de particules de la terre, a, dans chaque climat, des qualités spécifiques analogues aux remèdes de la médecine, qui emploie les métaux, les minéraux et les sucs des plantes. Aussi changeons-nous rarement d'air qu'il ne se fasse sur nous l'effet de quelque remède. Mais le mal est que le remède, donné par le hasard, est pris presque toujours mal à propos.

---

1. D'ailleurs, le sang n'est pas composé de sucs de plantes d'un seul pays. Le changement est donc moins grand.

DE LA POLITIQUE

DE LA POLITIQUE

Il est inutile d'attaquer directement la politique en faisant voir combien elle répugne à la morale, à la raison, à la justice. Ces sortes de discours persuadent tout le monde et ne touchent personne. La politique
5 subsistera toujours pendant qu'il y aura des passions indépendantes du joug des loix.

Je crois qu'il vaut mieux prendre une voie détournée et chercher à en dégoûter un peu les grands par la considération du peu d'utilité qu'ils en reti-
10 rent. Je la discréditerai encore en faisant voir que ceux qui ont acquis le plus de réputation par elle, ont abusé de l'esprit du peuple d'une manière grossière.

La plupart des effets arrivent par des voies si singulières, ou dépendent de causes si imperceptibles
15 et si éloignées qu'on ne peut guère les prévoir [1].

On peut de plus poser pour maxime générale que toute révolution prévue n'arrivera jamais; car, si un grand politique n'a pas affaire à des gens si habiles que lui, il n'a pas affaire non plus à de si grandes
20 bêtes qu'elles voient les malheurs prêts à tomber sans les conjurer.

La vérité de ceci sera reconnue par tout le monde,

1. Voir ce que j'ai mis sur les Romains.

et, si chacun veut rappeler sa mémoire, il trouvera
que presque toutes les choses qu'il a vues, dans sa
vie, généralement prévues ne sont point arrivées.

Que si, d'un autre côté, on consulte les histoires,
on ne trouvera partout que de grands évènements
imprévus.

Lorsque Henri VIII eut détruit, dans ses états, la
religion qui reconnoît un chef visible, il crut n'avoir
fait que secouer un joug qui s'étoit appesanti par
préférence sur l'Angleterre. Devenu lui-même chef
de l'église qu'il avoit faite, dispensateur des dépouilles
de l'ancienne, il n'y eut personne qui ne pensât que
sa puissance étoit augmentée. Non! Dès que les
esprits, autrefois réprimés, se virent en liberté, ils
donnèrent dans le fanatisme et l'enthousiasme. Bientôt, ils ne reconnurent plus de puissance et s'indignèrent contre les loix mêmes. Un reste du ton
ancien se maintint un peu sous les trois enfants de
Henri VIII; mais Jacques Ier ne trouva plus que le
fantôme de la royauté; Charles Ier fut porté sur un
échafaud. Je tais tous les malheurs qui ont suivi.

Qui auroit dit aux Huguenots qui venoient avec
une armée conduire Henri IV sur le trône que leur
secte seroit abattue par son fils et anéantie par son
petit-fils? Leur ruine totale étoit liée à des accidents
qu'ils ne pouvoient pas prévoir.

Qui auroit dit au grand Gustave qu'il étoit destiné
à de si grandes choses? Ce prince, qui n'avoit rien
pour lui que son courage, roi d'une nation éloignée,
pauvre, et qui, sortant de l'esclavage des Danois,
n'avoit aucune réputation dans l'Europe, s'offroit,

comme un aventurier, à tous les princes, et son alliance étoit méprisée toutes les fois qu'elle étoit offerte. Mais personne ne la négligea plus que le cardinal de Richelieu même; jusqu'à ce qu'enfin le hasard, l'importunité, le désespoir, la lui firent accepter. Gustave descend en Allemagne avec quatre mille hommes, et toute l'Europe change de face.

Quelle politique auroit pu garantir Héraclius et les derniers rois des Perses des malheurs qui devoient leur arriver? Ces princes, que leur grandeur rendoit rivaux, ne songeoient qu'à se tromper et à prendre, l'un sur l'autre, quelques avantages. Mahomet, habitant d'une ville dont ces princes ignoroient peut-être le nom, s'avise de prêcher; il rassemble quelques gens; son système va bien, et, dans quatre ans de temps, ses successeurs détruisent toutes les armées d'Héraclius, renversent le trône des Perses, passent dans toutes les parties du monde et dévorent presque toute la terre.

J'avoue que je ne vois pas où mènent les princes ces raffinements que l'on vante tant, et, s'il faut des exemples, je ne sais quel parti ont tiré de leur esprit les quatre plus grands politiques de ces derniers temps : Louis XI, Sforce, Sixte-Quint, Philippe II.

Je vois Louis XI prêt à abandonner son royaume pour se réfugier en Italie; je le vois prisonnier du duc de Bourgogne, contraint d'aller détruire lui-même ses alliés, manquer ensuite, par une faute à jamais irréparable, la succession de Bourgogne. Je vois le duc de Milan mourir dans une prison; Sixte perdre l'Angleterre; Philippe, les Pays-Bas : tous deux, par des fautes que des gens plus médiocres n'auroient pas commises. Je vois, enfin, ce dernier manquer de la même manière, malgré tant de conjonctures favorables, la destruction de la monarchie françoise.

Louis XIV n'a-t-il pas autant fatigué l'Europe que tous les grands politiques dont on parle tant?

La prudence humaine se réduit à bien peu de chose. Dans la plupart des occasions, il est inutile de délibérer, parce que, quelque parti que l'on prenne, dans les cas où les grands inconvénients ne se présentent pas d'abord à l'esprit, ils sont tous bons.

Rappelons-nous ce que nous avons vu dans la minorité d'un grand prince [1] de l'Europe. On peut dire qu'il n'y eut jamais de gouvernement plus singulier, et que l'extraordinaire y a régné depuis le premier jour jusqu'au dernier; que quelqu'un qui auroit fait le contraire de ce qui a été fait, qui, au lieu de chaque résolution prise, auroit pris la résolution contraire, n'auroit pas laissé de finir sa régence aussi heureusement que celle-là a fini; que si, tour à tour, cinquante autres princes avoient pris le gouvernement et s'étoient conduits chacun à leur mode, ils auroient de même fini cette régence heureusement; et que les esprits, les choses, les situations, les intérêts respectifs étoient dans un tel état, que cet effet en devoit résulter, quelque cause, quelque puissance qui agît.

Dans toutes les sociétés, qui ne sont qu'une union d'esprit, il se forme un caractère commun. Cette âme universelle prend une manière de penser qui

---

1. [ENTRE LES LIGNES :]... un certain gouvernement.

est l'effet d'une chaîne de causes infinies, qui se multiplient et se combinent de siècle en siècle. Dès que le ton est donné et reçu, c'est lui seul qui gouverne, et tout ce que les souverains, les magistrats, les peuples peuvent faire ou imaginer, soit qu'ils paroissent choquer ce ton, ou le suivre, s'y rapporte toujours, et il domine jusques à la totale destruction.

L'esprit d'obéissance est généralement répandu ici. De là, les princes sont plus dispensés d'être habiles. Cet esprit gouverne pour eux; et, quelque chose qu'ils fassent de mal, d'équivoque, de bien, ils iront toujours au même but.

Ce ton étoit tel sous Charles Ier, que, de quelque manière qu'il se conduisît, l'affoiblissement de sa puissance étoit assuré. Il n'y avoit point de prudence contre un enthousiasme pareil et une ivresse universelle.

Si ce roi n'avoit pas choqué ses sujets d'une manière, il les auroit choqués d'une autre. Il étoit destiné dans l'ordre des causes qu'il auroit tort.

Si un ton donné se perd et se détruit, c'est toujours par des voies singulières et qu'on ne peut pas prévoir. Elles dépendent de causes si éloignées que toute autre sembleroit devoir être aussi capable d'agir qu'elles, ou bien c'est un petit effet, caché sous une grande cause, qui produit d'autres grands effets, qui frappent tout le monde, pendant qu'elle garde celui-ci pour le faire fermenter quelquefois trois siècles après.

On peut aisément conclure de tout ce que nous venons de dire qu'une conduite simple et naturelle peut aussi bien conduire au but du gouvernement qu'une conduite plus détournée.

Rarement les grands politiques connoissent-ils les hommes. Comme ils ont des vues fines et adroites, ils croient que tous les autres hommes les ont de même. Mais il s'en faut bien que tous les hommes soient fins : ils agissent, au contraire, presque toujours, par caprice ou par passion, ou agissent simplement pour agir et pour qu'on ne dise point qu'ils n'agissent pas.

Les grands politiques ont une chose, c'est que leur réputation leur fait tort. On est dégoûté de traiter avec eux, par la raison seule qu'ils excellent dans leur art. Ainsi ils se trouvent privés de toutes les conventions qu'une probité réciproque peut engager de faire.

Dans les négociations que la France fit faire, après la minorité de Louis XIV, pour porter quelques princes à se déclarer contre l'Empereur, en cas qu'il violât le traité de Westphalie, nos ambassadeurs eurent ordre de traiter par préférence avec les ducs de Brunswick, et de leur accorder plus d'avantages qu'à d'autres, à cause de la réputation qu'ils avoient d'une grande probité.

Un fourbe a cela de bon qu'il fait sans cesse l'éloge de la franchise; car il veut qu'avec lui, fripon, tous les autres soient honnêtes gens.

D'ailleurs, les grands politiques voient trop de choses, et souvent il vaudroit mieux n'en pas voir assez que d'en voir trop. Dans les traités qu'ils font, ils multiplient trop les clauses, ils donnent la torture à leur imagination pour prévoir tous les cas qui pourront arriver. Ils croient qu'en mettant article sur article ils préviendront toutes les disputes et toutes les froideurs; ce qui est très ridicule : car, plus vous multipliez les conventions, plus vous multipliez[1] les sujets de dispute.

Vous prévoyez une chose qui pourra arriver et n'arrivera pas. Sur cette idée, vous mettez une clause à votre traité. Une partie voudra y renoncer; l'autre partie ne le voudra pas, parce qu'elle veut profiter de l'avantage qu'elle y trouve. Une circonstance pareille fut la cause de la froideur qui régna entre la France et la Suède au commencement du règne de Louis XIV.

On voit aussi que ces politiques qui ont la maladie de vouloir toujours négocier ne sont point habiles, quoiqu'ils aient fait traités sur traités; car, comme les conditions sont réciproques, un traité inutile est toujours onéreux.

Il est très facile à ceux qui se sont fait une réputation dans les affaires d'en imposer au peuple. Comme on s'imagine que leur tête ne doit être remplie que de traités, de délibérations et de projets, on leur tient compte de toutes les actions communes.

« Quoi! dit-on, cet homme a toute sa quadruple alliance dans la tête, et il badine, et il joue comme moi! Oh! la belle chose! »

J'ai ouï souvent vanter[2] l'action du cardinal de Richelieu qui, voulant faire toucher deux millions en

1. [ENTRE LES LIGNES :] ...plus il y a.
2. Voyez l'*Art de Régner* du P. Lemoyne.

Allemagne, fait venir un Allemand à Paris, envoie les deux millions chez un homme à lui, avec ordre de les donner sans reçu à un homme sans nom, habillé et fait d'une telle manière. Comment ne voit-on pas là-dedans une affectation ridicule? Qu'y avoit-il de plus simple que d'envoyer de bonnes lettres de change, sans embarrasser cet Allemand d'une si grosse somme, qui pouvoit l'exposer infiniment; ou, s'il vouloit les donner à Paris, que ne les donnoit-il pas lui-même?

Ce ministre, qui achetoit des comédies pour passer pour bon poète, et qui cherchoit à escroquer[1] toute sorte de mérite, se tourmentoit sans cesse pour surprendre une nouvelle estime.

Voici une autre fanfaronnade!

Un homme en qui il avoit confiance étant resté dans son cabinet pendant qu'il en sortit pour accompagner quelqu'un, le Cardinal se ressouvint qu'il pouvoit avoir lu des papiers d'importance qui étoient sur sa table. Il fit, sur-le-champ, une lettre qu'il lui donna à porter au gouverneur de La Bastille, par laquelle le gouverneur avoit ordre de le retenir un mois, temps auquel le secret devoit expirer : ce qui fut fait, et, le mois passé, le prisonnier sortit avec une grande récompense. Pure fanfaronnade, préparée et ménagée à loisir, et même sans beaucoup de jugement. Premièrement, on ne reçoit point plusieurs personnes dans un cabinet où il y a des papiers de cette importance. Les gens prudents écrivent des lettres de cette nature en chiffre. Enfin, il y avoit mille moyens moins fastueux pour réparer cette faute

1. [ENTRE LES LIGNES :] ...vouloit se donner.

grossière. Mais on vouloit du bruit et être un grand ministre à quelque prix que ce fût.

Lisez les lettres du cardinal Mazarin au sujet de ses négociations avec don Louis de Haro, et vous verrez un grand charlatan. Vous diriez que don Louis n'avoit pas le sens commun, et que le Cardinal négocioit avec un singe.

On dit que M. de Louvois, voulant faire une expédition en Flandres, envoya un paquet à l'intendant, avec défense de l'ouvrir que quand il en recevroit les ordres. Il s'agissoit de faire marcher des troupes dispersées de tous côtés, et ce paquet renfermoit des ordres pour tous les gens subordonnés à l'intendant pour l'exécution de ce projet, afin que l'intendant n'eût qu'à signer, et que les commis ne révélassent point son secret. Cela est pitoyable. Ce paquet, qui resta pendant quinze jours dans des mains étrangères, n'exposoit-il pas son secret ? Que servoit-il là, qu'à irriter la curiosité ? D'ailleurs, les secrétaires du ministre ne pouvoient-ils pas être infidèles comme ceux de l'intendant ? Le temps de deux heures, qu'il falloit pour écrire les ordres, étoit-il suffisant à ces secrétaires pour révéler le secret d'une expédition ?

Il y a souvent plus de petitesse d'esprit à affecter des précautions inutiles qu'à n'en prendre pas assez.

J'ai ouï des gens vanter un ministre[1] qui avoit la vanité d'aimer mieux dicter tout de travers à trois secrétaires que de dicter bien à un.

Le même ministre étoit si affairé qu'il donnoit audience à une, à deux, à trois heures après minuit.

1. D'Argenson.

Ces choses-là ne m'imposent point. Je sais que le grand-vizir a, lui seul, le gouvernement politique, civil et militaire d'un empire de douze cents lieues de pays, et qu'il a du temps de reste.

J'ai vu des gens passer pour de grands hommes [1] parce qu'ils avoient su dire à un jeune homme de la Cour le lieu où il avoit soupé la veille, et il n'y a personne qui ne l'eût su, tout comme eux, s'il avoit pu par là se faire valoir. Il ne falloit pour cela qu'un laquais gris.

Nous avons vu de nos jours un autre ministre [2], qui n'avoit jamais un seul papier sur son bureau, et qui n'en lisoit jamais aucun. S'il avoit réussi dans ses principaux projets, on l'auroit regardé comme une intelligence qui gouvernoit un état à la manière des esprits.

Quant au mérite que les ministres croient avoir du secret en matière d'affaires d'état, comment pourroient-ils le violer? Ils ne peuvent parler sans faire voir une sottise insigne. Qui auroit la sottise de les interroger? Comment auroient-ils celle de répondre? La vanité leur donne un air de mystère qui conserve leur secret.

---

1. Le Blanc.
2. Law.

Thucydides disoit que les gens médiocres étoient les plus propres au gouvernement[1].

....

C'est l'invention des postes qui a produit la politique.

DES PRINCES

Les princes les moins belliqueux ont été les plus politiques. Je trouve que nous avons perdu de *(sic)* ce que les princes ne vont plus à la guerre. Il s'est formé de là un autre talent pour les princes, qu'ils ont mis en usage, chacun voulant se signaler dans son état : c'est une politique raffinée qui consiste à se tromper les uns les autres. L'expérience nous ayant fait connoître que les princes qui ont le plus gardé leur cabinet ont été les plus fourbes, parce qu'ils ont fait consister leur mérite personnel en une politique raffinée, au lieu de la mettre en franchise et courage.

Je trouve, dans notre histoire, deux actions d'une grande probité : celle de Louis-le-Jeune, qui, répudiant Aliénor, lui rendit sa duché de Guyenne; celle de saint Louis, qui rendit la même duché aux Anglois, de son propre mouvement, dès qu'il fut persuadé qu'il la détenoit injustement. On a peu loué ces deux actions, quoiqu'elles soient dignes d'une gloire immortelle.

1. [AU-DESSOUS :] Il faut commencer par là.

Si l'on a si fort loué l'action de Régulus, on ne sauroit guère louer celle de François Ier,............ de Charles-Quint, ayant cédé...

On juge mal des choses. Il y a souvent autant de politique employée pour obtenir un petit bénéfice que pour obtenir la papauté. Autant de causes y concourent, autant d'obstacles à prévoir et à rompre.

J'ai vu dans le même temps deux ministres remplir toute l'Europe de leur nom, et tomber quelques mois après. Il n'est rien de si facile à un homme qui est dans de certaines places que d'étonner par un grand projet : il y a du faux à cela. Ce n'est pas les moyens qui doivent être brillants ; c'est la fin. La vraie politique est d'y parvenir par des routes obscures.

RÉFLEXIONS SUR LE CARACTÈRE

DE

QUELQUES PRINCES

ET SUR

QUELQUES ÉVÈNEMENTS DE LEUR VIE

RÉFLEXIONS SUR LE CARACTÈRE

DE

QUELQUES PRINCES

ET SUR

QUELQUES ÉVÈNEMENTS DE LEUR VIE

I

Il seroit difficile de trouver dans l'histoire deux princes qui se soient si fort ressemblés que Charles XII, roi de Suède, et Charles, dernier duc de Bourgogne : même courage, même suffisance, même ambition, même témérité, mêmes succès, mêmes malheurs et même fin. Ils se rendirent célèbres dans un âge que les autres princes passent dans les plaisirs. Charles XII entreprit de détrôner le roi Auguste, comme le duc Charles voulut dégrader Louis XI; et, lorsqu'ils étoient couverts de gloire, l'un alla perdre son armée devant Pultava, comme l'autre perdit la sienne devant Morat.

Ces princes eurent encore cela de commun qu'ils se révoltèrent toujours contre leur destinée; qu'ils devinrent moins sages quand ils furent moins heureux. Ils ne manquèrent point de prudence lorsqu'elle leur fut utile; mais ils la perdirent entièrement lorsqu'elle leur devint nécessaire.

Ils se ressemblent, en ce qu'ils cherchèrent de nouveaux ennemis à mesure qu'ils firent de nouvelles pertes ; qu'ils continuèrent d'entreprendre après une défaite tout comme après une victoire. La mort de la plupart des princes tués dans les combats est un effet du hasard ; la conduite de ceux-ci fut telle qu'une pareille mort devint pour eux une nécessité.

Quand on lit la vie de ces deux princes, on est plus touché des malheurs du duc de Bourgogne. La raison en est que celui-ci est un personnage original, et l'autre, une mauvaise copie d'Alexandre.

II

Tibère et Louis XI s'exilèrent de leur pays avant de parvenir à la suprême puissance. Ils furent tous deux braves dans les combats et timides dans la vie privée. Ils mirent leur gloire dans l'art de dissimuler. Ils établirent une puissance arbitraire. Ils passèrent leur vie dans le trouble et dans les remords, et la finirent dans le secret, le silence et la haine publique.

Mais, si l'on examine bien ces deux princes, on sentira d'abord combien l'un étoit supérieur à l'autre. Tibère cherchoit à gouverner les hommes ; Louis ne songeoit qu'à les tromper. Tibère ne laissa sortir ses vices qu'à mesure qu'il vit qu'il le pouvoit faire impunément ; l'autre ne fut jamais le maître des siens. Tibère sut paroître vertueux lorsqu'il fallut qu'il se montrât tel ; celui-ci se discrédita dès le premier jour de son règne.

Enfin, Louis avoit de la finesse; Tibère, de la profondeur. On pouvoit, avec peu d'esprit, se défendre des artifices de Louis; le Romain mettoit des ombres devant tous les esprits et se déroboit à mesure qu'on commençoit à le voir.

Louis, qui n'avoit pour art que des caresses fausses et de petites flatteries, gagnoit les hommes par leur propre foiblesse; le Romain, par la supériorité de son génie et une force invincible qui les entraînoit. Louis réparoit assez heureusement ses imprudences, et le Romain n'en faisoit point.

Celui-ci laissoit toujours dans le même état les choses qui y pouvoient rester; l'autre changeoit tout avec une inquiétude et une légèreté qui tenoit de la folie.

III

Philippe II me paroît encore fort inférieur à Tibère. Avec de la patience, de l'inflexibilité, de la philosophie, de l'ambition, ce prince parut dans le monde. Il avoit de vastes désirs, comme s'il étoit idolâtre de la Fortune, et de la modération dans les revers, comme s'il la méprisoit. Mais le mélange de ses défauts et de ses bonnes qualités étoit tel, qu'il étoit difficile qu'il eût jamais de certains succès, et c'est, de ces mélanges différents, bien ou mal assortis, qu'il arrive que des gens qui semblent nés pour faire de grandes choses n'en font point, et que d'autres, qui paroissent ne devoir être que des hommes médiocres, font de si grandes choses.

Philippe ne connut jamais d'autres liens que ceux de l'empire et de l'obéissance. Toujours roi et jamais homme, toujours sur le trône ou dans le cabinet, sa dissimulation, qu'il ne sut pas cacher[1], lui fut peu utile; mais son inflexibilité lui fut nuisible. Car, comme elle ne lui permit point les tempéraments, il porta le même esprit dans tous les évènements de sa vie et ne se plia jamais aux évènements.

A force de rigueur, il rendit les fautes éternelles. Toujours dans l'excès de la justice, il ne laissa jamais expier le crime. Il cherchoit la punition comme les autres cherchent le repentir: jamais touché par les larmes, fléchi par les prières, intimidé par le désespoir.

Il avoit de la lenteur, et non pas de la prudence; le masque de la politique, et non pas la science des évènements; l'apparence de la sagesse même, avec un esprit faux, qui infecta tous ses conseils.

Le dessein de porter l'Inquisition dans les Pays-Bas[2], celui d'y établir le gouvernement espagnol, font voir qu'il ne connoissoit ni les Flamands, ni les peuples libres, ni même les hommes. Des provinces si éloignées, si étrangères à l'Espagne, et qui pouvoient se donner tant de maîtres, ne pouvoient être gardées que par la force des loix.

Il fit de grandes entreprises, mais il ne sut jamais se mettre dans une situation propre à les faire réussir. Il regarda de son cabinet l'Europe, ses

---

1. [ENTRE LES LIGNES :]... dissimuler.
2. NOTA : Charles-Quint en avoit établi une espèce.

provinces, ses armées, et les vit toujours mal, et passa sa vie à calculer de loin et en gros des évènements que la moindre circonstance pouvoit faire manquer.

Il ne profita point des guerres civiles de France; il y consuma vainement ses trésors, et, dans la confusion de cette monarchie, il choisit de tous les plans celui qui rencontroit le plus d'obstacles [1], celui qui étoit le plus opposé à l'esprit de la nation, celui qui réunissoit tous les cœurs au prince légitime.

Ignorant la vraie mesure de sa puissance, il attaqua à la fois la France, l'Angleterre et les Pays-Bas. Mais il ne vainquit ni le courage de Henry IV, ni la prudence d'Élisabeth, ni le désespoir des provinces rebelles.

Ainsi, il ne mérita les louanges d'un prince pacifique, ni celles d'un prince guerrier. Il affoiblit ses forces et laissa à ses enfants les mêmes terres, et non pas la même monarchie.

IV

Paul III et Sixte-Quint ont été de grands hommes; mais autant que l'art est au-dessous de la nature, autant Sixte-Quint est-il *(sic)* inférieur à Paul III. On voit partout dans la vie de l'un quelque chose

---

[1]. De donner la couronne à l'Infante et la marier à un prince françois.

de facile; on trouve de l'affectation dans toutes les actions de l'autre.

Sixte-Quint prit plus de peine à paroître un grand homme qu'à l'être en effet, et se mit moins dans le monde que sur le théâtre du monde.

Pour corriger l'idée qu'on avoit de la bassesse de sa naissance, il voulut étonner à force de hauteur; en quoi il a été plus comparable à Boniface VIII qu'à aucun de ses prédécesseurs. Et, comme si la Fortune, qui auroit pu tant faire pour lui en lui donnant beaucoup moins, n'avoit pas encore assez fait, il eut de l'ambition dans la première place de l'Église, et il osa montrer de l'orgueil devant les Espagnols.

Quoi qu'on ait pu dire de sa rigueur extrême, on peut l'excuser en ce qu'elle n'étoit jamais fondée que sur l'exacte justice. Du reste, il est le premier qui ait perdu la puissance temporelle des Papes, en ouvrant la porte aux emprunts : chose qui ne pouvoit être que fatale dans un gouvernement qui n'est pas successif, et qui, cependant, est monarchique.

Paul III, avec un esprit naturel, mais pénétrant, un génie plein de ressources, des idées justes, une grande connoissance des hommes, fut le restaurateur du pontificat, qu'il soutint, pour ainsi dire, à un fil. Il ne porta dans les affaires ni vanité, ni humeur, ni préjugé, ni prévention; il tira parti de chaque évènement, et ce qui pouvoit être pour lui le fut toujours.

Ce vieillard décrépit n'avoit pas même les défauts de son âge: ni la lenteur, ni la timidité, ni les méfiances, ni l'irrésolution; et, s'il étoit prudent, il n'étoit pas moins sage.

Il se trouva dans de cruelles circonstances. Le mur de séparation entre les Catholiques et les Pro-
5 testants n'étoit pas encore mis; de façon que ceux-ci, parlant habilement le langage des premiers et ne demandant qu'un concile et la réformation de quelques abus, il sembloit que les intérêts de Rome seule divisassent les esprits.

10 Le Luthéranisme surtout étoit funeste, en ce que le peuple, qui voyoit à peu près le même extérieur, croyoit n'avoir presque pas changé et sentoit peu de chose de cette infinie distance qu'il y a d'une religion à l'autre; de façon qu'un prince qui se
15 donnoit le nom de Catholique ou un autre qui se donnoit celui de Protestant se faisoit d'abord suivre par ses sujets; et, comme il y avoit des Protestants partout, on étoit à chaque instant sur le point de voir les princes modérés abandonner Rome pour le
20 bien de la paix, et les princes avides, pour avoir les richesses de l'Église.

D'ailleurs Charles-Quint n'avoit de qualité bien connue qu'une grande ambition, et il étoit sûr que, pour protéger la religion, il attendroit toujours qu'il
25 eût intérêt à le faire.

Mais les terres papales formoient de nouveaux embarras: car, si Charles soutenoit la puissance spirituelle, il étoit toujours prêt à envahir la temporelle.

Il falloit engager François Ier à défendre le Pape
30 contre Charles, et Charles à défendre l'Église contre les Protestants. Enfin, on étoit forcé à chaque ins-

tant de changer de conduite avec des princes qui varioient toujours, et d'abandonner tous les anciens plans, dans un temps où tous les états d'Europe avoient pris de nouveaux intérêts.

Il éleva aux dignités tous les gens de mérite qu'il put trouver et les intéressa à la défense commune.

Le Concile, que ses prédécesseurs avoient tant craint, tant promis, tant refusé, il l'accorda; et, sans s'émouvoir de ce qui s'étoit passé à Constance et à Bâle, il vit qu'il étoit dans d'autres circonstances : que sa querelle étoit celle de tout le clergé; que, dans un temps où l'esprit général étoit de corriger, il falloit, par un concile, prévenir les assemblées laïques et se conserver par là le jugement des dogmes et le droit de réformer.

Il jugea que, la plupart des princes ayant perdu le respect pour le pontificat, c'est-à-dire pour cette puissance qui n'est défendue que par le respect, il falloit qu'il se rendît lui-même considérable par une armée, et qu'il facilitât par là les négociations.

Il regarda avec attention les différents effets de cette fermentation générale qui étoit dans l'Europe, profita des uns, se joua des autres, et sentit toujours le premier ce qui pouvoit lui nuire ou le servir.

Lorsque Charles-Quint eut pris le mauvais parti de régler lui-même les disputes de religion, le Pape qui savoit bien que, dans ces sortes d'affaires, il n'y a point de conciliation, et que tous les partis sont extrêmes, ne fit que rire de la malhabileté de ce prince, qui alloit s'attirer contre lui les Protestants et les Catholiques, et il ne se vit jamais plus à la tête des affaires de la religion que dans le temps que l'Empereur crut qu'il l'en alloit exclure.

Charles, dont les affaires étoient embarrassées avec toutes celles du monde d'alors, lui manqua souvent, et il ne se piqua jamais; et cela put bien lui faire changer d'intérêts, et jamais de conduite.

Enfin, il mourut après avoir relevé le pontificat et fait à sa famille, dans des temps si difficiles, un des grands établissements qu'aucun pape ait jamais pu faire[1].

V

Le duc de Mayenne et Cromwel semblent s'être trouvés dans les mêmes circonstances; mais la politique vouloit que le premier se fît roi, et non pas le second.

On avoit attaqué la royauté en faisant mourir Charles; on n'avoit attaqué que le Roi en assassinant Henry. Le but de la faction d'Angleterre étoit d'abolir le titre; celui de la faction de France, de le porter dans une famille catholique. Cromwel, se faisant roi, détruisoit l'esprit de sa faction; le duc de Mayenne, prenant la couronne, fortifioit celui de la sienne.

Le duc de Mayenne fit des fautes irréparables. Il mit la couronne en dépôt sur la tête du vieux cardinal de Bourbon, c'est-à-dire qu'il rappela la fidélité de la nation à la maison de ses rois. Bientôt,

[1] Les duchés de Parme et Plaisance.

il fit pendre les Seize, à cause de leurs excès, et, par
là, il acheva de détruire l'esprit qui agitoit son parti.
Cromwel tua bien de sa propre main quelques-uns
des siens qui n'obéissoient pas; mais il n'eut garde
de les punir de leur fureur contre le parti opposé.
Il se servit quelquefois de moyens violents pour faire
passer ses gens d'une extravagance à une autre;
mais le duc de Mayenne les employa pour donner
à son parti de la modération, c'est-à-dire pour le
faire périr.

Quoiqu'on ne puisse guère trouver des âmes plus
différentes que celle de Cromwel et celle de César,
cependant on ne peut pas dire que l'Anglois ait été
inférieur au Romain par le génie.

Les grands hommes vont à leur but par une route;
Cromwel y alla par tous les chemins. On peut, avec
de la pénétration, découvrir la chaîne des desseins
des autres; cela fut impossible avec celui-ci. Il alla
de contradiction en contradiction; mais il alla toujours, tel que ces pilotes que presque tous les vents
conduisent au port. Il gouverna les Anglois comme
si lui seul avoit eu une âme. Il n'eut aucun confident: tout le monde fut sa dupe; et tel fut le succès
de ses desseins que ses complices mêmes en furent
épouvantés.

Le dernier crime qui le porta, semblable à ceux
que vantent les fables, parut d'abord faire horreur
à la Nature entière. Mais lui prit de sang-froid le
gouvernement, jeta partout l'épouvante, fit succéder
le respect à la haine et força les rois les plus superbes à couronner l'injure et à devenir ses alliés.

VI

Henry III, roi de France, et Charles Ier, roi d'Angleterre, étoient des princes foibles et superstitieux, toujours embarrassés dans des procédés personnels, pleins de préventions dans leurs haines et leurs amitiés, également prêts à tout entreprendre et à tout céder, toujours mal à propos hardis ou timides, ayant quelque soin de se faire aimer de leurs courtisans, aucun de se rendre agréables à leurs sujets.

Il y a des conjonctures où les plus petits génies peuvent gouverner assez bien; il y en a d'autres où les plus grands esprits sont étonnés : l'art de régner est quelquefois l'art du monde le plus aisé, et quelquefois le plus difficile.

Dans la prospérité d'une monarchie, un prince peut être méprisé impunément; car la force du gouvernement supplée à la foiblesse de celui qui gouverne. Mais, lorsque l'État est dans sa décadence, il n'y a que le respect pour la personne du prince qui puisse suppléer à la foiblesse des loix, et, pour lors, ses imperfections et ses vices sont les vraies plaies de l'État.

De la haine que l'on conçut pour la personne de Charles, on passa peu à peu au mépris. Au contraire, du mépris que l'on eut pour la personne de Henry, on passa insensiblement à la haine. Et cela est fort extraordinaire, car ces deux princes n'avoient pas d'assez grandes qualités pour mériter d'être haïs.

La vie privée de Charles étoit admirable, et le censeur le plus austère n'auroit pu y rien trouver à reprendre. Henry avoit des vices qu'un particulier, qui en peut espérer le secret, ne sauroit avoir sans rougir.

Mais Charles étoit né avec une telle incapacité pour gouverner qu'il n'y en a point d'exemple dans les histoires, pas même dans celle de Henry III.

Il y a des imbécillités qui sont telles qu'une plus grande imbécillité vaudroit mieux.

Louis XIII en est un exemple : un degré de moins de foiblesse auroit rendu ce prince le jouet des évènements, parce qu'il auroit gouverné par lui-même ; un degré de plus de foiblesse le rendit plus puissant que tous ses prédécesseurs, parce qu'il resta sous la main d'un ministre dont le puissant génie dévora l'Europe. Il est vrai qu'il n'obtint d'autre gloire que celle de cet empereur tartare qui conquit la Chine à six ans.

Henry III trouva la France depuis longtemps agitée par les guerres civiles. Charles les fit naître en Angleterre : il força, pour ainsi dire, les Anglois à lui disputer tout ; et, si quelques circonstances, qu'il ne devoit pas espérer, ne l'avoient pas mis en état de faire la guerre, on auroit vu une chose bien extraordinaire : un grand monarque abattu dans un moment, sans aucune conspiration contre sa personne, sans effusion de sang, sans combat, et par la seule puissance civile.

VII

Comme Henry III a été le martyr de ses vices, je m'étendrai un peu sur ce prince, sur le caractère d'esprit qui régnoit à sa cour et l'état où étoit pour lors sa nation.

Il étoit affoibli par les deux choses les plus capables de perdre les hommes : la mollesse et la superstition.

Un vice qui n'est malheureusement inconnu qu'aux nations barbares fut porté à sa cour jusqu'à une licence effrénée.

Les femmes, qui avoient joué un si grand rôle à la cour de François Ier, à celle de Henry II, et dans les différentes régences de la reine Catherine, ne manquèrent pas de décrier ce règne ; et, comme elles donnoient le ton et pouvoient tout dans un parti dont les jeunes gens et les dévôts étoient l'âme, elles lui jouèrent des tours au-dessus de leur sexe et échauffèrent encore plus la Ligue que les prêcheurs.

Le Roi, qui portoit la fureur jusqu'à les haïr, les décrioit de son mieux. Il publioit leurs galanteries, et, qui pis est, de certains défauts secrets que la pudeur cache encore après qu'on l'a perdue. Instruit, par ses mignons, de tous ces détails, il ne s'entretenoit que de ces sortes de discours, qui sont heureux quand ils ne sont qu'inutiles, et qu'on ne pardonne pas même à l'oisiveté des particuliers.

Comme la reine de Navarre avoit fait des railleries

sanglantes sur les débauches de la Cour, le Roi ne l'avoit pas épargnée sur ses galanteries, et ils trouvèrent, l'un et l'autre, mille occasions de se venger.

La duchesse de Montpensier, furieuse d'un secret révélé, forma elle-même Jacques Clément à son détestable parricide; on a cru même qu'elle l'y engagea par ses faveurs.

Les favoris tenoient le Roi, pour ainsi dire, dans un sérail et ne vouloient le laisser échapper ni à sa mollesse, ni à leur ambition.

Ils lui faisoient mettre sans cesse de nouveaux impôts sur le peuple, dont ils se saisissoient d'abord; et, comme ils n'étoient point liés à lui par l'honneur ni par le devoir, mais par les plaisirs, ils se soucioient peu de le rendre méprisable au peuple par ses vices ou odieux par ses prodigalités.

Lorsqu'un prince foule ses sujets, il faut, au moins, qu'il leur fasse envisager quelque utilité qui les séduise, et qu'il ne les afflige pas au point de leur faire voir qu'ils se sont privés de leur nécessaire pour ses voluptés. Ce qui détermina, à la fin, le peuple de Rome à abandonner Néron, c'est que, dans une famine, il apprit que trois vaisseaux d'Alexandrie étoient arrivés chargés de poussière pour les lutteurs.

Comme les favoris craignoient les affaires et regardoient l'argent destiné à la guerre ou au maintien de l'État comme une conquête faite sur eux, ils prenoient souvent, mal à propos, la voie des adoucissements et des pardons. Insolents dans le cours de leur fortune et timides dans le terme, ils consternoient la majesté royale après l'avoir fait monter jusqu'aux nues, abusant également du pouvoir pour l'outrer ou le dégrader sans mesure.

Il seroit difficile de dire si la reine-mère fit plus de mal aux Catholiques, aux Huguenots, au royaume ou aux rois, ses enfants.

Dans ses différentes régences, elle n'avoit employé que la finesse. Pleine de ces petits artifices que le cœur et l'esprit d'une femme produisent si aisément, elle avoit fait entrer dans le cabinet toutes les intrigues des ruelles, et les galanteries des filles de sa cour étoient les plus grands ressorts de sa politique.

Enfin, elle parvint à décrier la souveraineté même, en faisant regarder les paroles, les actions, les faveurs de nos rois, comme des pièges où il n'y avoit que les dupes qui se laissassent surprendre.

Quoiqu'elle eût une espèce de courage, elle ne songea qu'à abaisser celui du Roi : elle lui donna toujours de la méfiance et avilit son autorité pour qu'il la lui remît entre les mains.

Le Roi, dont les débauches étoient connues, avoit le foible de croire qu'il les rachèteroit par des pratiques extérieures; mais sa dévotion étoit soupçonnée, à mesure qu'elle devenoit publique, et l'on jugeoit toujours de sa religion par ses mœurs.

Il s'étoit répandu dans la nation un certain esprit de zèle qui ne distinguoit plus le Catholique d'avec le Protestant par les pratiques religieuses. Car, si cela avoit été, quel prince auroit passé pour plus catholique que Henry III? Mais on regardoit comme Catholique celui qui étoit prêt de verser le sang des

Protestants, et comme Protestant celui qui étoit disposé à répandre le sang des Catholiques.

Cependant, les progrès des Guises étoient si rapides que l'on sentoit déjà le besoin que l'on auroit du parti huguenot ; mais le moindre ménagement étoit une tache d'hérésie.

Le Roi n'empêcha point les États de déclarer qu'il falloit faire la guerre aux hérétiques ; mais, sitôt qu'ils l'eurent fait, cette résolution devint le sentiment unanime de la nation, et, le Roi ne faisant pas cette guerre, cela donna occasion de former une ligue et de recourir à une autre autorité qu'à celle des loix.

La foiblesse de la Cour fit d'abord croire que la religion étoit en danger. Cela fit que les peuples intimidés mirent leur confiance dans les Guises, et, de l'autre côté, la force des Guises augmenta la foiblesse de la Cour.

Dans les guerres civiles ordinaires, quelque reste du ton ancien peut subsister. Il peut arriver que l'ordre soit troublé, et non pas à tous égards anéanti[1]. Mais, lorsque l'opinion du péril de la religion met les armes à la main, pour lors tout est confondu ; tout le monde devient un personnage important : car chacun a un intérêt égal à la chose et est, pour ainsi dire, partie principale.

C'est pour lors que tous les esprits sont outrés ; que les intérêts de l'État sont sacrifiés au succès de l'idée de chacun ; qu'il ne reste plus de liens dans

1. [ENTRE LES LIGNES :] On peut, avec les principes du gouvernement, combattre pour ou contre le gouvernement.

la société que ceux d'une haine et d'une fureur commune; que les gens les plus foibles s'emparent du pouvoir pour mettre à leur tête les plus fourbes qui se présentent; que toute extravagance est écoutée, et que l'hypocrisie prend la place des mœurs, des vertus et des loix[1].

La puissance du roi d'Espagne et les ménagements que les autres états avoient pour les hérétiques avoient fait penser aux moines qu'il importoit à la religion catholique que ce prince eût l'empire catholique; ainsi ils lui étoient tous dévoués. Les papes, qui craignoient d'être subjugués si la puissance devenoit unique, n'étoient pas si catholiques que les moines, qui sont des enfants perdus, qui n'ont jamais dans la tête que deux ou trois principes de théologie, avec lesquels ils vont toujours en avant, sans avoir jamais deux craintes à la fois.

Les grandes qualités du duc de Guise achevoient de dégrader le Roi. Il n'y a guère d'exemple dans les histoires qu'un étranger ait été porté à la puissance par l'adoration des peuples; celui-ci disposa de la haine des François contre les princes et les seigneurs François[2].

Le Roi, qui voulut faire voir qu'il étoit zélé pour la religion catholique, souffrit que ses sujets fissent une ligue pour la conserver, et, comme si l'État

1. [EN MARGE :] Voir si je ne pourrois pas mettre là *l'enthousiasme*.
2. [EN MARGE :] Mettre ici que le Calvinisme étoit plus contraire aux rois que le Luthéranisme, lorsque l'un se vantoit d'être plus conforme à ce que Jésus-Christ avoit dit, l'autre, à ce que les Apôtres avoient fait.

n'étoit pas lui-même une ligue, il autorisa celle-ci, au lieu de regarder tous les partis du haut du trône.

Il y avoit dans l'esprit de la nation, une fureur impuissante de s'entredétruire ; mais les Catholiques, en faisant la guerre, servoient les Huguenots, qui s'établissoient par là, et qui, en arrachant des édits, mettoient de leur côté les loix.

Lorsqu'une religion naît dans un état, et qu'ayant paré les premiers coups qu'on lui a portés, fortifiée par les disgrâces, elle est parvenue à se soutenir par sa puissance même, il est contre la politique de l'attaquer. Il ne faut point craindre qu'elle s'étende ; car les prosélytes ne se font que, lorsque les questions sont indécises et que chacun s'imagine être encore dans la même religion. Mais, lorsque la séparation est faite, que les noms sont donnés et reçus, que chacun a pris son parti, les prosélytes sont rares. Il est donc, pour lors, de l'intérêt de la religion dominante de laisser l'autre se refroidir dans la paix ; de disputer le pouvoir, et non pas les commodités du culte ; enfin, de rendre ses ennemis artisans et laboureurs, et non pas soldats[1].

Le Roi étoit très malheureux : il ne pouvoit persuader à ses sujets catholiques qu'il fût catholique, et il étoit personnellement chargé, dans l'esprit de ses sujets protestants, d'un rôle principal dans l'affaire de la Saint-Barthélemy ; et, si l'on fait bien attention aux noirceurs qui la précédèrent, à la fureur avec laquelle elle fut exécutée, à l'insolence avec laquelle elle fut

[1]. Le corps protestant a été abattu en France par l'édit de Nantes ; ce sont les faveurs qui l'ont détruit, et non pas les épées.

RÉFLEXIONS SUR QUELQUES PRINCES 189

soutenue, on avouera que rien n'étoit plus capable de décrier un prince pour jamais.

Il étoit dans ces circonstances, lorsque les assassinats du duc de Guise, du Cardinal, son frère, et de l'archevêque de Lyon, glacèrent ses amis et rendirent furieux, ses ennemis.

Il est aussi impossible d'approuver ce qu'il fit que la manière dont il le fit, et, quelle que fût sa situation pour lors, il faut, pour l'honneur de la vertu et en faveur de la nature humaine, détester cette action, ou n'en pas juger.

Sixte-Quint fit assembler les cardinaux : « Mes frères, leur dit-il, le roi de France a fait mourir un cardinal, comme si Dieu n'étoit pas dans le ciel, et comme si nous n'étions pas sur la terre. » Il excommunia le Roi. Proscription fatale, qui, dans les circonstances de ces temps-là, exposa sa vie à chaque instant[1] !

1. [AU DOS :] Passer au parallèle avec Charles Ier.

LETTRES DE XÉNOCRATE

A PHÉRÈS

LETTRES DE XÉNOCRATE

A PHÉRÈS

LETTRE PREMIÈRE

Vous voulez, Phérès, que je vous parle du prince qui règne à Sicyone ; je vais vous dire ce que j'en sais.

Alcamène est né avec un génie supérieur, et, cependant, il est soumis à l'ascendant de tout autre génie.

Il a peu de défauts qui partent d'un mauvais naturel ; son esprit y entre toujours pour beaucoup, et son cœur, pour peu de choses.

Il a un certain goût malade qui le porte à se montrer pire qu'il n'est ; le caractère de son esprit, à l'égard des vices, est de chercher à paroître en avoir, comme un témoignage de liberté et d'indépendance.

Il a pour les hommes un souverain mépris ; il croit aux talents, et il ne croit point aux vertus.

Cela fait qu'il ignore absolument cette distance infinie qu'il y a entre l'honnête homme et le méchant, et tous les différents degrés qui sont entre ces deux extrémités.

Auprès de lui, le privilège qu'a la vertu, c'est qu'elle ne nuit pas.

Aucun homme n'a mieux senti que lui le ridicule des personnes, et souvent n'a plus ignoré celui des choses.

Fait pour la société, il devoit être l'idole de sa nation, soit qu'il fût un homme privé, soit qu'il en fût le maître.

Au lieu de cette gêne qui régnoit à Sicyone, Alcandre a mis une certaine facilité dans le commandement et l'obéissance; qui fait que, quelques inconvénients qu'on éprouve, on aime encore mieux lui obéir.

Les paroles qu'il a si admirablement dites sont toujours des reparties, comme s'il s'étoit refusé toutes les choses charmantes qui ne naissoient point de l'occasion, et qu'on ne l'obligeoit pas de dire.

Il se joue du travail des politiques : ses saillies sont ses principes; ce qu'ils méditent, il le rencontre; un instant lui donne tout ce qu'ils ont réfléchi.

Il a une indifférence pour les évènements qui ne convient qu'à ceux que le Ciel n'a pas fait naître pour déterminer les évènements.

Il a le cœur ferme et l'esprit timide; mais cette timidité lui vient autant de la peine qu'il a à faire du mal que d'aucune foiblesse d'âme.

Il est heureux de vivre dans un siècle où l'obéissance prévient pour ainsi dire le commandement; car, s'il eût régné dans des temps de trouble, la disposition de son esprit étoit telle qu'il n'auroit jamais assez osé, et qu'il auroit trop entrepris.

Ce n'est pas qu'il ne frappe quelquefois des coups hardis; mais il faut beaucoup travailler pour lasser sa clémence. Pour lors, il étonne ceux qui l'ont offensé et ceux qui craignoient de le voir impunément offenser.

Alcamène aime à pardonner : vous diriez qu'il trouve la paix dans l'âme de ses ennemis. La clémence lui est si naturelle qu'il croit presque que c'est toujours à lui à la ressentir et aux autres à la recevoir. Il ne sauroit se venger : si la vengeance est difficile, il n'en a pas le désir, et, sitôt qu'elle est aisée, il dit qu'il n'en a pas le courage : en effet, dans la vengeance, il se sentoit gêné. C'est pour lors qu'il se plaignoit de sa puissance.

Avec ce sublime esprit, qui fait les grandes vertus et les grands crimes, Alcamène pourroit être un homme funeste, si le cœur ne réparoit en lui le défaut des principes. Mais ce cœur le domine tellement qu'il ne sait ni refuser, ni punir : tombant rarement dans des inconvénients en faisant le mal, il s'y jette sans cesse en faisant le bien.

Il a plutôt l'inquiétude agissante de l'ambition qu'il n'en a les vastes désirs.

Laissant les hommes en paix, mais tourmentant sans cesse leurs fortunes, comme les autres ruinent par des caprices, il ruine par des épreuves et des intentions d'enrichir. On est irrité contre lui, et il est impossible de le haïr.

Alcamène est très capable de faire des fautes. Personne ne les voit plus vite et ne les corrige mieux. Il n'emploie point ses lumières à se justifier, mais à mieux faire; et, après s'être écarté de la raison, il y rentre souvent si bien que ces fautes se trouvent heureuses, et qu'on voit périr le mal et renaître le bien.

Ce qui l'empêche de réussir si bien dans le gouvernement de l'intérieur du royaume, c'est qu'il veut sans cesse aller du bien au mieux, et qu'il est toujours plus frappé du mal que de l'inconvénient qu'il y a à le réparer.

Il corrige là où il faudroit tolérer; comme si le peuple, qui pense avec tant de lenteur, pouvoit changer d'esprit dans un moment et regarder comme des abus des choses que le temps, les exemples et la raison même lui ont fait regarder comme des loix.

Quelquefois, c'est la nécessité qui fait les abus; quelquefois, en se relâchant d'une loi, on se l'a *(sic)* rendue telle que le législateur auroit dû la faire; et le peuple, qui a exécuté, s'est montré plus sage que le législateur qui a prescrit. Enfin, il y a bien des choses qu'il eût été bon qu'on n'eût jamais faites, et qu'il eût été à souhaiter qu'on n'eût pas détruites.

Je crois bien qu'Alcamène craint les Dieux immortels, mais il manque quelquefois d'un certain respect pour leurs ministres. En fait d'administration, son principe est que le Ciel n'a pas moins fait la religion pour les hommes que les hommes pour la religion.

LETTRE SECONDE

Alcamène s'est refusé à peu de femmes; mais il y en a bien peu qui puissent se vanter qu'il ait eu de l'estime pour elles.

Il aima dans ses premières années; il trouva un cœur tendre et des plaisirs réservés à ceux qui aiment. Dans la suite, il courut d'objet en objet; il usa les principes de ses passions; il fatigua ses sens à lui rendre ce qu'il avoit perdu, mais il n'eut plus que les dégoûts des plaisirs.

Il porta quelques agréments dans la débauche; mais, quoi qu'on en dise, la débauche ne se raffine point; et, si Alcamène cessa jamais d'être aimable, ce fut dans les moments qu'il destina à la joie, où il vouloit qu'on lui plût, et où il vouloit plaire.

Bientôt ses maîtresses ne furent que les témoins d'une vie, non pas libre, mais licentieuse. Mais Alcamène y peut perdre sa raison, et jamais son secret.

LETTRE TROISIÈME

Les Dieux irrités contre Sicyone envoyèrent, une nuit, un songe à Alcamène. Il crut qu'il étoit le maître de tous les trésors de l'Univers. Ce songe fut la cause de la misère publique.

Cependant Thémis ôta son bandeau et vit que, de tous côtés, on élevoit, dans Sicyone, des temples à Plutus : « Mortels, s'écria-t-elle, méfiez-vous du Dieu que vous servez. » Mais elle fut elle-même chassée de son temple; elle se tut et ne rendit plus ses oracles. Dans une nuit, tous les autels de Plutus furent renversés, ses prêtres prirent la fuite, et tous ceux qui avoient suivi son culte furent livrés en proie aux quatre Titans.

Apollon, irrité contre Alcamène, lança contre lui mille traits empoisonnés. Couvert d'une espèce d'égide, il rioit de l'impuissance de ce Dieu. Les traits qui venoient jusqu'à lui s'émoussoient et tomboient à terre. « Dieu téméraire, dit-il, je ne t'apaiserai point par des présents; je ne t'irriterai point par ma colère. On ne te conjure que par les mépris. »

Un homme d'une naissance obscure fut reçu dans la maison d'Alcamène. Il en fut regardé, d'abord, avec mépris, et ensuite, sans avoir passé par la considération, il obtint la confiance. Fier d'avoir eu part à ses secrets, il fit des demandes téméraires et les obtint. Bientôt Alcamène, lassé du commandement, remit dans ses mains la souveraine puissance. L'ambition de ce favori de la Fortune croissoit par l'excès du bonheur. Mais une Déesse à qui il n'avoit jamais rendu qu'un culte profane lui envoya une maladie qui fit évanouir tous ses projets.

LETTRE QUATRIÈME

Le Roi qui a si longtemps régné à Sicyone avoit conquis les états d'un prince voisin, et ne lui avoit laissé que sa capitale. Il envoya Alcamène pour l'assiéger. Un secours arrive; les Sicyoniens le laissent passer. Alcamène se retire, abandonne toutes les conquêtes. On auroit pu les conserver. Mais tout le monde défendit l'honneur d'Alcamène. On convint qu'il n'avoit pas manqué de résolution, et que ce n'étoit pas lui qui avoit manqué de conduite.

Dans les affaires malheureuses, un général est

chargé de toutes les fautes de l'armée et de la Cour. Ici, la Cour et l'armée se chargent de toutes les fautes pour absoudre le général.

Le feu Roi avoit mis un prince de sa maison sur un trône voisin. Il avoit envoyé une grande armée pour l'y soutenir. Il en donna le commandement à Alcamène. Dans toute cette armée, Alcamène fut seul malheureux : il arriva trois jours après la victoire. Il sentit son infortune, et ne sentit pas autre chose. Il fit bien voir que la victoire avoit été gagnée sous ses auspices ; il eut la gloire de n'envier celle de personne. Il n'avoit point vaincu ; mais il sut profiter de la victoire. Telle fut la magie de l'amour qu'on lui portoit : personne ne fut content de sa propre gloire, s'il ne voyoit celle d'Alcamène.

LETTRE CINQUIÈME

Alcamène vient de mourir. Ce prince, qui ne cessoit de faire des projets pour l'avenir, abrégeoit sans cesse sa vie et se déroboit ses jours.

Il a été frappé d'une maladie mortelle dans un temps où il n'avoit auprès de lui aucun des siens. Tout le monde est accouru. On l'a trouvé baigné dans son sang, et dans l'état du monde le plus triste.

Chaque Sicyonien croyoit qu'Alcamène avoit dans ses trésors tout ce qu'il avoit perdu. On ne lui a trouvé ni or, ni argent : les vices des petites âmes n'étoient point les vices d'Alcamène.

Le monarque qui règne à présent à Sicyone est un jeune prince qui fait espérer à chaque Sicyonien des jours heureux. Il a une physionomie charmante, le meilleur naturel du monde. Il aime à voir faire le bien, à corriger le mal, et, enfin, la vérité lui fait plaisir.

Le Ciel a fait une grande chose lorsqu'il a placé un prince dans un si haut rang que tous les autres ont les yeux sur lui; qu'il en est l'exemple et le modèle; qu'il peut, pour ainsi dire, donner le ton à la nature humaine et la gouverner tout entière par ses mœurs, comme un autre gouverne ses sujets par ses loix.

Pour moi, j'espère que, comme les Dieux immortels se choisissent quelquefois des instruments pour être les fléaux des nations qu'ils veulent punir, ils auront fait naître celui-ci pour montrer leur amour pour les hommes; qu'ils auront voulu le donner comme une récompense aux gens vertueux, et justifier ainsi leur providence.

Puisse-t-il donner à ses sujets, non seulement les richesses et l'abondance, mais encore ce repos de l'âme que l'on ne goûte que sous les bons princes, cette sûreté de son état et cette paix intérieure qui est toujours due à l'honneur et à la vertu.

Puissions-nous ne voir jamais ces règnes tristes, où l'innocence n'est pas plus tranquille que le crime, et où chacun, par un retour sur soi-même, souffre l'injustice faite à quelqu'un de ses concitoyens.

REMARQUES

SUR

CERTAINES OBJECTIONS

QUE M'A FAITES UN HOMME

QUI M'A TRADUIT MES *ROMAINS* EN ANGLETERRE

REMARQUES

SUR

CERTAINES OBJECTIONS

QUE M'A FAITES UN HOMME

QUI M'A TRADUIT MES *ROMAINS* EN ANGLETERRE

Et la première est sur le chapitre XVI (page 141 de l'édition d'Écosse).

Et je commencerai par dire qu'il y a deux fautes d'impression (dans une note) qu'il faut corriger, et c'est bien une faute d'impression, puisque sans cela cette note seroit contradictoire au texte.

La note commence ainsi : « Un soldat, dans Plaute *(in Mostellaria)*, dit qu'elle étoit (la paye) de trois as, ce qui ne peut être entendu que des as de dix onces de cuivre »; mettez : « ce qui ne peut être entendu que des as *de deux onces de cuivre* ».

La note continue : « Mais, si la paye étoit exactement de six as, dans la première guerre punique... »; mettez : « *de six onces de cuivre* ».

L'objection qu'il fait, sur le passage de Plaute *(in Mostellaria)*, de ce soldat qui étoit assez fou pour se faire casser la tête pour trois as, n'est pas fondée. J'ai dit que ces as étoient de deux onces de cuivre, et le critique dit, au contraire, qu'ils ne seroient que d'une once, parce que, dans le temps de Plaute, qui vivoit dans la seconde guerre punique, l'as ne valoit plus une once du *(sic)* cuivre, et qu'il ne seroit pas probable que Plaute eût parlé d'autres as que de ceux de son temps, et qu'ainsi j'ai eu tort de conclure de ce passage que la paye du soldat romain, dans la première guerre punique, étoit de six onces de cuivre.

Mais le discours de Plaute n'est qu'une façon de parler proverbiale, qui ne pouvoit changer tous les jours. (Il faut voir le passage, que j'ai oublié.) De plus, il est visible que, quoique la République fît frapper des as d'une once, ce ne fut point pour les soldats; comme il paroît par Polybe, qui dit que la paye, dans la seconde guerre punique, étoit de cinq onces du *(sic)* cuivre. L'auteur ajoute que Plautus prend toujours le *nummus* pour le stater, et qu'ainsi je ne puis rien conclure de ce passage de Plaute. Je réponds qu'il lui seroit très difficile de prouver que Plaute prenne toujours le *nummus* pour le stater. Et, si cela étoit, mes raisonnements seroient encore plus forts, puisque la paye de la première guerre punique auroit été encore plus forte. De tout ceci, le critique conclut qu'on ne peut rien fixer sur le passage de Plaute. Je réponds que je ne sais pas pourquoi on n'en peut rien conclure. Mais, ce que je sais, c'est que Plaute ne parle pas d'as d'une once du *(sic)* cuivre, parce qu'il n'entre point dans l'esprit que les Romains, dans les calamités de la seconde guerre punique, eussent augmenté la paye de trois onces à cinq.

. . . .

L'auteur attaque, ensuite, un endroit de *l'Esprit des Loix*, livre XXII, chapitre XXII. C'est cet endroit où je dis : « Sous Sylla, Lucius Valerius Flaccus fit une loi qui permettoit l'intérêt à trois pour cent par an... Paterculus la désapprouve ; » et, dans la note sur le mot *désapprouve* : « *Turpissimæ legis auctor, qua creditoribus solvi quadrantem jusserat* (Livre II). Quelques auteurs ont interprété ce passage comme si la loi de Flaccus avoit ordonné qu'on payât seulement le quart du capital. Mais il me semble que ce n'étoit pas le langage des auteurs latins. Lorsqu'il s'agissoit de retranchements de dettes, on se servoit des mots de *quadrans*, *triens*, etc., pour marquer l'usure, et *tertia pars* et *quarta pars*, pour marquer le capital, etc. »

Le critique dit que la loi de Flaccus statuoit sur le capital, et qu'elle retrancha les trois quarts des dettes. Il rapporte des passages des *(sic)* poètes, qui font voir que les divisions de l'as s'employoient pour marquer la division du capital :

Mittebas libram : quadrantem, Garrice, mittis.
Saltem semissem, Garrice, mitte mihi, etc.

(Martial, livre XI, 51.)

J'aurois tort de lui nier cela. Il pourroit citer contre moi une infinité de loix du Code, de l'Indigeste *(sic)*. Car les Romains ne [se] servoient pas seulement des divisions de l'as pour marquer les taux des usures; ils s'en servoient encore pour les divisions des successions [1], pour les institutions

1. *Institutiones, De Hæredibus instituendis.*

d'héritiers et pour les legs, qui sont bien les *(sic)* capitaux. Ainsi, dans chaque passage où l'on se servira de la division de l'as, il faudra voir quel est le sens le plus naturel : de l'appliquer à l'usure, ou au capital. Et je crois que, si Paterculus avoit voulu dire que la loi de Flaccus retranchoit les trois quarts du capital des dettes, il se seroit plutôt servi du mot de *quarta pars* que du mot *quadrans,* pour éviter l'équivoque. Cette équivoque n'est point dans le vers de Martial, parce que le mot de *libra,* qui précède celui de *quadrans,* détermine le sens de ce dernier.

Le critique fait une autre objection; elle est tirée d'un passage de Salluste (*Bello Catilin.*, § 34) : « *Ac novissime, memoria nostra, propter magnitudinem æris alieni, volentibus omnibus bonis, argentum ære solutum est.* » Le critique dit que, dans ce passage, Salluste parle du même fait que Paterculus, c'est-à-dire de la loi de Flaccus, et il fait tous ses efforts pour prouver que, par ce payement de l'argent fait en monnoye du *(sic)* cuivre, les créanciers perdirent les trois quarts.

Ces preuves me paroissent assez obscures, et le passage qu'il interprète, non moins obscur : « *Argentum ære solutum est.* » Je crois que ce passage-là ne se rapporte point à la loi de Flaccus. Il ne paroît pas même qu'il y soit question d'aucune loi. Il me paroît que le texte de Salluste est corrompu, et qu'il faut mettre : « *Argentum ærario solutum est;* » et qu'il ne s'agit pas là d'une loi, mais d'un règlement du Sénat et des principaux de la République, qui firent dans cette occasion ce qu'on avoit fait dans tant d'autres, lorsqu'il s'agissoit d'apaiser les séditions et les murmures [1] de la populace obérée : qui est que l'on payoit du Trésor public les dettes de ceux d'entre les pauvres citoyens qui n'avoient pas de quoi les acquitter. La loi de Flaccus avoit apaisé les créanciers et les débiteurs qui avoient quelque fortune ; mais, pour les pauvres, ils ne pouvoient profiter de cette loi. Que restoit-il à faire à la République pour les apaiser ? C'étoit de payer leurs dettes. Elle le fit : « *Volentibus omnibus bonis, argentum ærario solutum est.* » Il faut toujours se souvenir de ce que j'ai dit, de cette constance des Romains dans les principes de leur gouvernement et les maximes anciennes. Pour juger de ce que les Romains avoient fait dans le temps de Flaccus, il faut voir ce qu'ils avoient fait dans tous les temps. On peut voir ce que j'ai dit dans le chapitre même XXII du livre XXII, dont il est question ici. Il faut lire le chapitre XXII du livre XXII de *l'Esprit des Loix*, où cette politique des Romains est très bien expliquée.

. . . .

Il n'y a plus de difficulté depuis que j'ai vu le passage de Salluste *(Conjuration de Catilina)* : C. Manlius envoyant des ambassadeurs de sa troupe [2] à Martius Rex, pour lui dire ce qui suit : « Nous attestons les Dieux et les hommes que nous n'avons pas pris les armes contre notre patrie, *sed uti corpora*

---

1. [Entre les lignes :] ...désespoir.
2. [A la fin de l'alinéa :] ... envoya des députés de sa troupe.

nostra ab injuria tuta forent ; qui miseri, egentes, violentia atque crudelitate fœneratorum, plerique patria, sed omnes fama atque fortunis expertes sumus. Neque cuiquam nostrum licuit, more majorum, lege uti, neque, amisso patrimonio, liberum corpus habere : tanta sævitia fœneratorum atque prætoris fuit. Sæpe majores nostri, miseriti plebis romanæ, decretis suis inopiæ ejus opitulati sunt. Ac novissime, memoria nostra, propter magnitudinem æris alieni, volentibus omnibus bonis, argentum communi ære solutum est....... Te atque Senatum obtestamur, ut consulatis miseris civibus, legis præsidium, quod iniquitas prætoris eripuit, restituatis... »

Il est clair, et par l'esprit, et par la lettre de ce passage, qu'il n'y a que le sens que je viens de lui donner. Les députés se plaignent de leur pauvreté, de la cruauté des créanciers, de l'injustice du préteur, qui les faisoit traîner en prison et leur refusoit la sauvegarde de la loi. « Souvent nos pères, dit-il, ont eu compassion de la populace et, par leurs décrets, l'ont secourue dans leurs *(sic)* misères. » Ensuite vient le passage : « *Ac novissime, memoria nostra, propter magnitudinem æris alieni, volentibus omnibus bonis, argentum communi ære solutum est.* » Cela ne signifie-t-il pas que l'on paya du Trésor public les dettes des pauvres citoyens ? Manlius et ses députés demandoient-ils autre chose ? C'étoient des misérables, qui disent qu'ils n'avoient aucun bien, et qui étoient accablés des *(sic)* dettes. Ils pouvoient bien citer un règlement par lequel le

Sénat auroit payé du Trésor public les dettes des indigents. Mais à quoi bon citer une loi qui ne pouvoit les soulager, ni les concerner : quand celui qui n'a rien n'est pas plus avancé lorsqu'on lui laisse les trois quarts de sa dette que lorsqu'on lui la laisse tout entière ? — Il s'agit ici (dit le critique) de la loi de Flaccus, qui avoit ordonné que l'on payât le quart aux créanciers. — Manlius et Catilina, avec une pareille loi, seroient restés dans le cas d'une seconde guerre civile.

Le critique cite Pline (*Naturalis Historia*, XXXIII, XIII), qui dit que, quoique le denier, chez les Romains, valût seize as, cependant, pour la paye des soldats, il n'étoit donné que pour dix.

Il faut voir, dans mon livre sur la monnoye, si je me suis servi de ce passage, ou bien s'il cite le même que j'ai cité. Si je ne m'en suis pas servi, il faudra l'employer [1].

. . . .

Voici ce que dit le critique sur ce que j'ai dit sur la loi Voconienne, au livre XXVII, chapitre 1ᵉʳ (page 131).

J'ai dit que la loi Voconienne n'interdisoit aux femmes que les hérédités qui pouvoient favoriser leur luxe, et qu'on voit dans Cicéron que les femmes n'étoient exclues que de la succession de ceux dont le bien étoit dans le cens; et je cite la seconde

---

[1] [A LA SUITE :] J'ai trouvé, dans Fabri, *œs grave*. Voyez-le. Il dit aussi : « *Æra vocabantur vilioris prœtii nummi.* » Il ne dit point *œs commune*. Voyez le mot *fiscus*, qui est distingué de l'*œrarium*, et est plus public que l'*œrarium*. Fabri cite quelques auteurs sur tous ces mots.

harangue contre Verrès : « ... *qui census esset* »; et
je dis, dans la note *d :* « Ce que Dio (ai-je ajouté),
livre LVI, explique de celui qui avoit cent mille,
c'est-à-dire de celui qui avoit le premier cens,
comme on peut voir dans Tite Live, livre Ier, et
Denys d'Halicarnasse. »

Le critique dit une chose, sur cette note, qui est
assez juste. Il ne falloit pas citer Dio avec Tite Live
et Denys d'Halicarnasse; parce que, l'as ayant
prodigieusement diminué entre le temps dont parlent ces deux derniers auteurs et celui de Dio, que
ce n'étoit plus la même chose. Il dit même que Dio,
dans l'original, se sert de myriades ; ce qu'il faudra
examiner. Mais, dans le passage de Dio, il ne s'agit
pas du temps de Dio, mais de celui de la loi
Voconienne.

Voici le texte de Dio, livre LVI, page 662[1] :
« *Quumque lege Voconia mulieribus prohiberetur ne
qua majorem centum millibus nummum hœredita-
tem posset adire, ea quoque lege quasdam solvit : iis
quæ perpetuam virginitatem servarent, eadem quæ
matribus præmia largitus est.* »

Ce passage fait voir que le critique se trompe de
deux manières : — La première, en ce qu'il suppose
que la fixation de « *centum millibus nummum* » doit
être estimée par rapport au temps où vivoit Dion;
au lieu qu'elle ne doit être considérée que par rapport au temps où fut faite la loi Voconienne. — 2° Il
prouve (contre le critique) que la loi Voconienne

1. Le passage se trouve d'abord après la longue harangue
d'Auguste.

étoit en usage du temps d'Auguste, puisque Auguste en dispensa dans quelques cas. — 3° Il prouve...

....

Je crois que je mettrai ici la note : « *Qui census esset.* » Dion, parlant d'Auguste, dit : « *Quùmque lege Voconia mulieribus prohiberetur ne qua majorem centum millibus nummum hæreditatem posset adire, ea quoque lege quasdam solvit.* »

Si l'on veut rechercher ce que valoient *centum millia nummum*, il faut examiner ce que valoient les as du temps de la loi Voconienne, et non pas du temps du *(sic)* Dion, puisque Dion cite la loi Voconienne. La somme de cent mille as n'étoit pas considérable, à la vérité, du temps de la loi Voconienne. Mais, plus la somme au-delà de laquelle elles *(sic)* ne pouvoient point recevoir des successions étoit petite, plus elle remplissoit les vues de la loi Voconienne. — Ces cent mille as devinrent peu considérables, dira-t-on ? — Il en arriva que la loi Voconienne en eut plus d'extension.

Il faudra mettre à l'article [de] la loi Papienne (à la page 132 du même article) : « La loi Papienne fit, dans des *(sic)* certains cas, cesser cette prohibition. Dion dit formellement qu'Auguste dispensa, dans des *(sic)* certains cas, les femmes de la rigueur de la loi Voconienne. »

Je crois que *centum millia nummum* est cent mille sesterces, et non pas cent mille as.

....

Voici la critique, page 17.

Cicéron est supposé d'avoir dit que les femmes

n'étoient exclues de succéder qu'à ceux qui étoient écrits dans les livres des censeurs, dans le premier cens; sans spécifier quel étoit le taux de ce premier cens. — 2° Il dit [que] je suppose que Dion explique ce cens de cent mille, et que Dion laisse son lecteur dans l'obscurité pour savoir si [ce] sont des livres ou des sols. — 3° Que je l'ai interprété (et non pas Dion) de celui qui a le premier cens suivant l'institution de Servius Tullius : ce qui faisoit cent mille as *æris gravis*. Mais les paroles de Dion, dans le temps où il écrivit, sont déterminées à une différente somme et à un différent sens. Dion dit que la loi empêchoit les femmes d'hériter au-delà de deux myriades et demie de drachmes; car ces drachmes étoient la monnoye que les écrivains grecs entendirent toujours, comme les Latins entendirent les sesterces.

Le critique fait là-dessus une note. « Si le lecteur doute de cela, outre les passages cités par Perizonius sur ce sujet *(Dissertat. XI*, pages 144, 169, 171), il peut consulter le savant commentaire sur le *Marmor Sandvisense*, pages 29, 30. Mais Plutarque *(Vie d'Antoine)* est exprès : « Ce que les Grecs appellent » vingt-cinq myriades (de drachmes), les Romains » l'appellent *decies* ou un million de sesterces. »

Revenant au texte : «...auroient appelé cette somme de deux myriades et demie cent mille *nummi* ou sesterces, ce qui, à deux sols chacun, monte à 833 livres, 6 shillings, 8 sols, monnoye angloise. » — Je ne puis (dit-il) avoir entendu dans Dion, par cent mille, autre chose que cent mille sesterces.

Il faut remarquer (4°) que le texte de Dion ne limite pas la somme qui formoit le bien du testateur, mais la somme à laquelle la femme pouvoit succéder; laquelle somme étoit absolument de cent mille sesterces, qui étoit indépendante de ce qui étoit écrit pour le taux des biens du testateur dans le livre des censeurs.

Je ne vois pas que le texte de Dion soit décisif là-dessus. — Le passage peut recevoir les deux sens. — 2° Il faudra voir l'oraison contre Verrès, et l'on y verra, je crois, que la fixation de la loi avoit rapport au cens. — 3° L'interprétation qu'il donne au texte de Dion est contraire à tous les textes qui disent que la femme ne succédoit point du tout: « *ne quis hæredem fœminam vel virginem faceret.* »

Cependant il faut examiner cela; car mon explication n'est pas moins contraire au texte : « *ne quis fœminam...* » Car, si la femme n'est privée que des grandes hérédités, comme je l'ai dit, la loi ne porte [1] point ces mots : « *ne quis hæredem fœminam aut virginem faceret.* »

Le critique dit que c'est Asconius qui m'a trompé sur le passage cité de Cicéron [2].

Cicéron, entrant dans le procédé de Verrès, dans sa préture, dit : « *P. Annius Asellus mortuus, C. Annio sacerdote prætore. Is, cum haberet unicam filiam, neque census esset, quod eum Natura hortabatur, lex nulla prohibebat, fecit ut : filiam bonis suis hæredem institueret.* » Sur ces mots *neque census esset*, Asco-

---

1. [ENTRE LES LIGNES :] ...disoit.
2. *Ciceronis in Verrem, libro I, act. II, cap. 41.*

nius (dit-il) offre deux interprétations : l'une, celle que le critique vient de donner; l'autre, inconsistante avec lui-même et avec la raison; laquelle (dit-il) je, après d'autres savants, mal à propos adoptai *(sic)*.

Cette interprétation d'Asconius est inconsistante avec elle-même, parce qu'elle suppose que ceux qui sont mentionnés dans la loi Voconienne, qui avoient cent mille sesterces, étoient les mêmes que ceux qui étoient dans le premier cens sous Servius Tullius, c'est-à-dire, de cent mille as; ce qui est une somme, qui, du temps que la loi Voconienne fut faite, c'est-à-dire l'an de Rome (Varron) 585, ne monteroit seulement qu'à 40 mille sesterces.

Elle est fausse à plusieurs égards : — 1° Elle est contraire au sens clair et déterminé de Dion sur cette loi. — 2° Elle suppose que cent mille sesterces étoient suffisantes *(sic)* pour élever un homme à la première classe, dans un temps où elles étoient à peine suffisantes pour le placer à la dernière. La même année où cette loi fut passée, il fut ordonné que les citoyens qui ne possédoient des terres dans la campagne de la valeur de 30 mille sesterces, outre de l'argent et des biens dans la Ville, ne seroient jugés d'être *(sic)* de nulle importance dans le cens, selon Tite Live (XLV, xv). Dans l'année suivante, L. Paulus, père de Scipio Æmilien, est dit être mort peu riche [1], quoiqu'il laissât au-dessus [de] 60 talents ou, comme dit Plutarque, 37 myriades des *(sic)*

---

1. Polybe, pages 1427, 1454, 8°.— Plutarque, *In Vita* [*P. Æmilii*, page 276, c].

drachmes. Bien moins, cent mille sesterces pouvoient-elles être regardées comme une fortune dans le temps de Cicéron.

Augustus, apprenant que les exilés vivoient avec trop d'opulence, [décida] qu'ils ne pourroient posséder que cent vingt-cinq mille sesterces; et, là-dessus, il *(sic)* cite Dion, « *ne plus quingentis millibus nummum possideret* », sur l'an 764. — Le critique employe ici les sesterces pour quatre as, sans doute parce que le denier valoit, dans ce temps-là, seize as. Il vient de les prendre tout-à-l'heure pour deux as et demi, sans doute parce qu'il parloit d'un temps où le denier ne valoit que dix as. Auguste leur accorde une plus grande somme, pour les tenir dans l'indigence, que celle qu'Asconius nous donne comme une marque d'opulence.

Mais ce qui renverse cette explication, c'est que ce P. Annius Aselius, qui ici n'est pas dans le cens, étoit, comme il paroît même par cette oraison, un sénateur. La qualification la plus basse du temps du *(sic)* Cicéron étoit de 800,000 sesterces, si nous nous réglons par ce qui étoit établi du temps d'Auguste[1]. La distribution de Servius Tullius dans ces classes, sous laquelle l'interprétation d'Asconius est fondée, avoit, par le temps, reçu beaucoup d'altérations. Il y eut une autre distinction de trois ordres qui prévalut : sénateurs, chevaliers et peuple; qui étoit fondée, comme la première, sur la différente estimation des richesses.

Cela est vrai; mais cela n'empêchoit pas que

[1]. Suétone, *In Augustum,* cap. XLI.

l'ancienne division de Servius Tullius, en six classes, ne subsistât toujours, et qu'on n'assemblât souvent le peuple par centurie.

Le critique continue : « D'où il arriva que Tite Live, sous la seconde guerre punique, joint le mot de *census* et *ordines* comme des termes à certains égards équivalents. Tive Live : « *Edixerunt consules, ut privati ex censu ordinibusque... remiges darent. — Hunc consensum Senatus equester ordo est secutus, equestris ordinis plebs.* » (Livre XXVI, xxxv, xxxvi.)

Je crois que le critique confond ici deux divisions, qui n'avoient aucun rapport l'une à l'autre, quoique toutes les deux fondées sur les moyens et les facultés. La division de Servius Tullius subsista toujours et comprit toujours toute la masse du peuple, et, dans cette masse, étoient compris les sénateurs et les chevaliers. Mais, les sénateurs et les chevaliers ayant augmenté leurs richesses, les chevaliers surtout faisant des grandes fortunes dans les fermes de la République, on les distingua par un cens particulier — ce qui n'empêchoit pas qu'ils ne fussent enrôlés dans les classes —, comme on les distingua par les places particulières au théâtre.

Ces deux ordres donnèrent, dans les occasions, des secours particuliers à la République, parce qu'ils étoient plus en état de les donner que les autres citoyens, pour lesquels la proportion ordinaire étoit gardée. Mais je crois qu'il n'est point question de cela ici. Je crois que la loi Voconienne vouloit seulement que les biens de ceux qui n'étoient point dans le cens fussent regardés comme [de] si peu de conséquence qu'ils ne valoient pas la peine d'en exclure les femmes. C'est mon idée; c'est l'idée la plus naturelle.

Le critique continue : « Le lecteur pourra demander pourquoi Cicéron insère une circonstance si vaine, concernant Annius Asellus, de ce qu'il n'étoit pas dans le registre des censeurs, *neque census esset*. Lorsque la loi Voconienne fut faite, chaque citoyen étoit obligé d'être enrôlé toutes les fois que les censeurs faisoient le lustre, pour qu'il pût payer la proportion juste des taxes; en empêchant *(sic)* les femmes de succéder à ceux qui étoient enregistrés dans le dernier lustre : « *sanxit in posterum : qui, post* » *A. Posthumium, Q. Fulvium censores, census esset,* » *ne hæredem virginem neve mulierem faceret* » (Cicero, In Verrem, libro I, XLII). Cette gêne (ajoute-t-il) où se trouvèrent les citoyens ne dura pas. On [l'éludoit] de deux manières : l'une, en donnant son bien à quelqu'un de confiance pour le rendre à son héritière, comme Cicéron *(De Finibus, II, XVII)* le dit; ou bien, en [ne] se faisant pas registrer dans le rôle des censeurs, comme il est dit ici d'Asellus. Les inconvénients qu'avoient ces deux expédients, lorsque la loi fut faite, cessèrent lorsque le temps avoit été dégénéré *(sic)*. Après la guerre de Macédoine, où les taxes cessèrent, et que l'office des censeurs fut exécuté avec nonchalance [1]; et lorsque Marius enrôla des gens de la plus basse classe, estimés seulement par leurs têtes, dans les légions; quand l'office des

---

1. *L'Esprit des Loix*, livre XXIII, chapitre XXI.

censeurs fut interrompu pendant seize ans, comme ça fut dans le temps de Cicéron [1]; lorsque les enrôlements ne prouvèrent pas qu'un homme fût un citoyen, la loi devint hors d'usage, et l'édit perpétuel du Préteur, qui fut fait tel l'an 686 de Rome, comme dit Varron, l'abolit entièrement. »

Je ne sais comment l'auteur peut dire que la loi Voconienne étoit hors d'usage dans le temps de Cicéron, et qu'en 686 elle fut entièrement abolie par l'édit perpétuel du Préteur, puisqu'il paroît, même au lieu cité, qu'Auguste délivra certaines femmes des liens de la loi Voconienne, et que j'ai fait voir, dans le chapitre dont il est ici question, tous les degrés par lesquels on parvint à abolir la loi Voconienne; ce qui ne fut fait que plusieurs siècles après.

Après avoir réfléchi sur cette loi, je dirai qu'il paroît, par Cicéron contre Verrès, que tous ceux qui étoient dans le cens, *qui census esset*, à chaque lustre fait par les censeurs, ne pouvoient faire une femme ni une fille héritière.

Que veulent dire ces mots *qui census esset?* — L'objet de la loi même nous l'expliquera.

On sait que Servius Tullius divisa le peuple en six classes; qu'il mit dans les cinq premières ceux qui avoient des moyens, et rangea dans la dernière ceux qui étoient sans fortune, et qui n'avoient pas.....

Cette dernière classe fut la plus nombreuse; mais elle n'avoit qu'une centurie, et elle n'étoit presque jamais appelée, comme je l'ai expliqué dans mes *Romains*. Cette dernière classe étoit faite plutôt pour

---

1. Voyez Asconius, *In Cæcilium Divinatio*, chapitre III.

exclure de *(sic)* cens un citoyen que pour l'y admettre. De sorte que *homo qui census esset* étoit un homme qui avoit quelque bien, et qui, par conséquent, étoit enrôlé dans les cinq premières classes. Ce qui est si vrai que ceux qui étoient dans la sixième classe ne pouvoient être enrôlés dans les légions, parce qu'ils n'avoient pas de quoi répondre de leur conduite à la République. Et il entroit bien dans l'esprit de la loi Voconienne d'exiger que ceux qui étoient dans les cinq premières classes ne puissent pas instituer une femme héritière, et que les petites gens puissent instituer leurs parentes du peu de biens qu'ils avoient.

Cicéron nous parle d'un cas particulier, où un certain, etc., qui ne s'étoit pas fait inscrire dans les livres des censeurs, *qui census non erat*, avoit institué sa fille héritière. Il ne *(sic)* pouvoit par la loi, dit Cicéron, parce qu'il n'étoit point dans le cens. Il ne le pouvoit point, disoit Verrès, parce qu'il avoit fraudé la loi, et que, pour instituer sa fille, il ne s'étoit point fait inscrire dans le cens. Verrès avoit raison, et Cicéron avoit tort de lui objecter cela; et, quelque corrompu qu'il fût, il avoit jugé comme auroit fait Caton lui-même.

Mais, me demandera-t-on, quels étoient les taux des biens où la cinquième classe finissoit, et où la sixième classe commençoit? Il faut, pour que votre explication soit bonne, qu'elle s'accorde avec les divers passages des auteurs. Est-ce le tout qu'elle s'accorde avec le passage de Dion, qui nous a donné la fixation de la loi même, qu'une femme ne pourroit prendre au-delà de *centum millibus nummum?*

C'est ce que je dois examiner.

Je ne sais point ce que le critique veut dire, que la loi Voconienne fut entièrement abolie par l'édit du Préteur [1], qui, selon Varron, fut rendu perpétuel l'an de Rome 686. Je ne sais point ce qu'il veut dire avec cet édit perpétuel. La loi Voconienne ne fut point abolie par lui, puisqu'elle subsista si longtemps après.

Il cite, pour ce changement, les *Institutes* du *(sic)* Justinien, *De legitima Agnatorum Successione*, § 3, qui, me semble, ne dit point cela. Il faut le voir et voir le chapitre *De Origine Juris*, au Digeste, et il me paroît que le critique n'a pas l'idée bien claire de ces choses. Du temps de la République, chaque préteur donnoit un édit, par lequel il déclaroit quelle seroit sa manière de décider sur les diverses questions de droit pendant sa magistrature, et cet édit étoit nommé perpétuel parce qu'il devoit durer tout le temps de la magistrature, c'est-à-dire un an; car le préteur s'étoit, pour ainsi dire, lié lui-même, et s'étoit engagé à juger, pendant tout le temps de sa magistrature, conformément à son édit perpétuel. Il est vrai que, dans la suite, on fit des recueils de tous ces édits perpétuels. Mais cela n'a aucun rapport à l'abolissement de la loi Voconienne.

Le critique cite Perizonius [2], dans sa dissertation sur la loi Voconienne, que Grævius a abrégée dans l'oraison contre Verrès ci-dessus citée.

Il faudra voir Perizonius; le critique dit qu'il a été plus loin que lui.

1. [Au-dessous :] sur.
2. Daventriæ, 1679.

Mais voici une idée de *(sic)* critique bien extraordinaire!

Pour soutenir ce qu'il a dit sur l'abolissement de la loi Voconienne, il est obligé de dire qu'Auguste avoit fait revivre une des branches de la loi Voconienne.

Je lui dirois qu'il seroit singulier qu'il [l'] eût fait revivre pour l'abolir, et qu'il n'est aucune raison pour soutenir ce sentiment, lequel l'oblige de donner un démentir à Dion, dans le passage tant cité, et de donner un démentir à tous ceux que j'ai cités moi-même. Ajoutez à cela que son explication est inutile, dément tout, et ne sert à rien. Il n'y auroit pas même de bon sens qu'Auguste eût donné pour récompense, à ceux qui ne se marient point, la dispense d'observer la loi qui auroit été abolie.

Le critique dit qu'on n'a pas profité des lumières de Perizonius et de Grævius, et qu'il n'est pas question de cent mille sesterces, ni de cent mille as, pour la loi Voconienne, ni d'aucune autre fixation, mais seulement d'être écrit dans les livres des censeurs.

Ce n'est que dans ce moment que le critique nous pose l'état de la question; car, jusques ici, il n'y a rien que de vague.

Il faudra voir Perizonius.

Le critique dit qu'il pourroit bien avoir contre lui le docteur Chapman [1], qui croit qu'il n'y avoit aucun bien déterminé nécessaire pour être reçu membre du Sénat, avant le temps d'Auguste. Il avoue que, comme la questure, dans les derniers temps de la République, fut regardée comme un degré propre à faire obtenir

---

1. Chapman, *Sur le Sénat romain,* page 17.

la dignité du *(sic)* sénateur, et qu'on n'obtenoit la questure que par le crédit, qui est ordinairement un signe de richesses, il arrivoit que le Sénat étoit rempli de gens riches.

Le critique lui objecte : — 1° Qu'il suppose que le règlement de Servius Tullius, qui exigeoit qu'un chevalier eût cent mille as, avoit duré jusques à Roscius Othon. Mais quelle qualification pouvoient tirer les chevaliers pour la première place, du temps de Roscius Othon, d'un règlement qui ne les auroit pas mis même dans la dernière classe, dans un temps où il paroît *(sic)*? Quand la loi Voconienne fut faite, plusieurs citoyens étoient tentés de laisser à leur fille ou à leur nièce quatre [fois] autant que cent mille sesterces. Ce règlement de Servius Tullius auroit dû être changé avant Roscius, tout comme la loi Voconienne l'a été, par l'opulence de la Cité. Il faut donc conclure ou qu'il n'y avoit point de qualification pendant une partie du temps de la République, ou qu'elle étoit plus haute.

Suétone (ajoute le critique) dit : « Auguste aug- » menta le cens requis pour être sénateur, et, de » 800 mille sesterces, le porta à 1,200; *pro octin- » gentorum millium summa, duodecies H. S. taxavit, » supplevitque non habentibus* [1]. » Dion (pages 532 et 540, livre IV) dit qu'Auguste le fixa à 400 mille sesterces et l'éleva ensuite à un million. Selon le docteur Chapman, Auguste auroit varié quatre fois; mais, s'il a trouvé le cens à 800 mille sesterces, il aura varié une fois de moins.

1. *Suetonius, In Augustum, cap.* XLI.

Dion ne parle pas de la fixation de 800 mille;
il ne parle pas même de celle de 1,200 mille sesterces, quoiqu'il nous dise [1] l'occasion qu'Auguste donna à quatre-vingts sénateurs l'argent qui leur manquoit pour leur qualification. Il dit que c'étoit 30 myriades des *(sic)* drachmes; ce qui est équivalent à 1,200 mille sesterces [2].

1. Dio, *libro LV*, p. 551.
2. [AU DOS :] Critiques d'un Anglois.

MÉMOIRE

SUR LA

CONSTITUTION

MÉMOIRE

SUR LA

CONSTITUTION

L'auteur de ce mémoire ne prend de part aux disputes présentes que parce qu'il en gémit.

L'origine du mal et le mal même viennent de ce qu'on a, dans ces derniers temps, confondu la tolérance extérieure avec la tolérance intérieure, et qu'ils ont *(sic)* toujours pris l'une pour l'autre, quoique ces deux idées soient très distinctes, et si distinctes qu'elles ne dépendent pas même des mêmes principes. C'est cette équivoque perpétuelle qui a jeté les princes, les ministres, les magistrats et le clergé même, dans des embarras inexprimables et dans des labyrinthes dont il est presque impossible aujourd'hui en *(sic)* sortir.

Que craint Votre Majesté? N'a-t-elle pas un véritable désir que tout le monde vive en paix dans son royaume? Et n'est-ce pas un point capital pour la religion, puisqu'il est bien certain qu'un état où la moitié du monde hait parfaitement l'autre est dans une situation où tout le monde est plus loin de la voie du salut [que] dans un autre état? Car, s'il est vrai qu'on ne puisse pas être sauvé sans la foi, on le sera encore moins sans la charité, parce que — vu l'ignorance humaine — il est quelquefois aisé de se tromper sur la foi, et qu'il n'est pas possible de se tromper sur la charité.

Il y a plus : c'est que, par le parti que l'on propose, Sa Majesté ne prend rien sur elle et renvoie tout au Pape.

Sans cela, le règne de Sa Majesté sera laborieux : les autres intérêts de l'État seront tous subordonnés à celui-ci, et quand il n'y auroit de mal que l'attention perpétuelle que Votre Majesté est obligée d'y donner, et ses ministres.

Votre Majesté ne fera rien que ce que tous les princes de l'Europe font : qui est d'ordonner tout silence sur ces matières.

M. de M. est dans un âge, qui ne laisse pas espérer une longue vie. On croit que la souveraine attention est de choisir une tête froide et un sens droit. Peut-être que, pour mille raisons, un séculier vaudroit mieux : le sieur Milain ; et ce fut *(sic)*, pendant son ministère, cette partie fut bien administrée.

Tout le monde sait que la religion catholique n'admet, en aucune sorte, la tolérance intérieure. Elle ne souffre parmi elle aucune secte ; car, comme, par ses principes, elle est la seule dans laquelle le salut se trouve, elle ne peut tolérer aucune secte, où l'on pourroit croire que le salut ne se trouveroit pas.

De la tolérance intérieure sembleroit suivre une espèce d'approbation. Comment la religion catholique pourroit-elle approuver ce qui, par ses principes, excluroit nécessairement du salut?

La tolérance extérieure dérive d'un autre principe; de sorte que le prince qui a établi dans ses
5 états une tolérance extérieure et les sujets catholiques qui vivent dans un état sous les loix de la tolérance extérieure ne peuvent pas pour cela être soupçonnés, ni se soupçonner eux-mêmes d'avoir cette tolérance intérieure approuvée *(sic)* par la
10 religion catholique.

Quand un prince catholique dit qu'il n'a point et [1] ne veut qu'on ait de tolérance intérieure, c'est comme s'il disoit : « Je ne puis approuver intérieurement aucune secte dans mes états, parce qu'il
15 n'y a que la religion catholique qui sauve; et, si je croyois autrement, je ne serois point Catholique. » Quand il a la tolérance extérieure, c'est comme s'il disoit : « Je suis établi de Dieu pour maintenir dans mes états la paix; pour empêcher les assassinats,
20 les meurtres, les rapines; pour que mes sujets ne s'exterminent pas les uns les autres; pour qu'ils vivent tranquilles : il faut donc que mes loix soient telles, dans des *(sic)* certaines circonstances, qu'elles ne s'écartent pas de cet objet. Ma conscience me dit
25 de ne point approuver intérieurement ceux qui ne pensent pas comme moi; mais ma conscience me dit aussi qu'il y a des cas où il est de mon devoir de les tolérer extérieurement.

Ce n'est point toujours en conformité du principe
30 théologique, lequel je crois, que mes loix doivent

1. [ENTRE LES LIGNES :]... ni.

être faites; mais il y a des cas où elles doivent être faites en conformité des principes des loix politiques sur lesquelles tous les gouvernements sont fondés.

Le salut de l'État est la suprême loi. Ainsi, quoique nos rois, jusqu'à la révocation de l'édit de Nantes, eussent donné aux Huguenots la tolérance extérieure, on ne peut pas dire qu'ils ne fussent pas très bons Catholiques, ni qu'ils eussent pour les Huguenots une tolérance intérieure; et on ne peut pas dire non plus que les princes catholiques d'Allemagne aient cessé d'être Catholiques parce que, par le traité de Westphalie, ils établirent entre les Catholiques, les Calvinistes et [les] Luthériens une tolérance extérieure. On ne peut pas dire non plus que l'Espagne et le Portugal soient plus catholiques que l'Italie et la France, parce que l'Espagne et le Portugal n'ont point de tolérance extérieure pour les Juifs, et que les loix de l'Italie et de France leur accordent cette tolérance; car l'Italie et la France n'ont pas plus la tolérance intérieure pour les Juifs que l'Espagne et le Portugal.

Personne, sur la Terre, ne peut nier cette grande distinction, à moins qu'on ne veuille que les princes ne sont *(sic)* pas princes, et qu'ils n'ont *(sic)* pas été établis de Dieu pour maintenir la paix parmi leurs sujets et faire tout ce qui peut contribuer aux biens de l'État et à sa conservation.

Ces principes étant une fois posés, les principaux embarras des disputes présentes tombent en grande partie; car il suit de là que, dans les disputes présentes, il n'arrivera jamais que le Prince puisse être obligé en conscience de faire des loix pénales contre quelqu'un des deux partis que ce soit. Car, s'il peut toujours et doit même souvent accorder aux sectes la tolérance extérieure dans ses états, sans intéresser sa conscience, à plus forte raison peut-il[1] l'accorder toujours aux deux partis qui combattent aujourd'hui, dont on ne peut pas dire qu'aucun des deux soit séparé de l'Église catholique que par la raison que, dans la fureur qui les anime, ils s'en séparent eux-mêmes.

C'est donc ici le cas où le Prince ne doit jamais se laisser entamer par quelque sophisme qu'on puisse lui faire sur un certain intérêt apparent de la religion; car ce n'est pas l'intérêt de la religion, mais l'intérêt des disputes que l'on fait sur la religion.

C'est encore une chose évidente que la conscience du Prince ne l'oblige pas de travailler à s'instruire des choses sur lesquelles les théologiens disputent. Cela est si vrai que, pourvu qu'on croie quelques articles fort courts, contenus dans le catéchisme, et dont l'intelligence est refusée à notre entendement, il n'y a point d'homme, dans le royaume, qui, dans cet état, ne soit aussi bon Catholique que tous les théologiens ensemble.

On peut aisément se convaincre qu'il est impossible que la paix vienne de la part d'un consentement mutuel des théologiens; car, si elle avoit pu venir par là, les peines, les soins infatigables que les ministres se donnent sur cela, depuis quarante ans, l'auroit certainement procurée.

1. [ENTRE LES LIGNES :]... pourra.

La Constitution ayant été reçue en France, il étoit naturel de croire que la paix auroit dû suivre de là, et que les armes, de côté et d'autre, devoient tomber des mains. Mais la malheureuse destinée de ce royaume a voulu que les deux partis allassent examiner comment cette constitution avoit été reçue, et de quelle manière elle devoit être qualifiée dans l'Église et dans l'État: méthode qui ne pouvoit que rendre les disputes éternelles, parce qu'une qualification une fois accordée, on pouvoit toujours disputer sur une autre; et cela, à l'infini.

L'auteur de ce mémoire avoue qu'il n'a point suivi avec attention toutes les choses qui se sont faites, de part et d'autre, sur cette matière; parce que tant d'intérêts personnels y ont été mêlés, ces disputes ont été la source de tant de fortunes, tant de gens se sont accrédités par là, qui, sans ces disputes, n'auroient été rien dans l'État, ni dans l'Église, tant de gens même ont mêlé, à de très bonnes intentions, leurs préventions particulières, enfin, il s'est fait tant de choses, et on a si peu avancé, qu'il semble que la sagesse a été d'ignorer même ce qui se passoit sous les yeux, et de laisser les têtes s'échauffer, sans prendre de part à leur chaleur.

Tout ce qu'on peut dire, c'est que le Roi a de sages ministres dans son Conseil d'État, et sans doute bien intentionnés, et que c'est ce conseil qui doit être uniquement son Conseil de Conscience, et que les ecclésiastiques, quelque respectables qu'ils soient par leur état et leur caractère, n'y doivent avoir aucune influence, parce que, s'ils ont l'esprit du monde, ils ne sont pas en état de gouverner sa conscience, et que, s'ils n'ont pas cet esprit, ils sont encore moins en état de gouverner ses affaires.

Un des moyens qu'on pourroit peut-être employer seroit celui-ci : c'est que, la Constitution étant reçue en France, le Roi fît une déclaration qui porteroit que la Constitution est reçue en France et par tous les sujets du royaume, et qu'ainsi toutes les disputes ont dû cesser; défense de disputer sur la qualification de la Constitution, et de soulever aucune dispute sur elle, jusques à ce qu'il ait plu au Pape de donner lui-même les qualifications; et se bien donner de garde de les lui demander, de peur que cela ne renouvelle les disputes. La peine sera d'être traité comme perturbateur du repos public.

Une déclaration pareille fera nécessairement tomber les disputes, non pas en les ôtant, mais en les suspendant, et en renvoyant leur décision à un temps où, les esprits étant refroidis et les cœurs ayant changé de passions, personne ne se souciera plus qu'elles soient décidées.

2° Tout sera réduit à des faits qui appartiendront nécessairement à la police extérieure. — Un malade dira-t-il qu'il ne reçoit pas la Constitution ? Le voilà, par la loi, perturbateur du repos public. — Un curé interrogera-t-il un malade, s'il reçoit la Constitution ? Le voilà déclaré perturbateur du repos public; — et même quelquefois tous les deux.

Mais quelle que soit la résolution qu'on prenne, il faut qu'elle soit pour toujours, et prendre garde à ne rien faire qui puisse donner à un des deux partis occasion de renouveler les disputes.

Cette déclaration aura l'effet désiré, si l'on observe de mettre la distribution des bénéfices dans des mains impartiales, qu'on les refuse, sans retour, à ceux qui auront donné dans des excès, et qu'on n'en accorde qu'à ceux qui se seront conduits avec de la sagesse et du sang-froid.

On observera, à cet égard, que les bénéfices où le Roi nomme, sont mieux entre les mains de la noblesse que dans celles des petites gens, dans celles des gens éclairés que dans celles des ecclésiastiques ignorants; parce que tous les hommes aiment à se distinguer, et que les gens qui n'ont pas un certain mérite trouvent qu'il est plus aisé de se distinguer par la chaleur que par les lumières et le savoir.

MÉMOIRE

SUR LES

DETTES DE L'ÉTAT

MÉMOIRE

SUR LES

DETTES DE L'ÉTAT

Votre Altesse Royale, qui travaille si efficacement à la réparation du mal qu'elle n'a point fait, a permis à tous les particuliers de lui donner les avis qu'ils jugeroient les plus convenables pour le bien du royaume.

Par la taxe des gens d'affaires que l'on médite, l'État sera plutôt vengé que soulagé. Ce qui s'est passé sous le règne du feu Roi et de ses prédécesseurs à cette occasion est une preuve que ces sortes de moyens peuvent bien, pour un moment, suspendre les larmes des peuples, et jamais leurs malheurs.

Tout se réduit à deux points : de soulager le Roi de ses dettes, et les sujets de la plus grande partie des impositions.

Pour parvenir à ces deux fins, il y a deux voies également simples : celle de réduction, et celle de rachat.

La réduction doit être juste et proportionnelle. Pour cela, il faudroit donner un édit par lequel chaque particulier seroit obligé de déclarer quelle partie de son bien il a en effets royaux : si c'est, par exemple, le quart, le tiers ou la moitié ; et il faudroit faire un tarif à peu près de cette manière : — Ceux qui auroient les trois quarts de leur bien en effets royaux souffriroient la réduction d'un quart de leurs dits effets royaux. — Ceux qui en auroient les deux tiers en perdroient un tiers. — On retrancheroit la moitié à ceux qui n'auroient que la moitié de leur bien sur le Roi. — On retrancheroit les deux tiers à ceux qui n'en auroient que le tiers, et les trois quarts à ceux qui n'en auroient que le quart. — Ceux qui auroient plus des trois quarts de leur bien sur le Roi ne perdroient qu'un cinquième.

Ceux qui auroient fait une fausse déclaration perdroient tout leur droit.

Tout seroit sujet à cette réduction : les rentes, les billets d'État, les gages, les pensions, les appointements.

On pourroit, par ce moyen, retrancher plusieurs impôts ; et, par là, chacun conserveroit un bien réel, et ne perdroit qu'un bien qui n'existe en quelque façon qu'en idée. On gagneroit d'un côté ce qu'on perdroit de l'autre. Ce n'est point le Roi qui paie les rentes ; ce sont proprement les sujets qui se paient à eux-mêmes.

La justice de tout ceci se fait assez sentir par elle-même. Il est de l'intérêt de ceux qui n'ont qu'un quart de leur bien entre les mains du Roi, qu'on fasse perdre les trois quarts, et que le Roi s'en donne une quittance ; parce que les trois quarts de leur bien restant, qui vaudront plus, les dédommageront de cette perte avec usure. Mais il est aussi de l'intérêt de ceux qui ont les trois quarts de leur bien sur le Roi que la réduction ne soit que d'un quart; parce que, si elle étoit plus forte, ils seroient absolument ruinés : le quart des biens libres n'étant pas suffisant pour les dédommager.

Personne ne perdra, si chacun perd proportionnellement. Quelle gloire pour Votre Altesse Royale de pouvoir dire, le dernier jour de la régence, qu'elle a rétabli les affaires désespérées, sans avoir ruiné une seule famille!

L'État se trouvant soulagé par cette réduction, la recette excèdera de beaucoup la dépense; et, si cela est une fois, que ne peut-on pas espérer du Ministère, qui est fondé sur l'épargne et l'économie?

Il sera facile de trouver de nouveaux moyens pour continuer à libérer le Roi de plus en plus.

En 1714, le feu Roi réduisit tous les contrats sur l'Hôtel-de-Ville au denier vingt-cinq; et, sous votre Régence, on en a fait de même de tous les autres contrats royaux, de quelque nature qu'ils fussent.

Ces dispositions étoient très sages, et il ne leur manquoit rien qu'un peu plus d'étendue.

Le Clergé est chargé de beaucoup de dettes; les états des provinces, les villes et les communautés ne le sont pas moins.

Ces dettes sont proprement les dettes du Roi; puisqu'elles n'ont été contractées que pour lui. Le Roi étoit, en quelque façon, l'emprunteur qui prenoit sous la caution du Clergé, des états, des villes et des communautés.

Il faudroit donc réduire au denier vingt-cinq toutes les rentes dont le Clergé, les états, les villes et les communautés sont chargées, et les obliger, en même temps, de payer, au nom et à la place du Roi, des rentes sur l'Hôtel-de-Ville, à proportion du soulagement qu'ils tireroient de la réduction des leurs.

On ne feroit point d'injustice à ces rentiers par la réduction, puisque leur condition ne seroit pas plus mauvaise que celle des rentiers du Roi.

Mais, d'ailleurs, elle seroit meilleure que celle des possesseurs des fonds de terre, dont le revenu est souvent absorbé par les tailles, et les denrées sujettes à des droits d'aides si considérables.

Leur condition seroit encore meilleure que celle de ceux qui, ayant mis leur argent dans le commerce, ont essuyé tant de banqueroutes.

Et, quand on ne tireroit de cette nouvelle réduction que l'avantage de soulager les villes de plusieurs impôts très onéreux, qui ont été établis pour payer le grand nombre de dettes dont elles étoient chargées, ce seroit encore beaucoup.

Quand le Roi auroit réduit ses dettes, il lui seroit facile de les éteindre tout à fait par la voie du rachat.

Les effets royaux perdent cinquante pour cent. Mais, comme il seroit difficile de guérir ce mal, il faut chercher à en tirer un avantage réel pour l'État.

Si le Roi avoit de l'argent, il s'acquitteroit très

avantageusement, puisque, avec cent millions, il pourroit supprimer pour deux cents millions de contrats.

Le peuple perdroit la moitié de son bien sans presque sentir la perte, qu'il attribueroit à la dureté des temps, non à celle du Ministère.

Il faudroit donc chercher quelqu'un qui pût retirer, à la place du Roi, les effets royaux et dégager ainsi les finances.

Il me paroît que, si le Roi faisoit racheter au peuple les impôts les plus onéreux, et qu'il reçût en paiement des effets royaux, il leur *(sic)* feroit un bien inestimable.

Le Roi ne perdroit rien : s'il levoit moins, il paieroit moins, et cela reviendroit toujours au même, à l'égard de son revenu actuel. Mais, d'un autre côté, il y gagneroit infiniment ; parce que, dans une guerre, il auroit des ressources, au lieu qu'il n'en a point : lui étant impossible, dans la situation où les choses sont, d'établir jamais de nouveaux impôts.

Pour le peuple, il y trouveroit un avantage infini. Je suppose, par exemple, que les gabelles donnent au Roi dix millions tous les ans. On peut assurer que la levée de ces dix millions en coûte cinq au peuple. Il faut, outre cela, que le fermier y gagne au moins un million. Je ne compte pas le préjudice que le peuple souffre de ce qu'il ne sauroit [donner] du sel aux bestiaux pour empêcher la mortalité. Mais voilà au moins seize millions que le Roi lève pour payer dix millions de rentes sur l'Hôtel-de-Ville ; car il n'en fait pas d'autre usage.

Je suppose, à présent, que le Roi ordonne aux provinces et aux villes le rachat des gabelles, avec la faculté de faire leurs paiements en effets royaux ; et qu'il leur permette d'emprunter somme suffisante pour acquérir lesdits effets, afin de faire leur paie- ment. Avec cent millions qu'ils *(sic)* emprunteront — ce qu'ils pourront faire en s'obligeant annuellement de cinq millions (je suppose que les contrats soient encore au denier vingt) — ils acquerront pour deux cents millions d'effets royaux, et déchargeront le Roi de dix millions de rente, et se déchargeront eux-mêmes réellement de onze millions, puisqu'au lieu de seize ils n'en paieront plus que cinq.

Pour payer les rentes sur l'Hôtel-de-Ville de Paris, on a été obligé de charger de droits exor- bitants toutes les denrées qui entrent et qui sortent. Je suppose que tous ces droits montent à quatre millions, plus ou moins, qui servent à acquitter quatre millions aussi de rente. Je suppose à présent que le Roi réduisît tous ces droits au quart. On peut dire que, comme la consommation doubleroit, le produit du quart de ces impôts doubleroit aussi et donneroit deux millions, quoiqu'il n'en donnât qu'un auparavant.

Je suppose, à présent, que l'on fit une assemblée de notables de Paris, qui empruntât quarante mil- lions, dont ces deux millions font l'intérêt. Avec ces quarante millions, on achèteroit du papier à cin- quante pour cent de perte, et on éteindroit pour quatre millions de rente sur l'Hôtel-de-Ville. Les rentes seroient donc payées, et le peuple déchargé des trois quarts des impôts; sans compter que Paris sortiroit de l'affreuse misère où il est. Les revenus augmenteroient par la consommation des denrées; et la dépense des bourgeois diminueroit; et, quant aux artisans, sur le pied que les journées sont à présent, deux jours de travail dans la semaine suffiroient pour les nourrir. Ainsi, on reverroit bientôt Paris refleurir et oublier les grosses pertes qu'il a faites.

Il faudroit, pour bien faire, rétablir les communautés, qui ne sont plus qu'une ombre; car il n'y a plus d'homme d'honneur qui veuille avoir des charges municipales, tant elles sont tombées dans l'avilissement. Ou bien, il faudroit établir les états dans toutes les provinces. L'autorité du Roi n'en seroit point affoiblie; car elle n'est pas moins grande dans les pays d'états que dans les pays des généralités.

La province d'Artois paie plus, à proportion, que les autres; mais tout le monde y vit heureux et content. — Il en est de même des autres pays d'états.

Les états des provinces ne doivent point être suspects au Gouvernement; puisqu'on n'y traite jamais des affaires générales.

Le Roi n'a, ni ne peut plus avoir de crédit; mais les états en auroient et trouveroient à emprunter facilement.

Il faudroit, dans ce système, maintenir les billets d'État à cinquante pour cent de perte; ce qui seroit facile, car on les feroit tomber ou hausser à mesure qu'on en chargeroit ou déchargeroit le commerce.

Et, afin qu'on ne fût pas plus porté à prêter aux particuliers qu'aux communautés, il faudroit réduire tous les contrats des particuliers au denier vingt-cinq.

Il seroit à souhaiter que Votre Altesse Royale pût supprimer le dixième et la capitation; elle sait combien ces impôts sont onéreux au peuple et injurieux à la noblesse.

La nation françoise, dont Votre Altesse Royale est l'amour, se flatte qu'elle lui devra bientôt la suppression de toutes ces nouveautés.

Mais, si le désordre des finances ne lui permet pas de faire un si grand bien, on estime qu'il vaudroit mieux faire racheter à chaque particulier le dixième que de le continuer.

On prendroit à *(sic)* paiement toutes sortes d'effets, de quelque nature qu'ils fussent. Ce seroit une espèce de taxe qui s'étendroit sur tout le monde. Elle seroit juste, parce que chaque particulier doit contribuer aux dettes de l'État.

Le recouvrement en seroit facile pour le Roi, qui ne demanderoit point d'argent.

Les sujets donneroient volontiers des effets royaux, dont ils font peu de cas, et qu'ils ont en abondance.

Le Roi est lésé de payer l'intérêt d'un contrat comme bon lorsqu'il perd cinquante pour cent.

On pourroit décharger du rachat, ceux dont le dixième n'excède pas une somme modique, comme dix ou vingt livres.

Le dixième et la capitation des taillables n'est proprement qu'une augmentation de leur taille, qui étoit déjà trop forte pour pouvoir être payée facilement. Ainsi le Roi ne perdroit pas grand'chose de la part des taillables qui ne seroient pas en état de racheter.

Les gens de robe paieroient facilement ce rachat : le Roi prendroit leurs gages et augmentation de gages.

Les bourgeois des villes paieroient de bon cœur et négocieroient des effets, sur lesquels ils gagneroient cinquante pour cent.

Votre Altesse Royale entreroit, par là, dans l'idée qu'elle a de diminuer l'autorité des intendants, devant qui toutes les provinces sont prosternées.

Si l'on faisoit racheter le dixième, il faudroit nécessairement éteindre la capitation, qui a été rachetée en grande partie sous le règne du feu Roi ; car il seroit contre le bon sens de faire racheter le dixième au peuple, pendant qu'on lui feroit payer la capitation, qui auroit été rachetée.

Ce que je dis touchant l'établissement des nouveaux états dans les provinces paroîtra, d'abord, singulier et extraordinaire ; mais, si l'on examine le projet, on y trouvera mille avantages, dont le dernier ne seroit pas celui de rendre la régence inébranlable ; car tout le monde sera intéressé à soutenir votre ouvrage.

MÉMOIRE

CONTRE

L'ARRÊT DU CONSEIL

DU 27 FÉVRIER 1725

MÉMOIRE

CONTRE

L'ARRÊT DU CONSEIL

DU 27 FÉVRIER 1725

PORTANT DÉFENSES

DE FAIRE DES PLANTATIONS NOUVELLES EN VIGNES DANS LA GÉNÉRALITÉ DE GUYENNE

FAIT PAR M. DE MONTESQUIEU, LORS PRÉSIDENT AU MORTIER AU PARLEMENT DE BORDEAUX

Premier Principe.

Il se fait une beaucoup plus grande consommation de vins et eaux-de-vie dans les pays étrangers qu'il ne s'en faisoit autrefois. Cela se prouve, d'un côté,
5 parce que le même peuple de Hollande, des Pays-Bas, d'Angleterre et du Nord, qui ne buvoit guère que de la bière, boit à présent beaucoup de vin; et, de l'autre, parce que, depuis trente ans, l'on a planté en Portugal des vignes pour vingt mille ton-
10 neaux de vin; que l'on a beaucoup augmenté les plantations en Italie, France et Allemagne, et que, cependant, on ne voit pas que les vins y soient surabondants.

D'ailleurs, les colonies de toutes les nations com-
15 merçantes d'Europe s'étant augmentées, la consommation des vins et eaux-de-vie y est augmentée

aussi, comme celle de toutes les autres denrées ou marchandises. Par exemple, nos colonies françoises consomment à présent huit à dix mille tonneaux de vin et n'en consommoient pas, il y a cinquante ans, la sixième partie.

Second Principe.

Les étrangers donnent aux vins de France la préférence sur ceux des autres pays.

Troisième Principe.

De tous les vins de France, ceux de la généralité de Guyenne sont ceux qui conviennent le mieux aux étrangers.

Ce principe se prouve, comme l'autre, par l'expérience.

Quatrième Principe.

Les étrangers tirent plus de vingt sortes de vins de la Guyenne pour différentes destinations. Il faut, pour les Anglois, des vins noirs, et qui, en même temps, aient beaucoup de force et d'agrément; il leur faut aussi des vins blancs, qui aient un feu extraordinaire, et qui approchent du vin de Canarie; d'autres vins blancs, qui ne se distinguent que par une certaine sève, et moins forts. Il faut aux Hollandois des vins blancs très doux, de moins doux, et d'autres qui ne le soient point. Les peuples du Nord veulent des vins rouges, noirs et rudes, et des petits vins blancs, clairs et verts. Les Iles françoises, des vins noirs et grossiers, qui résistent à la longueur du voyage et aux chaleurs. La Bretagne demande des vins noirs plus petits. Dunkerque et quelques villes de Flandres, de certains vins gris et blancs. Toutes ces espèces se subdivisent : une qualité est bonne pour un pays, et non pas pour un autre ; pour une certaine saison, et non pour une autre. La sénéchaussée de Guyenne et les environs produisent toutes ces sortes de vins.

Cinquième Principe.

La Guyenne est si heureusement située, et le climat de Bordeaux, si propre à la vigne, que l'on a remarqué, par une longue expérience, que, quand les vins étoient mal conditionnés à Bordeaux, ils l'étoient beaucoup plus dans le reste du royaume, et que, souvent, ils y étoient bons, pendant qu'ils étoient mauvais dans la plupart des autres provinces.

Sixième Principe.

La Guyenne est, en partie, cultivée et, en partie, non cultivée : le terrain de cette dernière partie est, en quelques endroits, de la nature de celui qui, dans la partie cultivée, produit le plus excellent vin. Cela se prouve par l'inspection et par l'expérience des défrichements qui y ont été faits.

La conséquence des deux premiers principes est qu'il ne faut pas défendre la plantation des vignes dans le royaume.

La conséquence des trois suivants est que, si on avoit dû défendre la plantation dans quelque province, ce n'étoit pas dans celle de Guyenne.

La conséquence du dernier est que, si on avoit dû défendre cette plantation dans la province de Guyenne, ce n'étoit pas dans la partie non cultivée, vulgairement appelée *Landes* ou *Bruyères de Bordeaux*.

RAISONS PLUS PARTICULIÈRES
CONTRE CETTE DÉFENSE

Elle est inutile : parce que le propriétaire sait, beaucoup mieux que le Ministre, si ses vignes lui sont à charge, ou non; il calcule bien exactement; et, comme la manufacture des vignes demande beaucoup d'avances, de frais et de soins, pour peu qu'elles ne rendent point, il est porté naturellement à les arracher, et à convertir sa terre en une autre nature de revenu, moins incommode.

D'ailleurs, cette défense est pernicieuse : car, ou elle est générale pour tout le royaume, ou non. Si elle est générale, la France, fournissant de vin la partie du Nord de l'Europe, concurremment avec les pays de la partie du Midi, lesquels ont des vignobles comme elle, défendre de planter en France, c'est encourager les autres peuples à le faire.

Que si la défense n'est que particulière pour la Guyenne, elle est encore pernicieuse.

En voici les principales raisons.

La Guyenne, comme nous avons dit, doit fournir à l'étranger différentes sortes de vins, dépendantes de la diversité de ses terroirs. Or le goût des étrangers varie continuellement, et à tel point qu'il n'y a pas une seule espèce de vin qui fût à la mode il y a vingt ans qui le soit encore aujourd'hui; au lieu que les vins qui étoient pour lors au rebut sont à présent très estimés. Il faut donc suivre ce goût inconstant, planter ou arracher en conformité.

Secondement, dans une partie de la Guyenne, il faut arracher les vignes tous les trente-cinq ou quarante ans, et souvent mettre en blé ce qui étoit en vignes, et en vignes ce qui étoit en blé.

On conçoit aisément que tous ces changements ne peuvent pas être l'affaire d'un intendant. Outre que, presque toujours, il n'y entend rien, n'étant pas du pays, il ne peut pas faire tout cela lui-même. Il faudroit donc que les propriétaires tombassent entre les mains des gens qu'il proposeroit *(sic)*. On en voit de loin les inconvénients.

Troisièmement, enfin, cette défense est pernicieuse en ce qu'elle est trop bornée : car, les autres provinces étant dans la liberté de planter, elles le font indifféremment, pendant que la Guyenne ne peut pas seulement planter ses terres incultes.

RAISONS QU'ON A ALLÉGUÉES
POUR OBTENIR CETTE DÉFENSE ET RÉFUTATION
DESDITES RAISONS

Première Raison. — On a dit que le bois de feu, le bois pour les cuves et pressoirs, et le bois pour les barriques, étoient très rares en Guyenne.

On répond que le bois à brûler n'y est pas plus cher que dans tous les autres pays où la facilité du transport le met dans le commerce.

L'article du bois pour cuves et pressoirs est un si petit objet qu'il ne vaut pas la peine d'en parler. Ces choses durent cent ans, et il ne s'achète pas pour trente mille livres de ce bois en Guyenne chaque année.

A l'égard du bois pour les futailles, on tire du dehors ce que le pays ne fournit pas. L'étranger paye en cette marchandise une très petite partie du vin qu'il prend. Ce bois étoit cher lorsque le bas prix du change et l'excessive hauteur des espèces l'exigeoit ainsi; mais, en revanche, les vins se vendoient à proportion. Le prix de ce bois est tombé avec celui de toutes les autres marchandises.

Quoique l'avarice des particuliers les séduise toujours, il faut qu'ils se désabusent, dans la Guyenne, de l'espérance de vendre leurs denrées bien cher, et d'avoir celles des étrangers à bon marché, comme, dans les autres provinces, d'affermer les terres à un prix excessif, et d'en avoir les denrées à bon marché.

Seconde Raison. — Il faut craindre la disette du blé dans la Guyenne.

Réponse : La Guyenne a, à peu près, assez de blé dans les années ordinaires; elle en manque dans les stériles. Elle a cela de commun avec les autres pays.

Il est vrai que, même dans les années abondantes, une partie de la Guyenne n'a point assez de blé, et cela n'en est que mieux, parce que cette partie consomme le blé surabondant de l'autre et des provinces voisines.

Il n'y a presque point de ville considérable dans le royaume où, dans les années stériles, le prix du blé ne monte plus haut qu'à Bordeaux : depuis plus de quinze ans, le prix du pain, pour les artisans, a été au-dessous de deux sols la livre, à quelques mois près.

Bordeaux, communiquant à la mer, a des ressources promptes. Aussi la cherté du blé n'y a jamais duré plus d'un mois ou deux. Or, ce n'est que la continuité du mal qui le rend intolérable, par l'épuisement du crédit et des ressources de chaque famille.

On peut mettre, en principe, que toute ville qui communique à la mer, qui n'est point assiégée, qui a un équivalent à donner pour une marchandise, a bientôt cette marchandise. Et il ne faut point objecter le cas de la guerre, car le commerce n'est pas toujours prohibé entre les états qui sont en guerre, et, d'ailleurs, si l'on est en guerre avec un état, on ne l'est pas avec l'autre.

Il me paroît que ceux qui crient tant contre la culture des vignes, en faveur de celle des terres, n'ont pas une idée juste de la chose.

Quand on arracheroit aujourd'hui tous les vignobles du royaume, pour en faire des terres labourables, je dis qu'on ne gagneroit pas par là de quoi nourrir un homme de plus; et, si l'Angleterre et le Nord avoient assez de vignobles pour fournir aux besoins de leurs habitants, je dis encore que ces pays ne nourriroient pas un homme de moins.

Voici comment.

Quand une nation n'a point de vin, elle fait usage de quelque autre liqueur, et c'est la bière qu'elle choisit, comme plus propre à suppléer au vin. Mais, pour faire cette bière, il lui faut des grains. Il est donc nécessaire qu'une partie de ses terres labourables soit employée pour la boisson de ses habitants.

Pour faire un demi-muid de bonne bière, il faut à peu près un septier d'orge. Mais une terre qui donne, en nature de vigne, un demi-muid de vin ne peut guère fournir qu'un septier d'orge, en terre labourable. Il n'y a donc point d'épargne à n'avoir point de vignes.

Toutes choses égales, la consommation de la bière va plus vite que celle du vin, soit parce que la bière se boit avec moins de précaution, soit parce qu'elle est toujours à meilleur marché. La culture des terres étant moins chère que celle des vignes, il faut donc qu'un état employe plus de ses terres pour faire boire de la bière à ses habitants que pour leur donner du vin.

En France, une certaine mesure de vin fait l'office d'un septier d'orge. En Angleterre et en Flandre, un septier d'orge fait l'office de cette mesure de vin.

Mais, si, en France, une certaine mesure de vin représente un septier d'orge, cette même mesure, transportée dans les pays étrangers, pourra se vendre à un tel prix qu'elle représentera dix, quinze et vingt septiers.

Troisième Raison alléguée. — On doit craindre la rareté des fourrages.

Réponse : C'est une illusion ; il y a assez de fourrages dans la Guyenne.

M. de Courson — qui en a été intendant — pourroit bien dire quelle quantité il en sut tirer, en 1719 et 1720, pour l'armée d'Espagne. Cependant ils n'enchérirent pas extraordinairement pour les particuliers.

Quatrième Raison alléguée. — La façon des vendanges et les journées des manœuvres sont montées à un trop haut prix.

Réponse : Il ne faut pas donner des accidents pour des raisons, ni des choses passagères pour des permanentes.

On sait que la cause de la cherté des ouvriers dans le royaume étoit la fausse opulence du Système et l'habitude qu'avoit prise un ouvrier de se faire payer très chèrement, habitude dont il ne vouloit pas se départir, et qu'il a pourtant, à la fin, été obligé d'abandonner.

En général, dans ces sortes de choses, la cupidité ne doit jamais être écoutée : les propriétaires se plaindront toujours de ce que les ouvriers sont trop chers, et les ouvriers, de ce qu'ils travaillent à trop bon marché.

Cinquième Raison. — Enfin, on dit que la culture des vignes occupe trop de monde, et que l'espèce manque.

On répond que pour parvenir à empêcher que l'espèce ne vienne à manquer il faut trouver le moyen d'occuper beaucoup de monde.

La lecture de ce mémoire suffit, je crois, pour faire sentir le peu d'importance des motifs qui ont déterminé l'arrêt qui défend les nouvelles plantations dans la généralité de Guyenne.

Quoique celui qui le présente ne soit qu'un simple particulier, il a cru devoir le donner, pour son intérêt propre. Il a acquis des fonds en friche ou landes dans un pays où il a tout sujet d'espérer d'y faire venir des vignes d'un très haut prix. Ces terres ne lui ont coûté que soixante livres, comme il paroît par le contrat ci-joint; et il espère, par son travail, ses dépenses et son industrie, en faire une terre qui vaudra quatre ou cinq cent mille livres. Il semble qu'un pareil dessein ne devroit point trouver d'obstacles de la part de l'État.

NOTES

NOTES

Page 4, ligne 4. — Il semble qu'il faudrait : *aux héros,* au lieu de : *au héros,* que donne le manuscrit.

Page 7, ligne 12. — Dans le manuscrit, tout un alinéa sur les exploits militaires de Cicéron est biffé à la suite de celui qui se termine par les mots *ôter mille vies.*

Page 8, ligne 9. — Les paroles que Montesquieu met ici dans la bouche de Cicéron sont une traduction très libre de la dernière moitié du chapitre x de la *Seconde Philippique.*

Page 8, ligne 25. — Voyez la *Seconde Philippique,* chapitre XII.

Page 9, ligne 16. — Cette expression est empruntée à Horace : *Odes,* I, XII, v. 47.

Page 10, ligne 28. — Dans la description du manuscrit, nous avons dit que l'alinéa qui commence à cette ligne est d'une encre plus pâle et d'une écriture plus grosse et plus penchée que le reste du *Discours*. L'écriture est celle de la note qui se trouve au commencement de l'ouvrage, et où l'auteur parle de sa jeunesse au passé. L'alinéa a donc été ajouté par Montesquieu lorsqu'il était dans l'âge mûr.

Page 10, ligne 29. — C'est de Sénèque le rhéteur qu'il s'agit dans ce passage, dont le tour rappelle celui du texte original.

Page 11, note 1. — Il faudrait : *Dix-septième,* au lieu de : *Septième Controverse.*

Page 16, ligne 11. — On lit, dans le manuscrit, à la suite des mots *être le portrait,* un passage biffé et ainsi conçu : « De me voir forcé par le choix d'une illustre académie de recevoir la loi d'un sujet que je me serois choisi moi-même. »

Page 20, ligne 4. — Nous rétablissons l'alinéa qui commence ici, bien qu'il soit biffé dans le manuscrit, afin de ne pas interrompre la suite des idées. Montesquieu avait eu, d'abord, l'intention de citer le vers d'Ovide :

Nomen amicitia est, nomen inane fides.
(*Artis amatoriæ Liber I,* v. 740.)

Page 20, ligne 26. — Dans l'alinéa qui commence ici, Montesquieu s'est inspiré du *De Amicitia* de Cicéron, et spécialement des paragraphes 90 et suivants.

Page 20, note 2. — Cette sentence de Diogène semble empruntée à la traduction latine du *Florilegium* de Stobée, par Conrad Gessner. Elle ne lui est pas, cependant, tout à fait conforme. On y lit : ... *veluti sepulchro quopiam... inscriptum est,* au lieu de : ... *velut in sepulchra quædam... insculptum est.* — Voyez *Sermo* XIV, page 149 de l'édition de Stobée de 1609.

Page 22, ligne 4. — Voyez Virgile, *Ænéide*, VI, v. 187.

Page 22, ligne 24. — Voyez Ovide, *Métamorphoses*, VIII, v. 178.

Page 25, ligne 25. — Voyez Lampride, *Vie de Commode*, chapitre VIII. Montesquieu a substitué deux fois, dans sa citation, le mot *appellatus*, au mot *vocatus*.

Page 26, ligne 7. — Montesquieu vise ici un passage de la seconde *Lettre* de Platon à Denys de Syracuse, passage qu'il peut avoir trouvé dans le *Florilegium* de Stobée, tout comme la citation d'Homère qui suit. — Voyez *Sermo* XIV, page 150, et *Sermo* XII, page 140.

Page 26, ligne 10. — Voyez Homère, *Iliade*, chant IX, v. 313.

Page 26, ligne 12. — Voyez Euripide, *Hippolyte*, v. 486 et 487.

Page 27, ligne 5. — Montesquieu semble s'être inspiré dans les lignes qui suivent d'un épisode du livre II des *Aventures de Télémaque*. On sait qu'il qualifiait de « divin » l'ouvrage de Fénelon. — Voyez ses *Pensées diverses* (*Œuvres complètes* de Montesquieu, édition d'Éd. Laboulaye, tome VII, page 158).

Page 29. — Montesquieu n'a pas seulement emprunté à Lucien le titre de son *Histoire véritable*. Il lui a pris une foule d'idées et de traits particuliers. C'est dans la traduction de Perrot d'Ablancourt qu'il semble avoir étudié l'auteur grec.

Page 33, ligne 25. — A la suite de l'alinéa qui finit par le mot *rien*, l'auteur en a biffé, sur le conseil de J.-J. Bel, un autre, que celui-ci trouvait trop grossier.

Page 35, ligne 16. — A la suite de l'alinéa qui finit par le mot *premiers*, l'auteur en a biffé un où il parlait d'une métamorphose en perroquet. Montesquieu a écrit de sa main en marge du manuscrit : « Oter cet article. »

Page 35, ligne 17. — En marge de l'alinéa, qui commence ici, Montesquieu a écrit : « Bon. »

Page 35, note 1. — Cette variante est autographe.

Page 36, ligne 30. — Il semble qu'il faudrait : *trouvai,* au lieu de : *trouvois*.

Page 38, ligne 1. — Il faudrait ici : *Dioclès* ou *Damir*, au lieu de : *Ayesda*. C'est, en effet, Ayesda, qui est censé parler. Une erreur identique se trouve dans d'autres passages, qu'on lira aux pages 40, 43, 45, 46, 48, 54, 57, 58, 60, 66, 69, 75, 81 et 82. Ne serait-ce pas l'indice d'un remaniement? La variante du commencement de la seconde partie de l'ouvrage permet de le croire. — Voyez page 83, ligne 11, et surtout page 94, ligne 5.

Page 40, ligne 4. — Voyez, à la page 83, une variante du commencement de la seconde partie de l'*Histoire véritable*, variante qui est intercalée dans le manuscrit avant la leçon que nous donnons ici.

Page 40, note 1. — Cette note est autographe, au moins jusqu'au mot *partie*.

Page 49, ligne 2. — Il semble qu'il faudrait : *qu'il accompagne*, au lieu de : *qui l'accompagne*.

Page 50, ligne 20. — Il semble qu'il faudrait : *s'affoiblit*, au lieu de : *m'affoiblit*.

Page 50, ligne 27. — Il semble qu'il faudrait : *il n'étoit pas plus mauvais*, au lieu de : *il n'étoit pas si mauvais*.

Page 51, note 1. — Cette note est peut-être autographe.

Page 58, ligne 6. — La tournure : ... *de quoi serions-nous devenus?* est gasconne et se retrouve à la page 81, ligne 22.

Page 68, ligne 16. — Le manuscrit porte : *Troisième*, au lieu de : *Quatrième partie*.

Page 68, ligne 26. — Dans l'alinéa qui commence ici, Montesquieu a imité le début du traité de Lucien, qui a pour titre : *Comment il faut écrire l'Histoire*.

Page 69, ligne 18. — A la suite de l'alinéa qui finit par les mots *à soi-même*, l'auteur en a biffé un qui était insignifiant.

Page 72, ligne 14. — Dans l'entretien qui commence ici, Montesquieu a imité le début du *Timon* de Lucien.

Page 74, ligne 30. — A la suite de l'alinéa qui finit par les mots *et la vie*, une page tout entière est restée en blanc dans le manuscrit.

Page 80, ligne 3. — Il est curieux de comparer le développement qui commence ici avec le chapitre IX du livre III des *Essais* de Montaigne. Voyez notamment le passage qui débute par ces mots : « Non parce que Socrates l'a dict... »

Page 80, ligne 25. — Le paragraphe qui commence ici a été publié, avec des modifications peu importantes, dans les *Pensées diverses* de Montesquieu. — Voyez le tome VII des *Œuvres complètes* (édition d'Éd. Laboulaye), page 157.

Page 83, ligne 2. — La variante du commencement de la première partie a été écrite par Montesquieu lui-même, à la suite d'une autre, sur une feuille de papier fixée, avec de la cire noire, à la page 1 de la quatrième partie. — Voyez page 83, ligne 10.

Page 83, ligne 9. — La variante du commencement de la seconde partie est écrite sur une grande feuille de papier qui enveloppe tout le manuscrit de cette partie.

Page 84, ligne 10. — La variante du commencement de la quatrième partie a été écrite par Montesquieu lui-même, en tête de la feuille de papier fixée, avec de la cire noire, à la page 1 de cette partie.

Page 85, ligne 15. — Montesquieu s'est conformé au conseil que J.-J. Bel lui donnait dans ce paragraphe.

Page 85, ligne 20. — On sait le rôle que le Mississipi joua dans les spéculations de la Compagnie d'Occident fondée, en 1717, par Law.

Page 86, ligne 1. — Montesquieu a encore suivi le conseil que le critique lui donnait dans ce paragraphe.

Page 86, ligne 21. — Montesquieu a également tenu compte de l'observation sur l'anneau.

Page 87, ligne 31. — Voyez Diogène Laërce, VIII, IV.

Page 93, ligne 21. — L'*Histoire amoureuse* dont le critique parle ici, et dont l'étendue lui paraissait exagérée par rapport au reste de l'ouvrage, a disparu du manuscrit que nous possédons. Montesquieu l'aurait-il détachée du *Métempsycosiste*, pour en faire le roman d'*Arsace et Isménie*, publié après sa mort ? On remarquera que l'*Histoire véritable*, telle qu'elle nous est parvenue, n'a que cinq livres, au lieu des six que J.-J. Bel a critiqués.

Page 93, ligne 28. — Si le livre V de la rédaction primitive est devenu (comme nous le pensons) le livre IV de la rédaction qui nous est parvenue, Montesquieu semble s'être conformé une fois de plus au conseil de J.-J. Bel en n'en conservant que le début.

Page 94, ligne 33. — Tout indique que notre livre V est bien le livre VI dont le critique relève le « ton si différent » des autres. Il est à noter que Montesquieu n'a pas cru devoir finir « avec quelque dignité » et par des « réflexions sur les richesses ». Le dernier épisode de l'*Histoire véritable* nous paraît, du reste, plus en harmonie avec l'ensemble de l'ouvrage. Mais d'où vient ce barbier de Tarente qui apparaît à la page 82, et dont il n'avait pas encore été question ? Évidemment, l'auteur se proposait de modifier profondément le cadre de son *Histoire*.

Page 100, ligne 14. — Le mot *heureux* a été écrit par Montesquieu, au crayon, au-dessus des mots *secondé des Dieux*, qu'il a biffés.

Page 101, note 1. — Cette note est autographe et écrite au crayon.

Page 102, notes. — Ces notes sont autographes et écrites au crayon.

Page 103, note 1. — Cette note est autographe et écrite au crayon.

Page 109, ligne 12. — A cet endroit, l'auteur a biffé une série d'alinéas qu'il a insérés dans l'*Esprit des Lois,* ainsi qu'il l'a constaté en marge de la page 1 du manuscrit de l'*Essai sur les Causes,* par cette note autographe : « Mis dans les *Loix* » ; note qu'il répète, plus loin, en marge de la page 5, dans les mêmes termes, et en marge de la page 8, sous cette forme : « Mis tout cela ». Les passages empruntés à l'*Essai* forment les alinéas 1 à 7 du chapitre II du livre XIV de l'*Esprit des Lois.* C'est à eux que se rapportent les notes écrites sur trois morceaux de papier intercalés entre les pages du manuscrit, notes conçues en ces termes :

« Faire une expérience sur un tendon, sur un nerf. Le mettre, tout du long, dans un long tuyau de verre arrêté par deux bouchons. Mettre à la glace. Voir si le nerf se racourcit à la glace. — Idem, si le tendron *(sic).* »

« Ext. *Hist. univ.* — Constitution du climat de l'Espagne ancienne, p. 193. »

« Extrait d'Hérodote, p. 424, vol. *Hist. universelle* : « *Caricœ gentis omnium illius temporis ingeniosissimœ.* » — *Vide hic tria inventa.* »

Les quatre derniers mots de la troisième note ne sont pas empruntés à la traduction d'Hérodote, mais renvoient à la suite du passage cité. — Voyez Hérodote, I, CLXXI.

Page 109, ligne 13. — L'alinéa qui commence ici a été écrit par Montesquieu lui-même, à la page 2 du manuscrit, en marge des passages biffés.

Page 109, note 1. — Cette note a été écrite par Montesquieu lui-même, en tête de la page 1 du manuscrit.

Page 110, ligne 21. — A cet endroit, l'auteur a biffé quatre alinéas, qu'il a insérés, en les retouchant, dans l'*Esprit des Lois,* au livre XIV, chapitre II, dont ils forment les alinéas 8 à 11. Il a noté cet emprunt, dans le manuscrit de l'*Essai sur les Causes,* en écrivant trois fois en marge : « Mis ».

Page 110, ligne 26. — A cet endroit, l'auteur a biffé six alinéas qu'il a insérés dans l'*Esprit des Lois*, au livre XIV, chapitre II, dont ils forment les alinéas 12 et 13, et chapitre x, dont ils forment les alinéas 1, 2 et 7. Montesquieu a, d'ailleurs, remanié le texte qu'il empruntait ainsi à l'*Essai sur les Causes*. Il a noté ces emprunts en écrivant cinq fois : « Mis », en marge du manuscrit de cet ouvrage. A côté du passage qui est devenu le second alinéa du chapitre x, se trouve une note qui n'est pas biffée, et qui n'est pas reproduite dans l'*Esprit des Lois* :

« Voyez du sang mêlé avec de l'eau où vous infuserez de l'esprit de vin. »

Page 110, notes. — Les trois notes sont autographes.

Page 111, ligne 13. — Il faudrait : *aux palestres*, au lieu de : *au palestre*, puisque *palestre* est du féminin.

Page 111, note 1. — Cette note est autographe. L'ouvrage auquel Montesquieu l'a empruntée est le recueil de fragments publiés par Henri de Valois (Paris, 1634, in-4°) sous le titre d'*Excerpta*...

Page 112, note 1. — Cette note est autographe. Elle est écrite sur un morceau de papier fixé par une épingle à la page 21 du manuscrit.

Page 113, note 1. — Cette note est autographe. Elle est écrite sur un morceau de papier fixé par une épingle à la page 23 du manuscrit.

Page 113, notes 2 et 3. — Ces notes sont autographes. Elles sont écrites sur deux morceaux de papier intercalés, sans renvoi, entre les pages du manuscrit. Nous les rattachons aux passages qu'elles nous semblent compléter.

Page 114, note 1. — Cette note est autographe.

Page 116, notes. — Ces notes sont autographes. Montesquieu vise sans doute, dans la première, l'avant-dernier paragraphe du traité *Des Airs, des Eaux et des Lieux*, par Hippocrate. Disons, toutefois, que, dans l'édition qu'il a publiée de cet ouvrage, Coray a réuni les autres passages d'auteurs anciens auxquels il peut être fait allusion ici.

Page 117, ligne 17. — A la suite de l'alinéa qui se termine ici, Montesquieu en a biffé deux, et a écrit en marge : « Mis ces deux articles effacés ailleurs ». Ils sont relatifs à l'influence de l'air et aux effets des voyages. On en retrouve quelque chose aux fragments des pages 152 et 153.

Page 117, note 1. — Cette note est autographe.

Page 118, note 3. — Cette note est autographe. — A la suite de l'alinéa auquel elle se rattache, Montesquieu en a biffé un, qu'il a transporté dans l'*Esprit des Lois*. Il a constaté cet emprunt en écrivant en marge : « Mis dans les *Loix*, livre XIV, chapitre XII ». Le passage en question forme, en effet, le second alinéa du chapitre.

Page 121, note 2. — Cette note est autographe. Elle est écrite sur un morceau de papier fixé par une épingle à la page 47 du manuscrit.

Page 123, ligne 16. — Il faudrait : *qu'il*, au lieu de : *qui*.

Page 125, note 2. — Cette note est autographe.

Page 126, note 1. — Voyez Aulu-Gelle, *Nuits Attiques*, IV, XIX.

Page 126, notes 2 et 3. — Ces notes sont autographes. La seconde est écrite sur un morceau de papier fixé par une épingle à la page 60 du manuscrit.

Page 127, ligne 16. — Voyez Tite-Live, *Histoire romaine*, XXXIX, VIII, etc.

Page 128, ligne 21. — Voyez Huarte, *L'Examen des Esprits*, traduction de Vion d'Alibray (Paris, 1661, in-8º), page 351.

Page 129, note 1. — Cette note est autographe.

Page 130, ligne 9. — En marge de l'alinéa qui commence ici, Montesquieu a écrit deux mots illisibles.

Page 131, note 1. — Cette note est autographe.

Page 134, ligne 21. — La phrase qui commence ici a été écrite par Montesquieu lui-même, en marge de la page 83 du manuscrit.

Page 136, ligne 25. — Tout l'alinéa sur la chanson des Grecs a été écrit par Montesquieu lui-même, en tête de la page 90 du manuscrit. La traduction qu'il donne est celle de La Nauze (*Histoire de l'Académie royale des Inscriptions...*, tome IX, page 330).

Page 136, note 1. — Cette note est autographe.

Page 136, note 2. — Cette note est autographe.

Page 138, note 1. — Cette note est autographe.

Page 139, note 1. — Cette note est autographe.

Page 139, note 2. — Voyez Strabon, *Géographie*, III, IV.

Page 149, ligne 1. — Les *Matériaux* que nous imprimons ici faisaient partie d'une rédaction antérieure de l'*Essai sur les Causes*. Ils y figuraient aux pages qui portaient les numéros 9 et 10, 37 à 44, 49 et 50. Nous les donnons dans l'ordre où ils se suivaient primitivement.

Page 149, ligne 2. — La note que nous plaçons en tête des *Matériaux* est autographe, et écrite en marge de la page 37, et non de la page 9 de la première rédaction de l'*Essai*.

Page 149, ligne 5. — Les quatre premières lignes du fragment que nous donnons ici sont biffées dans l'original. Nous les rétablissons pour rendre intelligible la pensée de Montesquieu. En revanche, nous avons omis dans le texte la fin d'une phrase incomplète, dont le commencement se trouvait à la page 8 de la première rédaction : « ... rappellera le visage du père ou de la mère, c'est-à-dire : fera ressembler. »

Page 151, lignes 14 à 16. — Il faudrait ici : « Pour l'intromission du sang et par le refus de l'intromission des esprits », au lieu du membre de phrase que donne le manuscrit, et qui est identique à celui qui le précède.

Page 152, ligne 18. — L'alinéa qui commence ici a été écrit par Montesquieu lui-même, en marge d'un passage biffé.

Page 152, ligne 22. — L'alinéa qui commence ici a été écrit par Montesquieu lui-même, sur un morceau de papier fixé par une épingle à la page 49 de la première rédaction de l'*Essai*.

Page 153, note 1. — Cette note est autographe.

Page 157, ligne 1. — En tête de la première page du manuscrit, on lit une note ainsi conçue : « Entièrement de la main de Montesquieu. »

Page 157, ligne 13. — Il est curieux de comparer l'alinéa qui commence ici, et toute la suite, avec le chapitre VIII du livre III des *Essais* de Montaigne, sur l'*Art de conférer*. Voyez notamment le passage qui débute par ces mots : « On s'aperçoit ordinairement aux actions du monde... »

Page 160, ligne 12. — C'est de la minorité de Louis XV que Montesquieu nous semble parler ici.

Page 162, ligne 11. — L'alinéa qui commence ici est à rapprocher d'un passage du chapitre XVII du livre II des *Essais* de Montaigne : « Je ne sçais quelle commodité, ils attendent... »

Page 163, ligne 20. — L'alinéa qui commence ici est à rapprocher d'un passage du chapitre VIII du livre III de Montaigne : « Ouy, mais il a mené à poinct ce grand affaire... »

Page 165, note 1. — Marc-René, marquis d'Argenson, né le 4 novembre 1652 et mort le 8 mai 1721, fut garde des sceaux et président du Conseil des finances, de 1718 à 1720; puis, ministre d'État.

Page 166, ligne 16. — A la suite de l'alinéa qui se termine par cette ligne, il y a un tiret dans le manuscrit.

Page 166, note 1. — Claude Le Blanc, né le 1er décembre 1669 et mort le 19 mai 1728, fut secrétaire d'État de la guerre de 1718 à 1723 et de 1726 à 1728.

Page 166, note 2. — Jean Law, né en 1671 et mort en 1729, fut contrôleur général en 1720.

Page 167, ligne 1. — Voyez Thucydide, *Histoire de la Guerre du Péloponèse*, III, XXXVII. Le passage cité est, d'ailleurs, reproduit au *Sermo* XLI du *Florilegium* de Stobée, auquel Montesquieu semble avoir fait plus d'un emprunt.

Page 167, ligne 5. — Le fragment *Des Princes* est écrit sur un morceau de papier, au dos duquel se trouvent les deux alinéas dont nous le faisons suivre. Un coup de ciseau a emporté la fin de la note sur François I*er*.

Page 168, ligne 4. — Ce fragment est écrit sur un morceau de papier détaché.

Page 168, ligne 8. — Ce fragment, où Montesquieu vise sans doute Albéroni et Law, est aussi écrit sur un morceau de papier détaché.

Page 171, ligne 1. — En marge de la première page du manuscrit, on lit une note ainsi conçue : « Entièrement de la main de Montesquieu. »

Page 172, ligne 13. — Le parallèle entre Tibère et Louis XI a été publié déjà. Une note qui se trouve à la page 3 du manuscrit le constate en ces termes : « Donné à M. Lanet, pour insérer au journal *la Gironde*, imprimé à Bordeaux, le 17 décembre 1833. » Le parallèle a été réimprimé depuis, à plusieurs reprises, et notamment (avec une faute de lecture) au tome II, page 377, de l'édition des *Œuvres* de Montesquieu d'Éd. Laboulaye.

Page 173, ligne 6. — M. Éd. Laboulaye met : *pour eux*, au lieu de : *pour art*.

Page 179, ligne 3. — L'alinéa qui commence par les mots : « Charles, dont les affaires... », et que nous croyons devoir placer ici, est écrit sur un morceau de papier, en tête duquel on lit : « Paul III », et qui est fixé par une épingle à la page 28 du manuscrit.

Page 179, ligne 8. — Il semble qu'il faudrait : *un des plus grands*, au lieu de : *un des grands*.

Page 186, note 1. — On retrouve la même pensée, presque dans les mêmes termes, au chapitre V du livre XXIV de l'*Esprit des Lois*.

Page 193, ligne 2. — Le « prince qui règne à Sicyone » n'est autre que Philippe, duc d'Orléans, régent de France.

Page 194, ligne 7. — La « gêne » dont il est ici question est celle qui régnait sous Louis XIV, et qui disparut sous le Régent, que l'auteur appelle ici : *Alcandre*, au lieu de : *Alcamène*.

Page 194, ligne 29. — Montesquieu vise sans doute, dans ce

passage, les mesures prises contre le prince de Cellamare et ses complices, en décembre 1718.

Page 197, ligne 15. — Il y a ici une allusion au système de Law, et à ses conséquences.

Page 197, ligne 18. — On sait quelle fut l'attitude du Parlement de Paris à l'époque où le système de Law s'effondra, attitude qui valut à la Cour d'être exilée à Pontoise du 20 juillet au 17 décembre 1720.

Page 198, ligne 5. — Le Régent fit preuve d'une grande clémence à l'égard de plusieurs pamphlétaires, et spécialement à l'égard de Joseph de Lagrange-Chancel, auteur des *Philippiques*.

Page 198, ligne 6. — Cet alinéa vise le cardinal Dubois, né le 6 septembre 1656 et mort le 10 août 1723, après avoir été nommé successivement conseiller d'État (1715), secrétaire d'État des affaires étrangères (1718), et premier ministre (1722).

Page 198, ligne 20. — En 1706, le duc d'Orléans fut envoyé en Piémont pour terminer le siège de Turin; mais le prince Eugène l'obligea à se retirer en France, avec son armée.

Page 199, ligne 6. — En 1707, le duc d'Orléans, chargé de commander l'armée française en Espagne, n'arriva que le 26 avril, lendemain de la bataille d'Almanza.

Page 199, ligne 17. — Le duc d'Orléans mourut à Versailles le 2 décembre 1723.

Page 200, ligne 1. — On sait quelles illusions Louis XV inspira d'abord à ses sujets.

Page 201. — Nous avons déjà dit que le titre exact des *Remarques* tel que le donne le manuscrit, est *Remarques sur dès* (sic) *certaines Objections*, etc. Ces objections portent sur un passage des *Considérations sur les... Romains*, et sur deux passages de l'*Esprit des Lois*. Le texte du chapitre XVI des *Considérations* ne fut pas modifié. Mais il en fut autrement des passages critiqués de l'*Esprit des Lois*. La fin du chapitre XXII du livre XXII fut remaniée dans les éditions postérieures à celle de 1751. Il en fut de même d'une partie du livre XXVII, où l'auteur changea la fin d'un alinéa, et en intercala neuf autres sur la loi Voconienne.

Page 203. — Le titre des *Remarques* est reproduit, en tête de la seconde feuille du manuscrit, tel qu'il se lit sur la couverture.

Page 203, ligne 2. — L'édition d'Écosse que Montesquieu vise ici est, sans doute, celle que L. Vian mentionne, dans sa *Bibliographie*, en ces termes: « 1751. Édimbourg, Hamilton et Balfour, petit in-8°. » — Voyez *Montesquieu, Bibliographie de ses Œuvres* (Paris, Durand et Pédone-Lauriel, 1872), page 14.

Page 203, ligne 7. — Plaute, *Mostellaria*, II, 1, v. 10.
Page 203, ligne 10. — Les mots *de cuivre* ne sont pas dans les *Considérations sur les... Romains*.
Page 205, ligne 22. — Montesquieu n'avait cité d'abord que le premier vers de l'épigramme de Martial. D'où l'*etc.*, qui se trouve à la fin du second, intercalé après coup et cité inexactement. Le texte de Martial porte : *solve mihi*, au lieu de : *mitte mihi*.
Page 205, ligne 23. — Il faudrait : *XI, 105*, au lieu de : *XI, 51*.
Page 205, ligne 25. — Inutile de dire qu'il faut lire : *du Digeste*, au lieu : *de l'Indigeste*, que donne le manuscrit.
Page 207, ligne 19. — La phrase qui commence ici n'est guère qu'une variante de la précédente.
Page 207, ligne 24. — Salluste, *Conjuration de Catilina*, XXXIII.
Page 208, ligne 7. — Le texte vulgaire porte : *Sæpe majores vostrum*, au lieu de : *Sæpe majores nostri*.
Page 208, ligne 11. — Le texte vulgaire ne porte point : ... *argentum communi ære*, mais simplement : ... *argentum ære*.
Page 208, ligne 25. — Voyez la note sur la ligne 7.
Page 209, ligne 15. — Montesquieu renvoie ici au livre XXII de l'*Esprit des Lois*, où le passage de Pline est, en effet, cité dans les notes du chapitre XII.
Page 209, note 1. — Il s'agit ici de Basilius Faber, auteur du *Thesaurus Eruditionis scholasticæ*.
Page 210, ligne 17. — Montesquieu cite l'édition de Henri Étienne (1592, in-folio).
Page 211, ligne 16. — Il faudrait : *les femmes*, au lieu de : *elles*.
Page 211, ligne 21. — Montesquieu parle de la loi Papienne, dans le livre XXVII de l'*Esprit des Lois*, après avoir traité de la loi Voconienne.
Page 212, ligne 21. — Le commentaire sur le *Marmor Sandvisence* est l'œuvre de J. Taylor (Cambridge, 1743, in-4°).
Page 212, ligne 22. — Voyez Plutarque, *Vie d'Antoine*, IV. Dans la traduction d'Amyot (Paris, 1565, in-folio), le passage visé par Montesquieu se trouve à la page 631, F.
Page 225. — Le *Mémoire sur la Constitution* est relatif à la bulle ou constitution *Unigenitus*, du 8 septembre 1713. Elle fut l'objet d'une première déclaration, sous le règne de Louis XIV, qui, le 14 février 1714, en ordonna l'enregistrement et l'exécution. On sait les difficultés qu'elle souleva. Montesquieu y fait allusion dans la 24° des *Lettres persanes*. Cette lettre est datée, par distraction sans doute, de 1712.

Page 227, ligne 1. — Au bas de la première page du manuscrit, on lit cette note qui n'est exacte qu'en partie : « De la main de Montesquieu. »

Page 227, ligne 6. — Les mots *qu'ils ont* se rapportent, dans une rédaction antérieure et biffée, aux princes, ministres, etc., dont il était question au commencement du paragraphe, avant que Montesquieu eût modifié l'ordre des considérations qu'il voulait exposer.

Page 227, ligne 13. — Dans la rédaction antérieure et biffée, Montesquieu avait écrit : « dont ils ne peuvent aujourd'hui sortir. ».

Page 228, ligne 17. — S'agit-il ici de Jean-François Boyer, ancien évêque de Mirepoix, chargé de la feuille des bénéfices de 1743 à 1755 ?

Page 228, ligne 21. — Montesquieu avait écrit d'abord : « ... et ce fut, pendant son ministère, la partie la mieux administrée » ; rédaction qu'il modifia, en oubliant de rayer *et ce fut*.

Page 229, ligne 9. — Il faut lire évidemment : *improuvée*, au lieu de : *approuvée*.

Page 231, ligne 28. — Montesquieu vise-t-il ici les commencements de l'affaire de la Constitution ou bien l'affaire de la régale ?

Page 233, ligne 5. — Louis XIV avait publié les arrêts du Conseil du 23 octobre 1668 et du 5 mars 1703, à l'imitation de Théodose Ier, qui interdit, en 388, les discussions publiques sur les matières religieuses (*Code Théodosien*, XVI, IV, 2). De même, le Régent édicta, le 7 octobre 1717, une déclaration qui *suspendit* toutes les disputes relatives à la Constitution. Mais il fallut, plus tard, confirmer cette défense par les arrêts du Conseil des 10 mars et 5 septembre 1731, par celui du 29 avril 1752, et par les déclarations nouvelles des 8 octobre 1754 et 10 décembre 1756.

Page 235. — Le *Mémoire sur les Dettes* n'a pour titre, dans l'original, que le mot *Mémoire*, et se trouve dans une chemise de papier, sur laquelle on lit : « Deux Mémoires : l'un, sur les Dettes de l'État ; l'autre, sur l'Arrachement des Vignes. »

Page 237, ligne 1. — C'est à Philippe, duc d'Orléans, régent de France, que ce mémoire est adressé. Il est curieux d'en comparer les vues avec celles que M. A. Thiers a exposées dans le tome VIII (page 31) de son *Histoire de la Révolution française*, lorsqu'il y apprécie le plan financier du Directoire en 1795.

Page 237, ligne 6. — On sait que le Régent, par un édit de mars 1716, organisa, contre les gens d'affaires, une Chambre de Justice, qui dressa, du mois de novembre 1716 au mois de mars 1717, dix-neuf listes de taxation.

Page 239, ligne 19. — La première réduction dont parle Montesquieu fut imposée par l'édit d'octobre 1713.

Page 239, ligne 20. — Cette seconde réduction fut imposée par les édits d'octobre et de décembre 1715.

Page 243, ligne 19. — Bien que comprise dans la généralité de Lille, l'Artois avait conservé, sous l'ancien régime, ses états particuliers, dont M. F.-G. Filon a écrit l'histoire, sous le titre d'*Histoire des Etats d'Artois, depuis leur origine jusqu'à leur suppression en 1789* (Paris, A. Durand, 1861, in-8º).

Page 244, ligne 5. — Un édit d'août 1717 supprima le dixième du revenu des biens-fonds et des autres immeubles; mais cet impôt fut rétabli en 1733.

Page 245, ligne 15. — Louis XIV avait permis, en 1708, aux contribuables de racheter leur capitation. Mais, en 1715, il avait révoqué les affranchissements qu'il avait accordés moyennant finance. Le clergé seul demeura exempt.

Page 247. — Nous avons dit, en décrivant le manuscrit du *Mémoire contre l'Arrêt du Conseil du 27 février 1725,* que ce mémoire fut renvoyé par le contrôleur général à l'intendant de la généralité de Bordeaux. Voici les lettres qui furent échangées entre eux, à ce sujet, et qui sont conservées aux Archives départementales de la Gironde (série C, nº 1338). Il semble en ressortir que l'intendant Claude Boucher ne fut pas insensible au jugement que Montesquieu avait formulé dans son mémoire sur la compétence des intendants en matière d'agriculture.

« A Versailles, le 7 avril 1727.

» Monsieur,

» M. de Montesquieu expose, par le placet et les pièces ci-jointes, qu'il a acquis une pièce de terre en friche et lande, de la consistance de trente arpens, située dans la paroisse de Pessac, qu'il désireroit faire défricher et planter en vignes, s'il plaisoit au Roy de lui en accorder la permission. Je vous prie de vouloir bien faire vérifier si ce terrain n'est pas propre à d'autre culture qu'à être planté en vignes, et de me faire part des éclaircissemens que vous recevrez sur cela, en m'envoyant votre avis, pour me mettre en état de rendre compte de cette affaire à Sa Majesté.

» Je suis, Monsieur, votre très humble et très affectionné serviteur.

» LE PELLETIER.

» *M. Boucher.* »

« A Bordeaux, le 18 avril 1727.

» Monsieur le Contrôleur général,

» J'ai reçu, avec la lettre que vous m'avez fait l'honneur de m'écrire, le placet présenté, par le sieur de Montesquieu, pour demander la permission de planter en vignes trente journaux de landes qu'il a achetés le 24 décembre dernier, et le mémoire par lequel il prétend justifier que l'arrêt du Conseil du 17 février 1725, qui défend de faire de nouvelles plantations en vignes dans la généralité de Guyenne, est contraire au bien de la province et du royaume.

» Comme le sieur de Montesquieu a beaucoup d'esprit, il ne s'embarrasse pas de traiter des paradoxes, et il se flatte qu'à la faveur de quelques raisons brillantes, il lui sera facile de prouver les choses les plus absurdes. Je vous prie de me dispenser de répondre à son mémoire et d'entrer en lice avec lui. Il n'a d'autres occupations que de chercher des occasions d'exercer son esprit. Pour moi, j'ai des choses plus sérieuses qui doivent m'occuper, et je me contenterai de vous dire qu'avant qu'il eût fait cette acquisition, et même avant que l'arrêt qui a défendu la nouvelle plantation des vignes eût été rendu, il étoit du sentiment commun de toute la province, que, non seulement il ne falloit pas souffrir que l'on plantât de nouvelles vignes, mais qu'il auroit été à souhaiter qu'on arrachât, au moins, un tiers de celles qui avoient esté plantées depuis 1709. Son intérêt personnel le fait aujourd'hui changer de langage et non de sentiment; car je suis persuadé qu'il est toujours dans les mêmes principes, et que le mémoire qu'il vous a présenté est un jeu d'esprit, dont il connoît mieux que personne la fausseté. Mais il ne doit pas être écouté, et il y a beaucoup moins de raison de lui accorder la permission qu'il demande qu'à une infinité de personnes qui voudroient planter en vignes des terres qu'elles possèdent depuis longtemps.

» Et, pour peu qu'on s'écartât de l'exécution de l'arrêt du Conseil auquel vous m'avez ordonné de tenir la main, par votre lettre du 2ᵉ mars dernier, le peu de terres labourables ou prairies qui restent dans cette province, du moins aux environs de cette ville, seroient bientôt converties en vignes.

» Le sieur de Montesquieu n'a acheté les terres qu'il veut mettre en vignes qu'au mois de décembre dernier. Si effectivement elles n'étoient propres qu'à la vigne, il ne devoit pas en faire l'acquisition, puisqu'il n'ignoroit pas la disposition de l'arrêt du 27 février 1725, qui défend ces sortes de plantations. Il peut les mettre en bois ou en faire tel autre usage qu'il trouvera plus convenable, sans pouvoir se plaindre du peu de revenu qu'il en tirera, puisque toute cette acquisition ne lui revient qu'à 60 livres une fois payées, et 2 deniers d'exporle et 1 sous de rente par journal.

» Il a encore acquis 70 autres journaux au même endroit, qu'il m'avoit pareillement demandé de pouvoir planter en vignes, et il ne s'est restreint aux 30 journaux pour lesquels il vous demande aujourd'hui la permission, que parce qu'il a reconnu que la demande de 100 journaux paroîtroit exorbitante. Mais il se flatte que, si on lui permettoit d'en planter d'abord 30, il pourroit obtenir la même permission pour le reste, parce qu'il ne conviendroit plus de l'obliger à planter du bois dans le surplus, à cause du préjudice que sa vigne en pourroit recevoir.

» J'ai l'honneur, etc. »

Page 249. — Nous avons déjà dit que les deux dernières lignes du titre sont écrites de la main même de Montesquieu.

Page 253, ligne 22. — Il semble qu'il faudrait lire : *préposerait*, au lieu de : *proposerait*.

Page 253, ligne 24. — De tous les arguments de Montesquieu, c'est le seul dont le Gouvernement semble avoir tenu compte, en étendant, par l'arrêt du Conseil du 5 juin 1731, les dispositions de l'arrêt de 1725, à toutes les provinces et généralités du royaume.

Page 257, ligne 13. — Guillaume-Urbain de Lamoignon, comte de Launay-Courson, fut intendant de la généralité de Bordeaux de 1709 à 1717, et mourut conseiller d'État, à Paris, le 12 mars 1742, à l'âge de soixante-huit ans.

Page 257, ligne 25. — Montesquieu parle ici du *système* de Law, dont on connaît les vicissitudes de 1716 à 1720.

Page 258, ligne 16. — Montesquieu avait, en effet, acquis, le 24 décembre 1726, trente journaux de landes, situés dans la commune de Pessac, au quartier des Pujeaux-de-Péougran. Il avait fait cette acquisition de moitié avec M. Jean de Sarrau de Boinet, seigneur de Pichon, qui, d'ailleurs, lui céda sa part en 1735. M. de Sarrau fit aussi un mémoire contre l'arrêt de 1725, mémoire qu'on trouve au tome XVI des *Manuscrits* de l'Académie de Bordeaux, conservés à la Bibliothèque de cette ville.

Page 258, ligne 20. — Est-ce à l'époque où il songeait à créer un vignoble à Pessac que Montesquieu rédigea un questionnaire, dont M. Reinhold Dezeimeris a publié le texte, en 1886, à la page 346 du *Bulletin du Comice vinicole et agricole du canton de Cadillac?*

Le manuscrit de ce questionnaire fait partie du fonds de l'ancienne Académie de Bordeaux, déposé à la Bibliothèque de cette ville. François de La Montaigne, conseiller au Parlement de Guyenne, a écrit, en marge de l'original : « Ces questions sont écrites de la main de M. de Montesquieu. » Les trois notes que nous imprimons au bas du texte sont de l'éditeur de 1886.

« A BARSAC, PREIGNAC, SAUTERNE, etc.

« QUESTIONS »

« 1. Quelle est la manière de tailler la vigne, et en quel temps?
» 2. Celle de l'ouvrer, et de quelle œuvre?
» 3. Celle de la cultiver : à bras, ou à bœufs?
» 4. Combien on luy donne de labeurs, et en quel temps?
» 5. De quelle hauteur on la laisse?
» 6. Combien de fleches à chaque sep, et combien d'yeux on
  » laisse à chaque fleche?
» 7. Si le vin y est blanc ou rouge?
» 8. Comment on y appelle les cepages? Quels sont les meil-
  » leurs et les plus ordinaires?
» 9. Quelle est la nature des terres du païs?
» 10. S'il y a des terrains ou vignes de diverse nature, et quels
  » luy sont les plus propres.
» 11. S'il y a des vignes en joüale, et quel est leur arrangement.
» 12. Si les cepages blancs, en quantité égale, donnent plus ou
  » moins de vin que les rouges.
» 13. Quels sont les plutot murs? les blancs, ou les rouges?
» 14. Dans quel temps on vendange?
» 15. Quelle est la methode de faire les vendanges?
» 16. Comment on repare les vignes et l'on remplace les pieds
  » qui manquent? — par du plan? — du barbeau? — de
  » l'avant-cap? — du sautegris¹?
» 17. La maniere de plier et lier la vigne à l'echalas.

---

1. Voyez le *Traité de la culture de la vigne* de Bidet (édition de 1759), tome Ier, pages 240-242 (Mémoire de M. de Navarre, confrère de Montesquieu à l'Académie de Bordeaux).

» 18. S'il y a des vignes basses à l'arere [1] dont les fleches se
» lient comme en espalier à un laton soutenu par deux
» carrassons, comme dans nos graves de Bordeaux.
» 19. S'il y a des terrains pierreux, des terrains de cailloutage,
» et des terrains de sable.
» 20. S'il y a des hautains.
» 21. Si, dans le païs, il y a des palus complantées en vignobles.
» 22. S'il y a des tertres, cotes, plaines, vallons complantés en
» vignes; et où le vin est il le meilleur?
» 23. Quelle qualité ont les vins? — de la force? — de la dou-
» ceur? — Deviennent ils roux? ou gras? — Se conser-
» vent ils longtemps?
» 24. Quel est le prix de ces vins? ou environ.
» 25. Si on effeuille, et en quel temps.
» 26. Si on epampre, et en quel temps.
» 27. Si on ébourgeonne, et en quel temps.
» 28. Si l'on ebarbe?
» 29. Si l'on fume, ou si l'on terre [2], et de quelle espèce de
» fumier on se sert? »

1. Voyez le *Traité* de Bidet, tome Ier, pages 213 et 373 (Mémoire de M. de Navarre).
2. Voyez le *Traité* de Bidet, tome Ier, page 283 et suiv. (Mémoire de M. de Navarre).

INDEX

INDEX

Les chiffres imprimés en *caractères italiques* renvoient aux notes placées au bas des pages.

Abdère : Maladie des femmes de cette ville, 68, 69, 84.
Abus : Il est délicat de les corriger, 196.
Adriatique (mer) : *118*.
Ærarium : Sens du mot, *209*. — *Voy.* Trésor public.
Æs : Emploi du mot, *209*.
Afrique : 99, 100. — Ravagée par la peste, 70.
Agésilaüs, roi de Sparte : Sa conduite à son retour de l'Asie, 104.
Aides (droits d') : Denrées qui y sont sujettes, 240.
Air : Son influence sur les esprits, 115, 116, 117, 118, 152, 153. — *Voy.* Vents.
Albéroni (cardinal) : Son faux génie, 168.
Alcamène, *voy.* Orléans (Ph. d').
Alcandre, *voy.* Alcamène, Orléans (Ph. d').
Alexandre-le-Grand : Charles XII en est une mauvaise copie, 172.
Alexandrie : 184.
Alger : 140.
Aliénor, duchesse de Guyenne : Louis VII lui rend la Guyenne en la répudiant, 167.
Allemagne : Envahie par Gustave-le-Grand, 159. — Somme que Richelieu y envoie, 164. — Orthodoxie de ses princes catholiques, 230. — Tolérance qui y est pratiquée, 230. — Vignes qu'on y a plantées, 249. — *Voy.* Empereurs...
Alpes : *118*.

Ame : Comment elle est impressionnée, 111, 112, 113, *114*, 123, 130, 131, 132, 133, 134. — Comment elle réagit, 112, 113, 114. — Comparer est sa faculté principale, 131. — Notre âme est très bornée, 133. — Comment se forme l'âme universelle des sociétés, 160, 161. — *Voy.* Ames.
Amérique (sauvages de l') : Sont indisciplinables, 130.
Ames : Leur jugement, 34. — Elles s'attachent aux corps où elles logent, 38. — Comment elles se purifient, 46, 75, 76, 87. — Ames en réserve, 75, 76. — *Voy.* Métempsycose.
Amitié : Fausse et chimérique sans la sincérité, 20, 21.
Amour : Est le plus grand intérêt dans certains pays, 110. — Son influence sur les esprits, 133.
Anatomique (constitution) : Sa variété et son influence sur les esprits, 120, 133, 134.
Anglais : Portés au suicide par le vent, 118. — Comment ils furent gouvernés par Cromwell, 180. — Révoltés contre Charles Ier, 182. — Consommation qu'ils font de bière, d'eau-de-vie et de vin, 249, 250, 256, 257. — *Voy.* Angleterre, Critique anglais, Cromwell.
Angleterre : 115, 182, 201, 203. — Opprimée par les papes, 158. — Perdue par Sixte-Quint, 159. — Attaquée par Philippe II, 175. —

Objet de sa révolution, 179. — Ses guerres civiles, 182. — Son agriculture, 256, 257. — *Voy.* Anglais.
Angleterre (reine d'), *voy.* Élisabeth.
Angleterre (rois d'), *voy.* Charles Ier, Henry VIII, Jacques Ier.
Animaux : Leur attachement pour leur être, 38.
Annius (Caïus), préteur : 213.
Annius Asellus (P.), sénateur : Son testament, 213, 215, 217.
Ansted (père) : Cité, *118*.
Antipathies : Leur origine, 35.
Antoine : Sa lutte contre Cicéron, 3, 6, 7, 8, 9, 10, 11. — Son caractère, *3*. — Sa puissance, 7, 9, 10. — Sa conduite après la mort de César, 9, 10. — Fait tuer Cicéron, 10, 11.
Apennins : *118*. — Couvrent la Lombardie, 118.
Apis (bœuf) : Histoire d'un Apis, 37, 38, 86.
Apollon : Chassé de l'Olympe, 27. — Œuvres qu'il n'inspire pas, 74. — Prince qui méprise ses traits, 197, 198.
Apollon (prêtresse d') : Son amant, 41.
Apôtres : Conformité du Luthéranisme avec ce qu'ils ont fait, *187*.
Argenson (René-Marc d'), ministre : *165*. — Sa vanité, 165.
Ariane (couronne d') : 22.
Arrêt du Conseil du 27 février 1725 (Mémoire contre l') : 247-258.
Artois : Ce qu'il doit à ses états provinciaux, 243.
Aruspices : Fin de leur influence, 5.
As : Sa valeur, 203, 204, 209, 210, 211, 215. — Ses divisions, 205, 206.
Asconius : Cité et discuté, 213, 214, 215, *218*.
Asiatiques : Timides et portés à l'obéissance, 141.
Asie : 80, 104. — Ravagée par la peste, 70.

Assyrie : 140.
Athènes : 59, 64, 68, 69, 80. — Ses bâtiments, 80. — Pardon que Sparte lui accorde, 100. — Conduite de ses exilés, 102. — Influence de son air, 116.
Athéniens : Maladie dont ils sont atteints, 69. — Subtilité de leur esprit, 116. — Esclaves des Turcs, 116.
Athlètes : Leur nourriture, 111, 112. — Leur stupidité, *111*, 126. — Étaient grands dormeurs, 126. — *Voy.* Gorgus...
Athotis, roi d'Égypte : Ses trésors, 78.
Auguste, empereur de Rome : 211, 215, 221. — S'allie à Antoine, 10. — Harangue qu'il a prononcée, *210*. — Modifications qu'il introduit dans les lois, 211, 215, 218, 221, 222. — Sa *Vie*, par Suétone, *215*, 222. — Ses libéralités, 223.
Auguste, roi de Pologne : Charles XII veut le détrôner, 171.
Aulu-Gelle : Cité, *126*.
Auteurs : Leur amour-propre, 146. — *Voy.* Grecs, Hommes de lettres, Huarte, Latins...
Autorité royale : N'a rien à craindre des états provinciaux, 243.
Avare : Portrait d'un avare, 51, 52.
Ayesda, voyageur indien : 38, 40, 43, 45, 46, 48, 54, 57, 58, 60, 66, 69, 75, 81, 82, 93, 94. — Reçu chez Dioclès, 31. — Raconte ses métamorphoses, 31, 83, 84.

Baal : Penchant des Juifs pour son culte, 24.
Bacchanales : Leur célébration à Rome, 127.
Bacchus (fêtes de) : Célébrées à Thèbes, 31, 83.
Bâle (concile de) : 178.
Banqueroutes : Leur nombre, 240.
Barbares : Soulevés contre Athènes, 102.
Barbier : Histoire d'un barbier, 82, 94, 95.

Bavards : Portrait d'un bavard, 48, 49, 90, 95. — Métiers et habitudes des bavards, 147.
Bel (Jean-Jacques) : Sa *Critique de l'Histoire véritable*, 85, 96.
Bénéfices : Leur distribution, 168, 234.
Bertin : Expérience qu'il a faite, *112*.
Bêtise : Héréditaire dans quelques familles, 149.
Bière : Sa fabrication et sa consommation, 249, 256, 257.
Billets d'État : Perte qu'ils subissent, 238, 243, 244. — *Voy.* Effets royaux.
Blé : On n'en manque pas en Guyenne, 255.
Boerhaave : Cité, *126*.
Bœuf, *voy.* Apis.
Bois : On n'en manque pas en Guyenne, 254.
Boniface VIII, pape : Sa hauteur, 176.
Bordeaux : 251. — Son climat, 251. — Prix qu'y atteint le pain, 255. — Sa situation, 255.
Bordeaux (Bruyères et Landes de) : Cultures auxquelles elles sont propres, 252.
Bordeaux (président au Parlement de) : 249.
Bossus : Leur esprit, 144.
Bourbon (cardinal de) : Couronné, 179.
Bourgeois des villes : Impôts qu'ils rachèteraient volontiers, 245.
Bourgogne (Charles, duc de) : Fait Louis XI prisonnier, 159. — Comparé à Charles XII, 171, 172. — Ses entreprises et ses malheurs, 171, 172.
Bourgogne (succession de) : Louis XI la manque, 159.
Bretagne : Vin qu'elle consomme, 251.
Brutus : Son portrait, 3, 4. — Tue César, 9. — Ce qu'il fit ensuite, 9, 10.
Bruyères, *voy.* Bordeaux...

Caillette : Terme bas, 94.
Calvinisme : Son caractère politique et théologique, *187*.
Calvinistes : Tolérés par les princes catholiques d'Allemagne, 230.
Camille : Son désintéressement, 6.
Canarie (vins de) : 250.
Canarins : Subtilité de leur esprit, 116. — Emplois qui leur sont accessibles, 116. — Soumis aux Portugais, 116.
Capitation, impôt : Ses caractères, 244, 245. — Sa suppression, 244, 245.
Captifs : État de ceux qui reviennent d'Alger, 140.
Caractère général des nations : 137, 138, 139, 140, 160, 161.
Carlienne (dynastie) : Faiblesse d'esprit de ses princes, 149.
Carthage : 100, 101, 102, 103. — Sa conduite envers Xantippe, son sauveur, 99, 100, 101, 102, 103, 105. — *Voy.* Puniques...
Carthaginois, *voy.* Carthage.
Cassius : Son portrait, 3, 4. — Sa fuite, 10.
Catherine de Médicis, reine et régente de France : Rôle des femmes sous sa régence, 183. — Mal qu'elle a fait, 185.
Catholiques : Adversaires de Charles-Quint, 178. — Mal que leur a fait Catherine de Médicis, 185. — Ce qui les distinguait des Protestants sous Henry III, 185, 186. — Leurs sentiments pour Henry III, 185, 186, 188. — Servent les Protestants, 188. — Conditions pour l'être, 228, 229, 230, 231. — Sont tolérés en Allemagne, 230. — *Voy.* Papauté, Papes, Religion catholique.
Catilina : Sa lutte contre Cicéron, 3, 7. — Sa mort, 8. — Guerre qu'il suscite, 209.
Caton : Son portrait, 3, 4. — Ses vertus, 6, 20. — Abandonne Rome, 9. — Son suicide, 9. — Jugement qu'il eût rendu, 219.

Causes : Leur proportion aux effets, 95. — Plus elles sont générales, mieux nous les connaissons, 109. — Influence des causes physiques sur les esprits, 109-128. — Influence des causes morales sur les esprits, 129-148. — Supériorité des causes morales, 139, 140, 141.
Causes qui peuvent affecter les Esprits... (Essai sur les) : 107-153.
Cens, à Rome : 209, 210, 211, 213. — Sa division, 210, 212, 214, 215, 216, 217, 218, 219, 222.
Censeurs : Leurs registres, 212, 213. — Inscription sur leurs registres, 213, 214, 215, 216, 217, 218, 219, 221. — Font le lustre, 217. — Interruption de leur office, 217, 218.
Cerveau : Influence de sa constitution, 120, 121, 130, 133, 134. — Son rôle, 121, 123, 124. — Ménagements qu'il faut avoir pour lui, 125, 126, 127. — Impressions qu'il reçoit, 144, 145, 146, 147, 148. — Combien nos sentiments en dépendent, 146. — Son développement, 149, 150.
César (Jules) : Son caractère, *3*. — Sa lutte contre Cicéron, 7, 8. — Sa lutte contre Pompée, 7, 8. — Maintenu dans le gouvernement des Gaules, 8. — Sa mort, 9. — Son astre, 9. — Sa popularité, 9, 10. — Son successeur, 9, 10. — Son testament, 10. — Comparé à Cromwell, 180.
Champs-Élysées : Jugements qu'y rendent les philosophes, 34, 35, 88.
Chanvre (décoction de) : Usage qu'en font les Orientaux, 125.
Chapman (docteur) : Cité, 221, 222.
Charges municipales : Leur avilissement, 243.
Charité : Condition du salut, 228. — Ne prête pas à l'erreur, 228.
Charles Ier, roi d'Angleterre : Sa mort, 158, 179. — Devait succomber, 151. — Comparé à Henry III, 181, 182, 189. — Son incapacité, 181, 182. — Sentiments qu'il inspirait, 181, 182. — Sa vie privée, 182.
Charles XII, roi de Suède : Comparé à Charles, duc de Bourgogne, 171, 172. — Ses entreprises et ses malheurs, 171, 172. — N'est qu'une mauvaise copie d'Alexandre, 172.
Charles-Quint, empereur d'Allemagne : Médecin qu'on lui demande, 128. — Trompé par François Ier, 168. — Avait établi une inquisition, *174*. — Son ambition, 177. — Ses rapports avec le Saint-Siège, 177, 178, 179. — Sa politique religieuse, 177, 178, 179.
Chevaliers : Leur ordre à Rome, 215, 216. — Leurs privilèges, 216, 222. — Leur fortune, 216. — Conditions pour l'être, 222.
Chevaux : Histoire d'un cheval, *40*, 51, 52, 90. — Poids des os des divers chevaux, 115.
Chien : Histoire d'un chien, 36.
Chine : Opinion de ses historiens, 24. — Son immortalité, 24. — Conquise par un Tartare, 182.
Chine (empereur de) : Droits de ses officiers, 24, 25. — *Voy.* Kotaous, Tkiou.
Chine (Néron de la), *voy.* Tkiou.
Chinois : Influence qu'exercent sur eux les livres de Confucius, 137. — Autorité de leurs mandarins, 139.
Chiroc, vent : Son influence, 118.
Chrétiens (médecins) : Leur infériorité, 128.
Chypre (île de) : 57.
Cicéron : 9, 215, 218. — Ses qualités, 3, 4, 6, 7, 8, 9, 10. — Ses œuvres, 3, 5, 9, *218*. — Son éloquence, 3, 4, 10. — Sa lutte contre Catilina, 3, 7. — Sa lutte contre Antoine, 3, 6, 7, 8, 9, 10, 11. — Sa philosophie, 4, 5. — Gouverneur de la Cilicie, 6. — Ses discours, 6, 9, 209, 210, 213, 217, 218, 219,

220. — Sa lutte contre César, 7, 8. — Sa lutte contre Verrès, Clodius, etc., 7, 209, 210, 213, 217, 218, 219, 220. — Sa retraite à Tusculum, 9. — Se joint à Brutus, 9. — Sa mort, 10, 11. — Cité et discuté, 209, 210, 211, 212, 213, 214, 215, 217, 218, 219.
Cicéron (Discours sur) : 1-11.
Ciel, *voy*. Dieux...
Cilicie (gouvernement de la) : 6.
Cincinnatus : Son désintéressement, 6.
Circassie (esclaves de) : Leur stupidité, 130.
Circonstances heureuses : Leur influence, 144.
Clément (Jacques) : Excité au meurtre, 184.
Cléopâtre : Sa coquetterie, 88.
Clergé français : Embarras où il est jeté, 227. — Ses dettes sont celles du Roi, 239, 240. — Réduction de ses dettes, 240.
Climats : Leur influence, 109, 110, 117, 137, 152, 153.
Clodius : Sa lutte contre Cicéron, 7.
Code de Justinien : Cité, 205.
Cœur : Fait les opinions, 145.
Colonies : Vins et eaux-de-vie qu'elles consomment, 249, 250, 251. — *Voy*. Iles françaises.
Commandement : Pourquoi il est modéré dans le Nord, 141. — Pourquoi il est tyrannique dans le Midi, 141.
Commerce des gens d'esprit : Son influence, 143.
Commode, empereur de Rome : Ses crimes et ses surnoms, 25, 26.
Communautés : Leurs dettes sont celles du Roi, 239, 240. — Réduction de leurs dettes, 240. — Elles ne sont plus qu'une ombre et devraient être rétablies, 243. — *Voy*. Charges municipales.
Concile : Convoqué par Paul III : 178. — *Voy*. Bâle..., Constance...
Confucius (livres de) : Leur influence, 137.

Conseil de Conscience : Sa composition, 232.
Conseil d'État : Sa sagesse et son rôle, 232.
Considération : Ses sources, 49, 50. — Ses diverses espèces, 60, 61.
Considérations sur les... Romains : Traduites en Anglais, 201, 203. — Critiquées, 203, 204. — Fautes qu'il y a, 203. — Citées, 218.
Constance (concile de) : 178.
Constantinople : 138.
Constitution (Mémoire sur la) : 225-234.
Constitution *Unigenitus* : 225, 227. — Remède contre les troubles qu'elle suscite, 227, 228, 230, 231, 232, 233, 234.
Continence : Son influence, 124.
Contrats sur les particuliers : Leur réduction, 244.
Contrats sur l'Hôtel-de-Ville, *voy*. Hôtel-de-Ville...
Contrefaits (gens), *voy*. Bossus.
Corinthe : 44, 79.
Corinthe (habitants de) : Leurs mœurs, 79. — *Voy*. Grecs.
Corinthe (maltôtier du roi de) : Son histoire, 41, 89.
Courson (M. de), intendant de Guyenne : Renseignement qu'il peut donner, 257.
Courtiers : Sont de grands parleurs, 147. — Leur nom en persan, 147.
Courtisan : Portrait d'un courtisan, 42, 43, 89.
Courtisane, *voy*. Nocratis...
Critique Anglais : 201, 203, *223*. — Ses observations sur les *Considérations*.... 203, 204. — Ses observations sur l'*Esprit des Lois*, 205, 206, 207, 209, 211.
Critique de l'Histoire véritable : 85-96. — *Voy*. Bel (J.-J.).
Cromwell : Comparé au duc de Mayenne, 179. — Causes de ses succès, 179, 180. — Comparé à César, 180. — Sa politique et ses crimes, 180.

Crotone : *103*. — Ce que perdent les exilés de cette ville, 103.
Cyniques : *16*. — Leurs exagérations, 16.

Damir, philosophe d'Éphèse : Reçu chez Dioclès, 31. — Récit qu'il fait, 83.
Daniel (Livre de) : Cité, 24.
Danois : Les Suédois s'affranchissent de leur domination, 158.
Daventria : 220.
Decies : Sens du mot, 212.
Déesse : Châtiment qu'elle inflige, 198. — *Voy.* Thémis.
Démons : Leurs luttes avec les Pères du Désert, 127. — *Voy.* Incube.
Denier : Sa valeur, 209, 215.
Denys d'Halicarnasse : Cité, 209.
Dépopulation : Comment on la prévient, 258.
Désert (le) : 128. — *Voy.* Pères du Désert.
Dettes : Réduction et paiement des dettes à Rome, 205, 206, 207, 208, 209.
Dettes de la France : Leur réduction et leur extinction, 237, 238, 239, 240, 241.
Dettes de l'État (Mémoires sur les) : 235-245.
Dieu : Ses vues sur les hommes, 16, 17, 23, 24. — Les Juifs hésitent entre lui et Baal, 24. — Caractère de ses ministres, 24. — Merveilles opérées par lui en faveur des Juifs, 140.
Dieux (les) : Leur origine et leurs manifestations, 21. — Jaloux des hommes, 27. — Protection d'un Dieu, 31. — Comment les Dieux purifient les âmes, 46. — Leurs vues sur les héros, 71, 200. — Ce qu'ils pensent des trésors, 71. — Maux qu'ils attachent aux richesses, 73, 74. — Libertés qu'on prend avec les Dieux domestiques, 73, 74. — Les Dieux animent la statue de Pygmalion, 74, 75. — Influence de leur commerce sur les hommes, 75, 76. — Consultés sur l'avenir, 76, 77. — Aiment l'Univers, 80. — Don qu'ils font à certains hommes, 83. — Leurs vues sur Xantippe, 99, 105. — Prière que Xantippe leur adresse, 104. — Doivent aimer Sparte, 105. — Sentiments qu'ils inspirent à un prince, 196. — Irrités contre Sicyone, 197. — Leurs vues sur le prince de Sicyone, 200. — *Voy.* Apollon, Déesse, Génies, Janus, Jupiter, Olympe, Osiris, Plutus.
Digeste : Cité, 205, 220.
Dignités : Leur distribution, 72.
Dioclès, citoyen de Thèbes : Festin qu'il donne, 31. — Récit qu'il fait, 68, 84.
Diogène : Son mot sur l'amitié, 20.
Diogène Laërce : Ce qu'il rapporte de Pythagore, 87, 88.
Dion Cassius : 210, 211, 212. — Cité et discuté, 210, 211, 212, 213, 214, 215, 219, 221, 222, 223.
Divertissement : Importance qu'une nation y attache, 49.
Dixième, impôt : Ses caractères, 244, 245. — Sa suppression, 244, 245.
Drachmes : 212, 214, 215. — *Voy.* Myriades.
Dubois (cardinal) : Sentiments qu'il inspire au Régent, 198. — Sa fortune, 198. — Sa mort, 198.
Dunkerque : Vin qui s'y consomme, 251.

Eaux-de-vie : Accroissement de la consommation, 249, 250.
Ecbatane : 51.
Ecclésiastiques : Influence qu'ils ne doivent pas avoir, 232, 233.
Ecclésiastiques (affaires) : Comment on doit les administrer, 228. — *Voy.* Bénéfices.
École : Influence de sa logique, 137. — Influence de ses termes, 145.
Écosse : 203.
Éducation : Son influence, 129, 130, 131, 132, 134, 135, 143. — Édu-

cation générale, 129, 130, 137. — Éducation particulière, 130, 131, 137. — Éducation des maîtres, 135. — Éducation du monde, 135.

Effets royaux : Perte qu'ils subissent, 237, 238, 239, 240, 241, 242. — Paiements auxquels ils peuvent servir, 244, 245. — *Voy.* Billets d'État.

Église de Rome : Première place de l'Église, 176. — Ses intérêts et ses richesses, 177. — Défendue par Charles-Quint, 177. — Partis qui n'en sont pas séparés, 231. — Qualification de la Constitution dans l'Église, 232. — Gens qui y ont du crédit, 232.

Égypte : 37, 76. — Culte qu'on y rend au bœuf Apis, 37. — Relation sur l'Égypte, *118*. — Influence qu'y exerce le vent, *118*.

Égypte (rois d') : Projets d'un de ces rois, 76, 77, 78. — Ces rois ruinent l'Égypte en construisant les pyramides, 77. — Goût d'un de ces rois pour un acteur, 78, 79. — *Voy.* Athotis, Osiris, Pharaon.

Égyptiens : Leur respect pour Osiris, 77, 78.

Éléphant : Histoire d'un éléphant, 38, 39, 40, 86.

Élisabeth, reine d'Angleterre : Résiste à Philippe II, 175.

Émile (Paul) : Sa fortune, 214.

Empereurs d'Allemagne : Précaution prise contre eux, 162. — *Voy.* Charles-Quint.

Empereur tartare, *voy.* Tartare...

Emprunteur : Portrait d'un emprunteur, 44, 45, 90.

Emprunts : Leur influence sur certains états, 176.

Enfants : Origine de leurs caractères, 149. — Développement de leurs cerveaux, 149, 150.

Enfer (l') : Ses portes, 26.

Éphèse : 31, 59. — *Voy.* Damir...

Esclavage : Son influence, 130, 142.

Espagne : 139. — Les Pays-Bas lui sont étrangers, 174. — Les Juifs n'y sont pas tolérés, 230. — Fourniture faite à l'armée d'Espagne, 257.

Espagne (roi d'), *voy.* Philippe II.

Espagnols : Cas qu'ils font de l'honneur des dames, 139. — Leur gravité, 139. — Caractère de leurs gouverneurs, 139. — Influence que le climat exerce sur eux, 139. — Leur orgueil, 176. — *Voy.* Huarte.

Esprit : Sa définition, 135, 136. — Les Grecs l'ignoraient, *136*, 137.

Esprit des Lois (De l') : *110*. — Il y est parlé des climats, 109. — Critiqué, 205, 206, 207, 209, 211. — Cité, 207, *217*. — Changements à y faire, 209, 211.

Esprits, *voy.* Suc nerveux.

Estrées (cardinal d') : *148*. — Accident qui lui arriva, 148.

État : Influence qu'y exercent les discussions religieuses, 227, 228, 231, 232. — Importance de son salut, 230. — Gens qui y ont du crédit, 232. — Dessein qu'il ne doit pas entraver, 258. — *Voy.* Emprunts.

États généraux : Ont voulu la guerre contre les hérétiques, 186.

États provinciaux : Leurs dettes sont celles du Roi, 239, 240. — Réduction de leurs dettes, 240. — Rachat et emprunts qu'ils doivent faire, 242. — Leur établissement dans toutes les provinces, 243, 245. — Avantages qu'ils procurent, 243, 245. — Leur compétence, 243.

Étourdi : Portrait d'un étourdi, 51, 52, 90.

Eugène (prince) : Ses préoccupations, 148.

Eunuques : Histoire d'un eunuque, 54, 55, 56, 91. — Caractère des eunuques, 124.

Euphorbe : 87.

Euripide : Cité, 26.

Europe : 80, 140, 142, 158. — Changée par Gustave-le-Grand, 159.

288   INDEX

— Fatiguée par Louis XIV, 160.
— Mal connue de Philippe II, 174, 175. — Fermentation qui s'y est produite, 178. — Dévorée par le génie de Richelieu, 182.
Europe (colonies de l'), voy. Colonies.
Europe (princes de l') : Leur tolérance, 228.
Européens : Inférieurs aux Canarins, 116. — Supériorité des hommes de lettres parmi eux, 140. — Portés à commander, 141.
Excerpta ex Polybio : Cités, *111*.
Extase : Son influence, 127, 128.

Faber (Basilius) : Cité, *209*.
Femmes : Portrait de femme qui a changé d'âme, 53, 54, 90. — Portrait de faiseuse d'affaires, 57, 58, 91, 92. — Portrait de femme amoureuse, 58, 59, 60, 92. — Portrait de femme galante, 60, 61, 92. — Portrait de femme entretenue, 61, 62, 92. — Portrait de femme de militaire, 65, 66, 92. — Portrait de femme extravagante, 66, 67, 92. — Portrait de femme sage, 67, 68, 92. — Penchant pour les femmes, 87, 88. — Influence de leur constitution, 119. — Comment on leur plaît, 138, 139. — Cas que les Espagnols font de leur honneur, 139. — Leur rôle à la cour de France, 183. — Leur rôle dans la Ligue, 185. — Successions dont elles étaient privées à Rome, 209, 210, 211, 212, 213, 216, 217, 218, 219, 221, 222.
Fibres : Influence de leur constitution, 111, 112, 113, 114, 119, *121*, 123, 124, 129, 130, 150, 151. — Effets qu'elles éprouvent, *113*, 125, 126, 128, 150, 151, 153. — *Voy.* Cerveau, Nerfs.
Fiscus : Sens du mot, *209*.
Flagorneur : Portrait d'un flagorneur, 46, 47, 48, 90.
Flamands : Mal connus de Philippe II, 174.

Flandres : Expédition qu'on veut y faire, 165. — Son agriculture, 257.
Flandres (villes de) : Vin qu'elles consomment, 251.
Flatterie : Ses conséquences, 18, 19, 25, 26.
Foi : Condition du salut, 228. — Prête à l'erreur, 228.
Fortune : Ses protégés, 58. — Distribue les dignités, 72.
Fourrages : On n'en manque pas en Guyenne, 257. — Fourniture qui en a été faite, 257.
Français : Leur vivacité naturelle, 139, 152. — Sont bien pourvus d'esprits animaux, 152. — Influence que le duc de Guise exerçait sur eux, 187. — *Voy.* Sicyoniens.
Français (prince) : Projet que Philippe II avait sur lui, *175*.
Française (monarchie) : Philippe II n'a pas pu la détruire, 160, 175.
France : Esprit d'obéissance qui y règne, 161. — Ses négociations avec l'Empire, 162. — Ses rapports avec la Suède, 163. — Philippe II l'attaque, mais ne tire pas parti de ses guerres civiles, 175. — Ses guerres civiles et ses factions, 175, 179, 182. — Comment le Protestantisme y a été ruiné, *188*. — Tolérance qu'on y a eue et qu'on y a, 230. — La Constitution y est reçue, 232, 233. — Mesures financières qu'il faut y prendre, 237-245. — Vignes qu'on y plante, 249, 252, 256. — Excellence de ses vins, 250, 252. — Profits qu'elle en tire, 252, 257. — *Voy.* Dettes..., Sicyone.
France (rois de) : Étaient bons catholiques lorsqu'ils toléraient les Protestants, 230. — *Voy.* François Ier, Henry II, III et IV, Louis VII, IX, XI, XIII, XIV et XV.
François Ier, roi de France : Médecin qu'il demande, 128. — Promesse qu'il ne tient pas, 168. — Défend le Pape, 177. — Rôle des femmes à sa cour, 183.

Friponnerie : Parti qu'elle tire de la probité, 45. — Bassesse de ce vice, 87.
Fripons : Succès des demi-fripons, 45.
Fulvius (Q.), censeur : 217.

Gabelle, impôt : Son revenu, 241. — Ses inconvénients, 241. — Sa suppression, 241, 242.
Garricus : 205.
Gaules (gouvernement des) : 8.
Génies : Transmigrations qu'un génie opère, 34, 36, 51, 53, 55, 65, 70, 81. — Mot d'un génie, 67. — Oracles rendus et miracle fait par un génie, 71, 72. — Génie au service d'un joueur, 74. — Génie qui anime la statue de Pygmalion, 74, 75. — *Voy.* Plutus.
Genre humain : Son travail philosophique, 4, 5. — Sentiment qu'il inspire, 79, 80, 81.
Gens de robe : Leur vanité, 146, 147. — Impôts qu'ils rachèteraient, 245.
Goa (territoire de) : 116.
Gorgus Messenius : Son intelligence, *111*.
Gourmandise : Bassesse de ce vice, 87, 90.
Gourmet : Portrait d'un gourmet, 50, 51, 90.
Gouvernements : Fondés sur les principes des lois politiques, 230. — *Voy.* Hommes d'État, Ministres.
Grævius : Cité, 220, 221.
Grand-Vizir : Comment il gouverne l'empire turc, 166.
Graveurs : Hallucinations auxquels ils sont sujets, 144, 145.
Grèce : 99.
Grecs : Leur Dieu des richesses, 72. — Histoire de l'un d'eux, 76-81. — Soulevés contre Athènes, 102. — Indignés contre les Carthaginois, 102. — Une de leurs chansons, 136, 137. — Ignoraient l'esprit, *136, 137.* — Leur vie domestique et leur caractère, 138. — Soumis aux Turcs, 138. — Emploi que leurs auteurs font de certains mots, 212.
Guerluchons : Leur suite, 89.
Guerres civiles : En France, 175, 179, 182. — En Angleterre, 182. — Influence qu'y exercent les questions religieuses, 186, 187.
Guise (cardinal de) : Sa mort, 189. — Son frère, *voy.* Guise (duc de).
Guise (duc de) : Ses qualités et son influence, 187. — Sa mort, 189. — Son frère, *voy.* Guise (cardinal de).
Guises : Sentiment qu'ils inspiraient et force qu'ils acquirent, 186.
Gustave-le-Grand, roi de Suède : Son rôle imprévu, 158, 159. — Son alliance avec Richelieu et sa descente en Allemagne, 159.
Guyenne : 254. — Rendue par Louis VII et Louis IX, 167. — Excellence de ses vins, 250, 251. — Avantages qu'elle présente pour la culture de la vigne, 251. — Son agriculture, 251, 252, 253, 257. — Le bois, le blé et les fourrages n'y manquent point, 254, 255, 257. — Les frais de culture et de vendange n'y sont pas exagérés, 257.
Guyenne (généralité de) : Interdiction d'y planter de la vigne, 249, 252, 253, 254, 255, 256, 257, 258.
Guyenne (sénéchaussée de), *voy.* Guyenne.
Gymnosophiste : Histoire de son valet, 31, 32. — Ses pénitences, 31, 32.

Habitudes : Leur influence, 144.
Henry VIII, roi d'Angleterre : Ce qu'il faisait en abolissant le Catholicisme, 158. — Autorité de ses enfants, 158.
Henry II, roi de France : Rôle des femmes à sa cour, 183.
Henry III, roi de France : Sa mort, 179. — Comparé à Charles Ier, 181, 182, 189. — Ses défauts et ses vices, 181, 182, 183, 184, 185,

186, 187, 188, 189. — Sentiments qu'il inspire, 181, 182, 183, 184, 185. — Ses rapports avec la reine de Navarre, 183, 184. — Ses favoris, 183, 184, 185. — Sa religion, 185, 187, 188. — Ses fautes et ses crimes, 188, 189. — Excommunié, 189.
Henry IV, roi de France : Mis sur le trône par les Huguenots, 158. — Conduite de ses descendants, 159. — Résiste à Philippe II, 175.
Héraclius, empereur de Byzance : Rival des rois de Perse, 159. — Vaincu par les Mahométans, 159.
Héros : Leur mission, 71. — Admiration qui les dédommage de tout, 103. — Les lois de Sparte contraignent leurs passions, 104.
Histoire amoureuse : Sa longueur, 91. — Ses mérites, 93.
Histoire de l'Académie des Inscriptions : Citée, 136.
Histoire de la dernière Révolution de Perse : Citée, 127.
Histoire véritable, par Lucien : Emprunts que Montesquieu lui a faits, 85.
Histoire véritable, par Montesquieu : 29-84. — *Voy. Critique de l'Histoire..., Métempsycosiste...*
Hollandais : Leur caractère, 100. — Expérience à faire sur leurs os, 115. — Consommation qu'ils font de bière, d'eau-de-vie et de vin, 249, 250.
Hollande, *voy.* Hollandais.
Homère : Cité, 26.
Hommes : Destinés à vivre en société pour se rendre meilleurs, 16, 17. — Portrait d'un homme entretenu, 45, 46, 90. — Portrait d'un joli homme, 63, 64, 65, 93. — Influence de leur constitution sur les hommes, 119, 120.
Hommes de guerre : Peuvent être des conteurs ennuyeux, 147.
Hommes de lettres : Leur supériorité, 146. — *Voy.* Auteurs.
Hommes d'esprit : Ce qui les caractérise, 135, 136. — Les Grecs ne les connaissaient guère, 136. — Influence de leur commerce, 143.
Hommes d'État : Influence de la calomnie sur eux, 79. — Doivent aimer le bien public, 79. — Qualités qui leur sont nécessaires, 181.
Honneur : Crimes qu'il permet de commettre, 43. — Comment on le garde, 44. — Comment on le comprenait à Sparte, 104.
Hôtel-de-Ville de Paris (rentes sur l') : Leur réduction et leur rachat, 239, 240, 242. — Leur paiement, 241, 242.
Huarte : Singulière explication qu'il donne, 128.
Huguenots, *voy.* Protestants.
Hurlements : Leur influence, 128.
Hypocrite : Portrait d'un valet hypocrite, 31, 32, 33, 34, 74, 86.

Idées : Ce qu'elles sont, 113, 114. — Causes de leur rareté, 129, 130, 131, 135. — Origine des idées, 130, 131, 132, 133, 134, 135. — Harmonie des idées, 130, 131, 132, 133, 134, 135, 136, 137.
Ignorance : Mère des traditions, 140.
Iles françaises : Vin qu'elles consomment, 251.
Impôts : Qu'il faut faire comprendre leur utilité, 184. — Impossibilité d'en établir de nouveaux en France, 241. — *Voy.* Aides, Capitation, Dixième, Gabelle, Taille.
Impudence : Ses avantages, 45.
Incube : Histoire d'un incube, 70, 71.
Indes : 31, 71, 81.
Indiens, *voy.* Ayesda, Gymnosophiste, Quiétistes...
Infante : Philippe II veut lui donner la couronne de France, 175.
Inquisition : Introduite dans les Pays-Bas par Philippe II, 174. — Établie par Charles-Quint, 174.
Insectes : Histoires de divers insectes, 35.
Institutes de Justinien : Citées, 205, 220.

INDEX

Intendants : Diminution de leur autorité, 245. — Leur incompétence en agriculture, 253. — *Voy.* Courson (M. de).
Italie : Abandonnée par Pompée, 7, 8. — Vent qui y souffle, 118. — Les Juifs y sont tolérés, 230. — Vignes qu'on y a plantées, 249.
Italiens : Influence que le vent a sur eux, 118.

Jacques Ier, roi d'Angleterre : N'eut qu'un fantôme de royauté, 158.
Janus : Ses deux visages, 26.
Jésus-Christ : Conformité du Calvinisme avec ses paroles, *187*.
Jeûne : Son influence, 126, 127.
Joueur : Portrait d'un joueur, 43, 44, 90. — Génie au service d'un joueur, 74.
Journal des Savants : Cité, *136*.
Juifs : Pourquoi ils sont bons médecins, 128. — Influence du Talmud sur leurs docteurs, 137. — Médiocrité de leurs rabbins, 140, 141. — Influence de leur captivité, 140. — Leur respect pour les Livres saints, 140. — Origine de leurs livres, 141. — Tolérés en France et en Italie, 230. — Ne sont pas tolérés en Espagne et en Portugal, 230.
Jupiter : Où il a placé le bonheur, 72.
Justinien, *voy.* Code, Digeste, *Institutes.*

Kotaous, officiers chinois : Leur fonction, 24, 25. — Leur héroïsme, 25.

La Bastille (gouverneur de) : Personne qu'il doit détenir, 164.
Lacédémone, Lacédémoniens, *voy.* Sparte, Spartiates.
Laïs, courtisane : 88.
Lampridius : Cité, 25.
Lampsaque : *103*.
Landes de Bordeaux, *voy.* Bordeaux (Bruyères... de).
Langues : Influence des écrivains sur leur développement, *131*.

Laquais : Histoire d'un laquais, 94.
Laquais : Terme bas, 89.
Latins (auteurs) : Emploi qu'ils font de certains mots, 205, 212.
Law (Jean), ministre : *166*. — Comment il en imposait, 166, 168. — Conséquences de son système, 197, 257.
Le Blanc (Claude), ministre : *166*. — Comment il en imposait, 166.
Légions romaines : Leur composition, 217, 219.
Lemoyne (P.) : Cité, *163*.
Lettres persanes : Rapports avec cet ouvrage, 91, 94.
Libérateurs : La vue de son libérateur est insupportable à un peuple, 101.
Liberté commune : Tout Spartiate en est protecteur, 100, 101.
Liberté de tout dire et de tout écrire : Son influence, 137.
Libra : Sens du mot, 206.
Ligue (la) : Échauffée par les femmes et les prêcheurs, 183. — Autorisée par Henry III, 187, 188.
Livres : Leur influence, 137, 143.
Livres saints : Leur caractère, 137, 141. — Respect des Juifs pour eux, 140.
Lois : Leur influence sur les esprits, 137. — Doivent être conformes aux principes politiques, 229, 230. — *Voy.* Lycurgue.
Lombardie : Caractère de ses habitants, 118. — Sa situation, 118. — Sa forme, *118*.
Louis VII, le Jeune, roi de France : Son divorce, 167. — Rend la Guyenne, 167.
Louis IX, le Saint, roi de France : Rend la Guyenne, 167.
Louis XI : Sa réputation, 159. — Ses mésaventures, 159, 171. — Comparé à Tibère, 172, 173. — Sa dissimulation et ses fautes, 172, 173.
Louis XIII, roi de France : Abat les Huguenots, 158. — Avantages de sa faiblesse, 182. — Sa gloire, 182.

Louis XIV, roi de France : Anéantit les Huguenots, 158. — Fatigua l'Europe, 160. — Ses négociations avec l'Empereur et la Suède, 162, 163. — Gêne qu'il faisait régner, 194. — Ses guerres en Italie et en Espagne, 198, 199. — Contrats qu'il réduisit, 239. — Impôts qu'il laissa racheter, 245.

Louis XV, roi de France : Sa minorité, 160, 239. — Espérances qu'il inspire, 200. — Sa politique religieuse, 227, 228. — Sa politique financière, 228, 230, 231, 232, 233, 234.

Loup : Histoire d'un loup, 36.

Louvois (M. de), ministre : Précautions qu'il prend, 165.

Lucien : Emprunts faits à son *Histoire véritable*, 85.

Luthéranisme : En quoi il était funeste, 177. — Son caractère politique et théologique, *187*.

Luthériens : Tolérés par les princes catholiques d'Allemagne, 230.

Lycée : 4.

Lycurgue : Ses vues sur les Spartiates, 100, 101, 102. — Ses enfants, 102. — Proscrivit l'or, 103. — Ambitions et voluptés qu'il autorisait, 104.

Lyon (archevêque de) : Sa mort, 189.

M. (M. de) ; Son grand âge, 228.

Macédoine : 65. — Guerre qu'y ont faite les Romains, 217.

Mages : Rôle de leur mauvais principe, 17.

Magistrats : Portraits de magistrats, 52, 73, 74. — Embarras où ils sont jetés en France, 227. — *Voy.* Gens de robe.

Mahmout, sultan de Perse : Conquiert la Perse, 127. — Sa folie, 127, 128.

Mahomet : Ses prédications, 159.

Mahométans : Comment ils s'affaiblissent l'esprit, 127. — Influence que leurs lois exercent sur eux, 137. — Leurs victoires sur Héraclius et le roi de Perse, 159.

Maître de cérémonie : Ses préoccupations, 148.

Maltôtier, *voy.* Corinthe (maltôtier... de).

Manlius (Caïus) : Députés qu'il envoie, 207, 208, 209. — Guerre qu'il suscite, 209.

Manne : Son influence sur les Juifs, 128.

Maris : Histoires de maris malheureux, 41, 53, 54, 57, 59, 65, 66, 73, 82, 89, 94.

Marius : Enrôlements qu'il fait, 217.

Marmor Sandvisense : Cité, 212.

Martial : Cité, 205, 206.

Martius Rex : Députés qu'il reçoit, 207.

Mayenne (duc de) : Comparé à Cromwell, 179. — Ses fautes, 179, 180.

Médecins : Histoire d'un médecin, 94, 95. — Supériorité des médecins juifs, 128.

Mémoire : Ce qu'elle est, 113. — Comment elle se perd, 125. — Mémoire des vieillards, 132.

Mémoire contre l'Arrêt du Conseil..., *voy.* Arrêt du Conseil...

Mémoire sur la Constitution : 225-234.

Mémoire sur les Dettes de l'État : 235-245.

Memphis : 76, 78.

Memphis (habitants de) : Mécontentent le roi d'Égypte, 78.

Mépris : Son influence, 144.

Messène : 41. — *Voy.* Gorgus...

Métaphysique : Comment on y croit, 145.

Métempsycose : Ses effets, 35, 46, 56, 57, 66, 83, 84. — Doctrine de la métempsycose, 86, 87, 88.

Métempsycosiste (le), *voy. Histoire véritable*.

Midi, *voy.* Midi (peuples du).

Midi (peuples du) : Leur nourriture, 110, 111. — Leur sagesse, 141, 142. — En quoi ils sont inférieurs ou supé-

INDEX   293

rieurs, 142. — Fournissent du vin au Nord, 252. — *Voy*. Religion catholique.
Midi (vent du), *voy*. Chiroc.
Milain : A su diriger les affaires ecclésiastiques, 228.
Milan (duc de), *voy*. Sforce.
Minéraux : Leur influence sur le sang, 152.
Mingrélie (esclaves de) : Leur stupidité, 130.
Ministère : Espérances qu'il fait naître, 239. — Reproche qu'il n'encourt pas, 241.
Ministres : Leur discrétion, 166. — Embarras où ils sont jetés en France, 227. — Efforts qu'ils ont faits pour rétablir la paix religieuse, 228, 231. — Leur incompétence en viticulture, 252. — *Voy*. Albéroni, Argenson, Law, Le Blanc, Louvois, Richelieu.
Mississipi : 85.
Mœurs : Leur influence, 137.
Moines : Leur esprit, 187. — *Voy*. Ordres religieux.
Moïse : Ses miracles, 24.
Montesquieu : Quand il a fait le *Discours sur Cicéron*, 3. — Se plaît à louer la sincérité, 16. — Emprunts qu'il a faits à Lucien, 85. — Notes sur ses ouvrages, *101, 102, 103, 109, 129, 138, 149, 187*. — Passages mis dans l'*Esprit des Lois*, 110, 116, 117, *118*. — Extrait qu'il a fait, *126*. — Ce qu'il a dit des Romains, *157*, 207. — Sentiments qui l'inspirent, 227, 232. — Président au Parlement de Bordeaux, 249. — Terre qu'il veut planter en vigne, 258.
Montpensier (duchesse de) : Sa haine contre Henry III, 184. — Engage J. Clément à tuer le Roi, 184.
Morale (ouvrages de) : Comment on doit les composer, 90, 94.
Morat (bataille de) : 171.
Muses : Leur chant, 21.
Myriades de drachmes : Leur valeur, 212, 214, 215.

Nantes (édit de): Ses effets, *188*, 230.
Narcisses : Qu'il y en a trop, 18.
Nations : Leur caractère général, 137, 138, 139, 140. — *Voy*. Prospérité, Sociétés.
Navarre (reine de) : Ses rapports avec Henry III, 183, 184.
Nerfs : Expérience sur un nerf, *112*. — Influence de la constitution des nerfs, 121, 122, 123, 124. — Rôle du nerf intercostal, 122. — *Voy*. Fibres, Suc nerveux.
Néron : Comment il s'aliéna le peuple de Rome, 184.
Néron de la Chine, *voy*. Tkiou.
Noblesse : Bénéfices qu'on doit lui réserver, 234.
Nocratis (courtisane de) : Sa pyramide, 77.
Nord, *voy*. Nord (peuples du).
Nord (peuples du) : Leur caractère, 110, 115. — Leur nourriture, 110. — N'ont pas les yeux vifs, 115. — Humidité de leur cerveau, 115. — Portés à commander, 141. — Leur folie, 142. — En quoi ils sont supérieurs ou inférieurs, 142. — Consommation qu'ils font de bière, d'eau-de-vie et de vin, 249, 250, 251, 252, 256. — *Voy*. Religion protestante.
Nummus : Sa valeur, 204, 210, 211, 212.

Obéissance : Les peuples du Midi y sont portés, 141. — L'esprit d'obéissance est répandu en France, 161. — Effets de cet esprit, 161.
Observations populaires : Sur les bossus, etc., 144.
Octave, *voy*. Auguste.
Oiseaux : Histoire de divers oiseaux, 35.
Olympe : 27, 70.
Ordres religieux : Chacun a sa philosophie, 145, 146. — *Voy*. Moines.
Orge : Ce qu'il en faut pour fabriquer de la bière, 256, 257.
Orientaux : Emploi qu'ils font du chanvre, 125.

Orléans (Philippe, duc d'), régent de France : Ses talents, 193, 194, 195. — Ses défauts, 193, 194, 195, 199. — Son indulgence, 194, 195, 197, 198. — Sentiments qu'il inspire, 194, 195. — Mesures financières qu'il prend ou doit prendre, 195, 197, 237, 239, 244, 245. — Son amour du changement, 196. — Sa conduite envers le clergé, 196. — Ses amours, 196, 197. — Son favori, 198. — Sa conduite à la guerre, 198, 199. — Sa mort, 199. — Avis qu'il demande, 237. — Gloire qu'il peut acquérir, 239.

Osiris, roi d'Égypte : Respect qu'il inspire, 77, 78.

Ours : Histoire d'un ours, 36.

Ouvriers : Élévation de leurs salaires, 243, 257, 258.

Ovide : Cité, 20, 22.

Papales (terres) : Menacées par Charles-Quint, 177.

Papauté : Restaurée par Paul III, 176, 177, 178, 179.

Papes : Leur puissance temporelle perdue par Sixte-Quint, 176. — François Iᵉʳ défend les papes, 177. — Leur politique envers le roi d'Espagne, 187. — Question qu'on doit leur renvoyer, 228, 233. — *Voy.* Boniface VIII, Paul III, Sixte-Quint.

Papienne (loi) : Modification qu'elle introduisit, 211.

Paris : 127, 164, 242. — Droits qui s'y paient, 242. — Sa misère, 243. — Son relèvement, 243. — *Voy.* Hôtel-de-Ville...

Parme (duché de) : *179.*

Passions : Leur origine, 110. — Leur influence, 125.

Paterculus : Cité et discuté, 205, 206.

Paul III, pape : Comparé à Sixte-Quint, 175, 176. — Restaurateur de la papauté, 176, 177, 178, 179. — N'avait pas les défauts de son âge, 176, 177. — Sa situation difficile, 177, 178. — Sa politique envers Charles-Quint, etc., 178, 179. — Établissement qu'il fait à sa famille, 179.

Paulus, *voy.* Émile (P.).

Pauvres : Malheur de ceux qui désirent la richesse, 73.

Payenne (théologie) : Les aruspices en étaient l'opprobre, 5.

Pays-Bas : Perdus par Philippe II, 159, 160, 174, 175. — Inquisition qu'on veut y introduire, 174. — Leur situation, 174. — Attaqués par Philippe II, 175. — Consommation qui s'y fait de bière, d'eau-de-vie et de vin, 249.

Pays chauds, *voy.* Midi...

Penser : C'est parler à soi-même, 147. — *Voy.* Idées.

Perennis : Sa mort, 25.

Pères du Désert : Leur sainteté et leur état mental, 127.

Périzonius : Cité, 212, 220, 221.

Persans : Nom qu'ils donnent aux courtiers, 147.

Perse : Conquise par Mahmout, 127. — *Voy. Histoire de la dernière Révolution...*

Perse (rois de) : Rivaux d'Héraclius, 159. — Vaincus par les Mahométans, 159.

Persépolis : Sa magnificence, 80.

Peste : Ravage l'Asie et l'Afrique, 70. — Ses effets, 75, 76.

Peuples barbares : Pauvreté de leur intelligence et de leur langue, 129.

Peuples policés : Éducation générale qu'on y reçoit, 129, 130, 137. — Éducation particulière qu'on y reçoit, 130, 131, 137.

Pharaon : Art de ses magiciens, 24.

Phérès : 193.

Phérès (Lettres de Xénocrate à Phérès) : 191-200.

Philippe II, roi d'Espagne : Sa réputation : 159. — Perd les Pays-Bas, 159, 160, 174. — Ses projets sur la France, 160, 174, 175. — Ses fautes, ses défauts et ses insuc-

cès, 160, 173, 174, 175. — Comparé à Tibère, 173. — Veut introduire l'Inquisition dans les Pays-Bas, 174. — Échoue contre Henry IV et Élisabeth, 175.
Philosophes : Juges des âmes, 34, 35, 88. — Perdent les agréments de leur esprit, 146. — Ignorance des philosophes anciens, 143. — Voyages de l'un d'eux, 76-79.
Physique : Comment on n'y croit pas, 145.
Piémont : *118*.
Plaisance (duché de) : *179*.
Plaisirs : Leur influence, 126.
Plantes : Influence de leurs sucs, 152, *153*.
Platon : Cité, 26, *126*.
Plaute : Cité et discuté, 203, 204.
Pline : Cité, 209.
Plutarque : Cité, 212, 214.
Plutus, Dieu des richesses : Comment il les dispense, 72. — Ses démêlés avec Thémis, 197.
Poète : Portrait d'un poète, 41, 42, 89.
Politique : Répugne à la morale, 157. — Pourquoi elle subsiste, 157. — Ses effets, 168. — En quoi elle doit consister, 168. — *Voy.* Politiques.
Politique (De la) : 155-168.
Politiques : Leur imprévoyance, 157, 158, 159, 160. — Causes de leurs erreurs, 162, 163. — Méfiance qu'ils inspirent, 162. — Comment ils en imposent, 163, 164, 165, 166.
Polybe : Cité, *111*, 204, *214*.
Pompée : Son caractère, *3*. — Abandonne l'Italie, 7, 8.
Popilius : Tue Cicéron, 9, 10.
Portugais : Comment ils traitent les Canarins, 116. — Leur infériorité, 116. — Sont restés à Goa ce qu'ils étaient, 117.
Portugal : Les Juifs n'y sont pas tolérés, 230. — Vignes qu'on y a plantées, 249.
Postes : Leur influence sur la politique, 167.

Posthumius (A.), censeur : 217.
Praxitèle : Ses statues, 23.
Préteurs (édits des) : 218, 220.
Princes : Comment ils se font haïr, 78. — Modification de leur caractère, 167. — Pourquoi ils se sont séparés de l'Église, 177. — Quand ils peuvent être faibles, 161, 181, 182. — Quand ils doivent se faire respecter, 161, 181. — Leur faiblesse peut servir, 182. — Doivent faire comprendre l'utilité des impôts, 184. — Embarras où ils sont jetés en France, 227. — Leur politique religieuse, 227, 228, 229, 230. — Leur mission, 229, 230, 231. — Leurs devoirs religieux, 231. — Où ils doivent chercher leur Conseil de Conscience, 232, 233.
Princes...(Réflexions sur le Caractère de quelques) : 169-189.
Professeurs : Leur opiniâtreté, 146.
Professions : Leur influence, 146, 147, 148.
Propriétaires de biens-fonds : Leur mauvaise condition, 240. — Sont les meilleurs juges de leurs intérêts, 252. — Leurs plaintes, 254, 257, 258.
Prospérité : Son influence sur les nations, 75, 76.
Protestants : Suites de leur dévouement à Henry IV, 158. — Leur lutte contre Charles-Quint, 177, 178. — Mal que leur a fait Catherine de Médicis, 185. — Ce qui les distinguait des Catholiques sous Henry III, 185, 186. — Leurs sentiments pour Henry III, 188. — Services que les Catholiques leur ont rendus, 188. — Abattus et ruinés en France, *188*. — Tolérés autrefois en France et encore en Allemagne, 230. — *Voy.* Calvinisme, Luthéranisme, Nantes..., Religion protestante.
Provinces : Prosternées devant les intendants, 245. — Celles où l'on peut planter de la vigne, 252,

253. — *Voy.* Artois, États provinciaux, Guyenne...
Pultava (bataille de) : 171.
Puniques (guerres) : 203, 204, 216.
Pygmalion : Sa statue, 74, 75.
Pyramides : Leur construction, 77.
Pyrénées (homme des) : Expérience à faire sur ses os, 115.
Pythagore : Son mot sur le chant des Sirènes, etc., 21. — Sa doctrine et ses disciples, 86, 87, 88. — Ses métempsycoses, 87, 88.

Quadrans : Sens du mot, 205, 206.
Questure : Degré pour devenir sénateur, 221, 222. — Comment on l'obtenait, 222.
Quiétistes indiens : Leur stupidité, 128.
Quinte-Curce : Ses héros, 6.

Rabbins : Supérieurs aux autres Juifs, 140. — Leur médiocrité, 140, 141. — *Voy.* Juifs, Talmud.
Ramazini (Bernard) : Cité, 152.
Régence, *voy.* Orléans (Ph. d').
Régulus : Sa belle action, 168.
Religion : Son influence sur les guerres civiles, 186, 187. — De l'établissement des religions nouvelles, 188. — *Voy.* Calvinisme, Luthéranisme, Religion catholique, Religion protestante, Tolérance.
Religion catholique : Gardée par les peuples du Midi, 142. — Sa situation aux débuts de la Réforme, 177. — Tolérance qu'elle n'admet pas, 228, 229. — Sauve seule, 229. — *Voy.* Catholiques, Papes.
Religion protestante : Embrassée par les peuples du Nord, 142. — Sa situation aux débuts de la Réforme, 177. — *Voy.* Calvinisme, Luthéranisme, Protestants.
Remarques sur certaines Objections... : 201-223.
Rentes : Leur réduction, 238, 239, 240, 242.
Réputation : Son influence, 144.

Richelieu (cardinal de) : Son alliance avec Gustave-le-Grand, 159. — Comment il en imposait, 163, 164, 165. — Son génie dévora l'Europe, 182.
Richesses : Leur dispensation, 72, 73, 95.
Romains : Leur philosophie, 4. — Leurs superstitions, 5. — Légataires de César, 10. — Le premier des Romains, 10. — Leur lutte avec Carthage, 99, 100. — Ce que Montesquieu en a dit, *157.* — Pourquoi ils abandonnèrent Néron, 184. — Paye des soldats romains, 203, 204, 209. — Comment ils divisaient l'as, 205, 206. — Mesures qu'ils prenaient au sujet des dettes, 205, 206, 207, 208, 209. — Constance de leur politique, 207. — Leur division en trois ordres, 215, 216. — *Voy. Considérations sur les... Romains,* Puniques..., Rome, Sénat..., Tibère.
Rome : 10, 148. — Ses murailles, 8. — Sa ruine, 8. — Son opulence, 222.
Rome (an de) : 214, 218, 220.
Rome (Église de) : Ses intérêts, 177. — Abandonnée par les princes, 177. — *Voy.* Catholicisme, Papes, Religion catholique.
Rome (peuple de), *voy.* Romains.
Rome (République de) : Ses défenseurs, 3, 4, 10. — Sa ruine, 3, 10. — Ses ennemis, 7. — Déchirée par les factions, 7. — Amour de Cicéron pour elle, 7. — Abandonnée par Pompée et Caton, 7, 8. — As qu'elle fait frapper, 204. — Ses fermes, 216. — Garantie qu'elle exigeait de ses soldats, 219. — Époque où elle existait, 220, 222. — *Voy.* Romains.
Roscius Othon : 222.

Sagesse (la) : Conduit Ulysse, 21.
Saint-Barthélemy (la) : Part qu'y prit Henry III, 188.
Saïs : 76.

Salluste : Cité et discuté, 206, 207, 208.
Salut : Conditions du salut, 227, 228, 229.
Salut de l'État : Est la loi suprême, 230.
Sang : Ses modifications, 124, 152, 153. — Son cours, 125, 151, 152.
Santé : Ses conditions et ses effets, 126.
Savants : Sont de grands parleurs, 147.
Savoir : Son influence, 143.
Scipion (Émilien) : 214. — Son père, voy. Émile (P.).
Scudéri (Mlle de) : Idée qu'elle a eue, 85.
Scythie (reine de) : Son histoire, 71.
Seize (les) : Leur mort, 180.
Sénac : Une de ses opinions, *114, 115*.
Sénateurs : Leur ordre à Rome, 215, 216. — Leurs privilèges, 216. — Libéralité faite à quelques-uns d'entre eux, 223. — *Voy.* Sénat.
Sénat romain : 10. — Opprimé par Antoine, 7. — Mesures qu'il prend, 206, 207, 208, 209. — Sa composition, 215, 221, 222, 223. — *Voy.* Chapman, Sénateurs.
Sénèque le philosophe : Ses défauts, 6.
Sénèque le rhéteur : Cité, 10, 11.
Sensations : Leur origine et leurs effets, 113, 114. — Les plus nécessaires sont les plus générales, *121*.
Sentiments : Les idées en sont, 113, 114. — *Voy.* Idées.
Servius Tullius : Ses institutions, 212, 214, 215, 216, 218, 222.
Sesterces : 212. — Leur valeur, 211, 214, 215. — *Voy.* Decies.
Sexes : Leur influence, 119, 120.
Sforce, duc de Milan : Sa réputation et sa mort, 159.
Sicile : 50.
Sicyone : 41, 193, 194, 197, 198. — *Voy.* France.

Sicyone (princes de), *voy.* Louis XIV et XV, Orléans (Ph. d').
Sicyoniens : Échec de leurs troupes, 198. — Leur opinion sur leur prince, 199. — Espérances qu'ils ont, 200.
Siècles : Leur ressemblance, 95.
Silence : Imposé sur la Constitution, 228, 233, 234.
Sincérité : Son importance, 15, 16. — Son rôle dans la vie privée, 16-22. — Sa rareté, 18, 19, 20. — Son rôle dans la vie publique, 22-27.
Sincérité (Éloge de la) : 13-27.
Sirènes : Leur chant, 21.
Sixte-Quint, pape : Sa réputation, 159. — Perd l'Angleterre, 159, 160. — Comparé à Paul III, 175, 176. — Ses défauts, 176. — Perd la puissance temporelle des papes, 176. — Excommunie Henry III, 189.
Sociétés : Ne sont qu'une union d'esprit, 160. — Ont un caractère commun, 160, 161. — Comment leur ton se perd, 161.
Solitude : Son influence, 128.
Sommeil : Son influence, 126, 127.
Sots : Succès des demi-sots, 45. — Sentiments des sots, 48.
Souverain : Sentiments qu'il inspire à l'homme sincère, 23.
Sparte : 102, 103. — Fière de ses citoyens, 101. — A exilé Xantippe, 102, 103, 104. — Ses lois contraignent les passions des héros, 104. — Pourquoi l'on y parlait peu, 139. — *Voy.* Spartiates.
Spartiates : Leurs principes, 100, 101, 102. — Ont pardonné à Athènes, 100. — Protecteurs de la liberté commune, 100, 101, 102. — Leur désintéressement, 102, 103. — Ce qu'ils entendent par honneur, 104. — Leurs sentiments pour Agésilaüs, 104. — Doivent être aimés des Dieux, 105. — *Voy.* Sparte.
Spectacles : La liberté des specta-

cles compense la perte des autres, 78, 79.
Stater : Sa valeur, 204.
Stoïciens : Leur philosophie, 15.
Strabon : Cité, *139*.
Suc nerveux : Son rôle, 112. — Sa transmission, 112, *113*, 114. — Son cours, 121, 123, 124, 126, 127, 128, 151. — Sa filtration, 152. — *Voy.* Cerveau, Fibres, Nerfs.
Suède : Affranchie des Danois, 158. — Rôle que Gustave-le-Grand lui fait jouer, 159. — Ses rapports avec la France, 163.
Suède (rois de), *voy.* Charles XII, Gustave-le-Grand.
Suédois, *voy.* Suède.
Suétone : Cité, 215, 222.
Sûreté : Les bons princes la garantissent, 200.
Sybaris : Ce que perdent les exilés de cette ville, 103.
Sylla : Son temps, 205.
Sympathies : Leur origine, 35.

Taille, impôt : Son poids, 240. — Ses rapports avec la capitation et la taille, 244.
Talmud : Son influence, 137, 140, 141.
Tarente : 82.
Tartare (empereur) : Conquiert la Chine, 182.
Taxe des gens d'affaires : Méditée, 237.
Terroirs : Leur influence, 117.
Thèbes de Grèce : 31.
Thèbes de Grèce (habitants de) : Coutumes qu'ils avaient, 31. — *Voy.* Dioclès.
Thèbes d'Égypte : 43.
Thèbes d'Égypte (rois de) : Leurs trésors, 78.
Thémis : Ses démêlés avec Plutus, 197.
Thibet (roi de) : Son histoire, 38, 39.
Thucydides : Cité, 167.
Tibère : Comparé à Louis XI, 172, 173. — Sa dissimulation, 172,
173. — Sa prudence, 173. — Comparé à Philippe II, 173.
Tirésie : Son expérience des deux sexes, 60.
Tite-Live : Cité, 127, 210, 214, 216.
Tkiou, le Néron de la Chine : Ses crimes et ses remords, 25.
Tolérance : Quand elle est conforme à la politique, 188. — Distinction entre la tolérance intérieure et extérieure, 227, 228, 229, 230, 231.
Travail : Son influence sur les fibres, 150, 151.
Trésor public, à Rome : Dettes qu'il paie, 206, 207, 208, 209. — *Voy.* Ærarium, Fiscus.
Triens : Sens du mot, 205.
Troie (siège de) : 87.
Turcs : Leur domination en Grèce, 116, 138. — Stupidité de leurs esclaves, 130. — Leur vie domestique et leur caractère, 138. — *Voy.* Grand-Vizir.
Tusculum : 9.

Ulysse : Conduit par la Sagesse, 21.
Univers : 105, 148. — Sa destinée, 7. — Soumis à César, 9. — Est la grande patrie, 80. — Les Dieux l'aiment, 80. — Ses sentiments pour Xantippe, 99, 103.

Valerius Flaccus (Lucius) : Sa loi, 205, 206, 207, 209.
Varron : Cité, 214, 218, 220.
Veille : Son influence, 126, 127.
Veines : Variété de leur disposition, 120, *121*.
Vendanges (frais de) : Ne sont pas exagérés en Guyenne, 257.
Vent : Son influence, 118.
Verrès : Sa lutte contre Cicéron, 7, 209, 210, 213, 217, 218, 219, 228. — Jugement qu'il a rendu, 219.
Vibrations : Font varier les sons, 112.
Vieillards : Leur imbécillité, 131. — Choses dont ils se souviennent, 132. — Leurs défauts, 176, 177.

Vignes : Interdiction d'en planter en Guyenne, 249-258. — Plantations qui en ont été faites, 249, 252, 253. — Réussissent en Guyenne mieux qu'ailleurs, 251. — Leur revenu, 252. — Difficultés de leur culture, 252, 253, 257, 258.

Villes : Leurs dettes sont celles du Roi, 239, 240. — Réduction de leurs dettes, 240. — Impôts qu'elles ont établis, 240. — Rachat de la gabelle qu'elles devraient faire, 242. — Emprunts qu'elles feraient, 242. — *Voy.* Hôtel-de-Ville...

Vins : Influence de l'abus du vin, 126. — Accroissement de la consommation du vin, 249, 250. — Préférence accordée aux vins de France et de Guyenne, 250, 251. — Variété des vins de Guyenne, 250, 251, 253. — Variations du goût en matière de vins, 253. — Leur prix, 254, 257. — Leur fabrication, 256, 257.

Virgile : Cité, 22.

Voconienne (loi) : Sa portée, 209-223.

Voleur : Exécution d'un voleur, 40, 88, 89.

Voyages : Leur influence, 144, 152, 153. — *Voy.* Philosophes.

Westphalie (traité de) : 162, 230.

Xantippe : 99, 102, 103. — Quitte Carthage, 99, 101, 102, 103, 105. — Sa gloire, 99, 101, 103, 104. — Ses vertus, 99, 100, 101, 102, 103. — A détruit les armées romaines, 99. — Sa conversation avec Xénocrate, 99-105. — Services qu'il a rendus à Carthage, 100, 101. — Exilé de Sparte, 101, 102, 103, 104. — Compte qu'il doit rendre à sa patrie, 102. — Son naufrage, 105.

Xantippe et de Xénocrate (Dialogue de) : 97-105.

Xénocrate : 100, 102, 103, 104, 105. — Voyage avec Xantippe, 99. — Sa conversation avec lui, 99-105. — Son naufrage, 105.

Xénocrate (Dialogue de Xantippe et de) : 97-105.

Xénocrate à Phères (Lettres de) : 191-200.

TABLE DES MATIÈRES

Avant-Propos................................... v

Introduction Générale : Histoire des Manuscrits
    inédits de Montesquieu....................... vii

Préface et Description des Manuscrits publiés dans
    ce Volume xliii

Discours sur Cicéron............................ 1
Éloge de la Sincérité........................... 13
Histoire véritable............................... 29
    Variantes de l'« Histoire véritable »................ 83
    Critique de l'« Histoire véritable » (par J.-J. Bel)...... 85
Dialogue de Xantippe et de Xénocrate............. 97
Essai sur les Causes qui peuvent affecter les Esprits
    et les Caractères........................... 107
    Matériaux pour l'« Essai sur les Causes »............. 149
De la Politique................................. 155
Réflexions sur le Caractère de quelques Princes et
    sur quelques Évènements de leur Vie........ 169
Lettres de Xénocrate à Phérès................... 191

302   TABLE DES MATIÈRES

Remarques sur certaines Objections que m'a faites un Homme qui m'a traduit mes « Romains » en Angleterre 201
Mémoire sur la Constitution..................... 225
Mémoire sur les Dettes de l'État................. 235
Mémoire contre l'Arrêt du Conseil du 27 février 1725 247

NOTES.. 259
INDEX.. 279

ACHEVÉ D'IMPRIMER
PAR
G. GOUNOUILHOU, A BORDEAUX
LE XX AOUT M.DCCC.XCII.

Contraste insuffisant
NF Z 43-120-14

www.ingramcontent.com/pod-product-compliance
Lightning Source LLC
Chambersburg PA
CBHW050310170426
43202CB00011B/1847